Rudolph Binion

„...daß ihr mich gefunden habt“

Hitler und die Deutschen: eine Psychohistorie

Aus dem Amerikanischen übersetzt
von Jürgen Abel und Annelise Dengler

Klett-Cotta

Die Originalausgabe
erschien unter dem Titel
„Hitler among the Germans“

Verlagsgemeinschaft Ernst Klett – J. G. Cotta'sche
Buchhandlung Nachf. GmbH Stuttgart

Einbandgestaltung: Heinz Edelmann
Satz + Druck: Eberl GmbH, Immenstadt
ISBN 3-12-910860-2

In Erinnerung an M.

Inhalt

Vorwort

Adolf Hitler war so etwas wie ein Außenseiter unter den Deutschen, die er führte. Er wurde am 20. April 1889 als Österreicher geboren und verbrachte seine ersten sechs Lebensjahre im österreichisch-bayerischen Grenzland, wo sein Vater Zollbeamter war. Das eigentliche Deutschland sah er erst mit 24 Jahren wieder. Er kam am 26. Juni 1913 nach München und meldete sich als Staatenloser an, vermutlich, um sich dem Zugriff der österreichischen Behörden wegen Stellungsflucht zu entziehen. In München, wie schon vorher einige Jahre in Wien, malte er als Autodidakt und lebte von dem bescheidenen Erlös seiner im arrière-garde Stil gemalten Bilder. Bei Ausbruch des Krieges im August 1914 meldete er sich freiwillig zur bayerischen Armee. Er wurde am 16. August eingezogen und am 31. März 1920 entlassen, knapp siebzehn Monate nach der deutschen Kapitulation. Zu jener Zeit befaßte er sich bereits mit der Politik in Bayern. Im September 1919 war er der ganz kleinen Deutschen Arbeiterpartei beigetreten und hatte sich schnell zu deren führendem Kopf entwickelt. Während seiner Festungshaft nach seinem gescheiterten Putsch vom 8.–9. November 1923 versuchten die bayerischen Behörden, ihn nach Österreich abzuschieben; doch die Regierung in Wien verweigerte die Einreise. Am 20. Dezember 1924 wurde er aus der Haft entlassen. Am 27. April des folgenden Jahres verzichtete er auf die österreichische Staatsbürgerschaft. Doch bekam er die deutsche Staatsbürgerschaft erst am 26. Februar 1932, als er für das Amt des

Präsidenten der Weimarer Republik kandidierte. Er unterlag dem damals amtierenden greisen Hindenburg, der bei der Niederlage von 1918 Chef des deutschen Generalstabs gewesen war. Am 30. Januar 1933 ernannte ihn Hindenburg zum Reichskanzler an der Spitze eines Koalitionskabinetts, das eine tragfähige parlamentarische Mehrheit sichern und damit nach zweieinhalb Jahren ein auf Notverordnungen basierendes Präsidialregime beenden sollte. Stattdessen errichtete er mühelos seine persönliche Diktatur. Dann rüstete er Deutschland auf und annektierte am 13. März 1938 seine österreichische Heimat als Auftakt zu weiteren Eroberungen.

Eroberungen waren das Ziel, das Hitler den Deutschen beim Aufbau seiner nationalen Gefolgschaft gesetzt hatte. Für Eroberungen brauchten sie nichts als Willenseinheit, argumentierte er, und dafür brauchten sie nur die Juden loszuwerden. Ganz am Ende aber, nachdem seine Eroberungspläne zu einem neuen Weltkrieg und einer neuen Niederlage geführt hatten, wies er auf die Ausrottung der europäischen Juden als versöhnende Leistung hin. Die neue Niederlage war für die Deutschen im Gegensatz zur alten keine Überraschung. Sie zog sich schmerzhaft lange hin und wurde den Deutschen endgültig zum Bewußtsein gebracht. Und doch ließ man Hitler nicht im Stich. Bis zuletzt übte er seine uneingeschränkte Macht über Deutschland aus, obwohl er sich zunehmend isolierte und Gebrechen sichtbar wurden. Das alles bildet eine psychohistorische Verkettung. Diese Verkettung ist mein Thema.

Die Psychohistorie beschäftigt sich mit den Motiven vergangener individueller oder kollektiver Handlungen. Man kann Motive als psychologische Ursachen bezeichnen, doch haben Handlungen keine anderen wirkenden Ursachen. Die Behauptung, daß ein bestimmter Krieg ausbrach, um soziale Spannungen zu entschärfen, kann also nur bedeuten, die Leute, die den Krieg machten, hätten das Ziel verfolgt, soziale Spannungen zu entschärfen. Das ist keine soziale Erklärung, die durch eine psychohistorische Erklärung erhärtet werden könnte. Es ist eine psychohistorische Erklärung, die entsprechender Beweise bedarf. In der Psychohistorie ist es, wie auch anderswo, außerdem kein Zeichen von Klugheit, die Ursachen zu vervielfachen. Aus den entscheidenden Gründen für eine Handlung oder Handlungsweise läßt sich mehr lernen als aus der Gesamtheit der Gründe. Deshalb ging es mir darum, bei der Hitlerschen Politik die wenigen inneren Forderungen und Zwänge auszusondern, die hinter dem belegten riesigen Gesamtergebnis stehen. Dieser Grundsatz des Ausschließens galt ebenfalls für Hitlers Gefolgschaft, Deutschland in seiner Gesamtheit. An einer psychisch schwachen Stelle war diese Gefolgschaft für Hitler besonders anfällig: am Trauma der Niederlage von 1918. So konnte ich mich jenem Trauma über Hitlers Politik nähern, die auf die Masse der Deutschen abgestimmt war.

Um Hitlers Politik zu erforschen, versenkte ich mich in seine Worte und Taten, bis ich die motivierenden Kräfte dahinter spürte. Jede nachfolgende Einsicht führte mich zu bisher unbekanntem oder übersehenem stichhaltigen Material. Solche dokumentarischen Funde bestätigten die Einsichten, die zu ihnen geführt hatten – aus ihnen können aber diese Einsichten nicht gefolgert werden. Keine Menge oder Art von Beweismaterial kann eine psychohistorische Einsicht in eine Schlußfolgerung verwandeln. Dazu ein Beispiel aus dem vorliegenden Werk: Hitlers Eroberungsziel im Osten war ursprünglich ein Wiedereroberungsziel. Das heißt, seine Argumente für Eroberungen im Osten waren ursprünglich Gründe für das Bedauern, daß die Niederlage im Westen Ludendorffs Eroberungen im Osten von 1917–1918 zunichte gemacht hatte. Als er sein Ziel im Osten vortrug, ignorierte er jedoch den Präzedenzfall von 1917–1918. Daraus folgt – aber nicht deduktiv – daß die von ihm geforderte Eroberung im Osten im Grunde Ludendorffs verlorene Eroberung war. Eigentlich kam mir diese Einsicht zuerst, und sie hat mich zu dem materiellen Beweis dafür geführt, nämlich zu Hitlers Rede vom 31. Mai 1921 über die verlorene östliche Eroberung. Eine derartige Einsicht wird aber nicht durch Fakten bewirkt, die sie hervorbringt oder beleuchtet. Man kann sie auch nicht einer Prüfung unterziehen: Geschichte ist einmalig. Sie kann aber von jedem nachvollzogen werden, der psychohistorisch denkt – der sich in Hitler hineinversetzt und sich fragt, was die beabsichtigte Eroberung im Osten für Hitler unbewußt bedeutete, als er auf die Idee dazu kam. Für diese Übung muß und wird der historische Rahmen zur Kenntnis gebracht werden.

Eine Art der unbewußten Determination hinter der Geschichte Hitlers bedarf einer kurzen Einführung: die traumatische. Traumatisch ist ein Erlebnis, das zu schmerzhaft ist, um verarbeitet zu werden. Zunächst hält es das Gemüt in dauerndem, aber vergeblichem Kampf, es zu bewältigen oder es zu ignorieren. Gewöhnlich läßt sich ein schmerzliches Ereignis oder ein ärgerlicher Umstand „verdrängen“ – das heißt, ins Unbewußte verbannen und dort auf ein harmloses Abstellgleis schieben. Wenn es zu belästigend oder verwirrend ist, um bequem übersehen zu werden, weigert man sich trotzdem, und zwar energisch, es zur Kenntnis zu nehmen. Dann wird der seelische Schmerz auf Kosten der seelischen Spannung vermindert. Ein Trauma jedoch ist zu stark und beängstigend, um auf diese Weise bewältigt werden zu können. Es widersteht dem Versuch, es zu leugnen, genau so wie eine schmerzhafte körperliche Wunde. Der vergebliche Kampf, das unerwünschte Erlebnis in eine erträgliche Form zu pressen, seine Bedeutung zu verfälschen und die wahre oder vermeintliche Verantwortung dafür herunterzuspielen, wirkt sich unweigerlich auf das Bewußtsein aus. Ich sage „vergeblicher Kampf“, weil ich das normale Schema im Auge habe. Jedes erfolgreiche bewußte Leugnen eines sich aufdrängenden Erlebnisses ist Geisteskrankheit. Das andere Extrem, nämlich die genaue, fortgesetzte und unerträgliche Erinnerung, ist die traumatische Neurose. Diese Neurose ist wie die erste Annäherung an den normalen Modus, ein traumatisches Erlebnis zu verarbeiten, oder vielmehr den angestrengten Versuch zu machen, es zu verarbeiten, was auf ein Wiedererleben oder Nachvollziehen hinausläuft: Man schafft sich an seiner Stelle ein neues Erlebnis und hält es unbewußt für das alte, während die Verbindungen zwischen ihnen bewußt nicht wahrgenommen werden. Jede emotional geladene Komponente des alten Erlebnisses tritt stellvertretend in das neue ein – in der Regel stark überzogen und mit umgekehrten Bezugselementen wie Ost und West oder vorher und nachher. Wenn man ein traumatisches Erlebnis nachvollzieht, scheint man darauf auszugehen, es zu beeinflussen, zu kontrollieren und zu meistern, nachdem man das erste Mal von ihm überwältigt wurde. Man will sich irgendwie dagegen abhärten, so daß es schließlich „vorübergeht". Traumatisches Nachvollziehen trägt in sich eine kategorische Forderung, die angesichts äußerer Widerstände geradezu ins Riesenhafte wächst. Alle unsere Instinkte, Interessen und Ideale fügen sich ein. Und vor ihm fallen alle Hemmungen: Jeder, der entsprechend traumatisch getroffen wurde, kann, vor allem durch Fernsteuerung, Unschuldige massakrieren. Das betroffene Ich wendet sich auf seinen frühesten reinsten Eigenwillen zurück. Eine korrigierende Tendenz, auffallend beim traumatischen Nachvollziehen, soll den traumatischen Schlag abwehren, der aber nichtsdestotrotz wieder erfolgt. Eine andere korrigierende Tendenz kann sich jedoch durchsetzen, wenn das Schuldgefühl groß genug ist: Der Schlag wird in eine verdiente Strafe umgewandelt, das Mißgeschick wird zur Missetat, die alsdann ihre Sühne findet. Wenn dies gelingt, wird das ganze Unternehmen des unbewußten Nachvollziehens vereitelt. Andernfalls ist es in den meisten Fällen nur vergeblich und daher in ständiger Wiederholung – eine lebenslange verzweifelte sinnlose Routine.

Wie wir sehen werden, hat dieser traumatische Mechanismus nicht nur bei Hitler individuell, sondern auch kollektiv bei den Deutschen gewirkt. Ein kollektiver psychischer Prozess mag schwer vorstellbar sein, aber das ist nicht meine Schuld. Auch die individuelle Psyche mit ihren unbewußten Wahrnehmungen und rudimentären Erinnerungen und eingebauten archaischen Phantasien, wie wir sie aus der Psychoanalyse kennen, ist schwer vorstellbar. Caroline E. Playne, die auf diesem Gebiet Pionierarbeit leistete, bemerkte schon vor einem halben Jahrhundert (in The Neuroses of the Nations, New York 1925, S. 54): „Die kollektive Mentalität kann ebenso wenig direkt erreicht werden wie die individuelle." Im einen wie dem anderen Fall kennt man die Ursachen nur aus ihren Wirkungen. Trotzdem sind das Erkenntnisse.

Um solche Erkenntnisse über mein Thema zu vermitteln, sind zeitliche Sprünge in der Geschichte in beiden Richtungen notwendig. Schlimmer noch, um meine Ergebnisse zu beweisen, muß ich Hitler übermäßig viel zitieren. Diese Ergebnisse sind großenteils neu. Doch habe ich mich sehr auf die Arbeiten anderer Wissenschaftler gestützt, wo sie meinen Zwecken dienlich waren, wie beispielsweise bei der Analyse von Hitlers hoffnungsloser außenpolitischer Planung und Praxis. Für bekannte Dinge werden kaum Belege gebracht, obgleich ich mir durchaus im klaren darüber bin, daß eindeutige Tatsachen falsch erscheinen können, wenn sie ungewöhnliche Interpretationen unterstützen. Rein technische Daten habe ich im Anhang untergebracht, darunter auch einige, die bereits in der History of Childhood Quarterly (s. Quellen) veröffentlicht wurden. Der genannten Zeitschrift möchte ich für ihre Genehmigung zum Abdruck und ihrem Herausgeber, Lloyd deMause, für seinen unermüdlichen Zuspruch danken. Außerdem danke ich der Brandeis University für die Unterstützung meiner ersten Vorarbeiten im Jahre 1971/72 (sowie für eine Terminverschiebung 1974–1975, die mir die Niederschrift ermöglichte) und der Marion und Jasper Whiting Foundation für ein Stipendium, das im Sommer 1975 meine letzten Recherchen in Österreich und Deutschland finanzierte. Archivare und Bibliothekare ebneten mir den Weg, vor allem am Universitäts-Archiv Greifswald, am Institut für Zeitgeschichte in München, an den National Archives in Washington und der Countway Library in Boston. Der inzwischen verstorbene Ernst Deuerlein half mir bei meinen Nachforschungen, das gleiche taten (in alphabetischer Reihenfolge) Eberhard Jäckel, John Knodel, Paul Monaco, Robert Murciano, Agnes F. Peterson, Marc Poulain, Bradley F. Smith, George H. Stein, John Toland und Eduard Wondrák. Mein Rohmanuskript wurde zuerst von Stephen Kern, dann von Claudia Koonz, Christoph M. Kimmich, Bradley F. Smith, Lancelot L. Farrar jr. und Albrecht Tyrell gelesen. Ihre Randbemerkungen waren mir eine unschätzbare Hilfe. Am dankbarsten bin ich jedoch meiner Frau, die mein Engagement bei der Erforschung der allzu menschlichen Greuel des Hitlerismus teilte.

Das ist das Wunder unserer Zeit,
daß ihr mich gefunden habt –
daß ihr mich gefunden habt
unter so vielen Millionen!
Und daß ich euch gefunden habe,
das ist Deutschlands Glück!

Adolf Hitler am 13. September
1936 auf einem
Parteitag in Nürnberg.

I. Das „jüdische Gift“

Die größte Gefahr ist und bleibt für uns das fremde Völkergift in unserem Leibe. Alle anderen Gefahren sind zeitlich bedingt. Nur diese eine allein ist in ihrer Folgewirkung ewig für uns vorhanden.

Adolf Hitler am 27. Februar 1925[1]

Am Ende des Ersten Weltkrieges ging eine merkliche Änderung mit Adolf Hitler vor. Bisher waren seine Gelegenheitsreden bestenfalls lächelnd geduldet worden[2]. Bei einem Jahrestag der Revolution von 1918, die für ihn den Zusammenbruch des Reichs symbolisierte, bemerkte er einmal: „Ich glaube, ich hätte vor diesem Jahr nicht vor zwanzig Menschen sprechen können, ohne um Worte verlegen zu sein“[3]. Doch schon in der frühen Nachkriegszeit entwickelte er sich zu einem fesselnden Redner, der tiefe und starke gemeinsame Emotionen von seinen Zuhörern empfing. Im Frühling 1919 hörte ihn ein Mitglied der deutschen Arbeiterpartei, der er bald beitreten sollte, vor einem Soldatenrat in München reden und konstatierte „seine beinahe suggestive Kraft als Einwirkungsmöglichkeit auf die Masse der Versammlung“[4]. Am 5. Juni 1919 beobachtete dann ein Professor, der einen Schulungskurs für politische Redner der Reichswehr, darunter der dreißigjährige Hitler, in München eröffnete, wie sich nach seinem Vortrag eine kleine Gruppe bildete. „Sie schien festgebannt um einen Mann in ihrer Mitte, der mit einer seltsam gutturalen Stimme unaufhaltsam und mit wachsender Leidenschaft auf sie einsprach: Ich hatte das sonderbare Gefühl, als ob ihre Erregung sein Werk wäre und zugleich wieder ihm selbst die Stimme gäbe“[5].

Der Haß und der Schmerz, die ab 1919 aus Hitlers Reden sprachen, der schrille Tonfall und die brutalen Modulationen waren dem Vorkriegsmaler und Meldegänger des Ersten Weltkrieges noch fremd gewesen. Neu war auch das ansteckende Zielbewußtsein, das sich ab 1918 auf der Tribüne und im Privatgespräch äußerte. Früher war er in sich gekehrt und unbeholfen gewesen, den Büchern ergeben und zu Späßen aufgelegt, anspruchslos und unprätentiös. „Hitler war damals ... etwa das Gegenteil von dem, was er später war“[6], erklärte 1948 sein Regimentsadjutant aus dem Ersten Weltkrieg, Fritz Wiedemann, dem der ewige Gefreite „als ein besonders ruhiger, bescheidener und zuverlässiger Untergebener in Erinnerung“[7] blieb, der keinerlei Führereigenschaften aufwies. Nach einem Regimentstreffen Anfang der zwanziger Jahre notierte Wiedemann: „Daß er inzwischen ein Anderer geworden war, konnte ich auf den ersten Blick feststellen“[8]. Von den Merkmalen, die sich erst nach dem Krieg zeigten, war das Auffallendste der hypnotische Blick[9].

Die Veränderung Adolf Hitlers hatte einen ideologischen Aspekt, der alles andere zu beherrschen schien. Offenbar wurde er erst Ende des Ersten Weltkriegs zum Antisemiten, obgleich er später behauptete, er sei es schon früher in Wien gewesen[10]. August Kubizek, sein Jugendfreund aus Linz, erzählte später von ihm, wie er sich bereits im Frühjahr 1908, als sie in Wien ein gemeinsames Zimmer bewohnten, zum Judenhasser entwickelt habe. Kubizeks Bericht, der in etwa demjenigen Hitlers in *Mein Kampf*[11] entspricht, läßt sich mit den zuverlässigsten Informationen über das folgende Jahrzehnt nicht vereinbaren. Außer Fritz Wiedemann bestreiten noch Ernst Schmidt und Ignaz Westenkirchner, zwei andere Meldegänger des Regiments, daß Hitler 1914–1918 Antisemit gewesen sei[12]. In den vier wesentlichen Erinnerungen über ihn im Hauptarchiv der NSDAP (eine von einem Mitbewohner des Wiener Männerheims und drei von Regimentskameraden)[13] bleibt der Antisemitismus auffallend unerwähnt, wie auch in der gesamten bekannten Korrespondenz aus dem Zeitraum vor der Niederlage 1918 kein Wort von Judenhaß steht. Er unterhielt gute Beziehungen zu einer ganzen Reihe von Juden, vom Arzt, der seine Mutter bis zu ihrem Tod im Jahr 1907 in Linz behandelte, bis zu seinem Bataillons- und – für kurze Zeit – Regimentsadjutanten, der ihm im August 1918 das Eiserne Kreuz Erster Klasse verschaffte[14]. Außer von Kubizek gibt es noch sogenannte Berichte aus erster Hand, die Hitlers eigene Datierung seiner Hinwendung zum Antisemitismus um 1908 oder 1909 bestätigen. Sie sind kein Beweismaterial. Einer stammt von einem dreimal verurteilten Betrüger[15], ein anderer wurde von einem Nazi umgeschrieben[16]; der dritte ist das Machwerk eines professionellen Erfinders und Hochstaplers[17].

Nach dem Ersten Weltkrieg dagegen wurde Hitlers Politik von Anfang an angetrieben von einem kompromißlosen Antisemitismus. Sein erstes vorhandenes politisches Dokument ist eine vom 16. September 1919 datierte Antwort auf eine Anfrage über die jüdische Gefahr, die der Leiter der Propagandaabteilung der Reichswehr in Bayern an ihn gerichtet hatte. Indem er die Juden als eine parasitäre und zugleich subversive Rasse beschrieb, schlug er einen „Antisemitismus der Vernunft" vor: Man müsse den Juden „planmäßig" ihre gesetzlichen Rechte nehmen und als „letztes Ziel" die „Entfernung der Juden überhaupt" verfolgen – übrigens durch den „rücksichtslosen Einsatz national gesinnter Führerpersönlichkeiten mit innerlichem Verantwortungsgefühl"[18]. Einen Monat vorher hatte eine seiner Schulungsreden an auf die Demobilisierung wartende Soldaten seinen Kompanieführer dazu veranlaßt, Zurückhaltung anzuordnen, damit man die Reichswehr nicht der Judenhetze beschuldigen könne[19]. Seine Rede an den Soldatenrat im vorangegangenen Frühling soll von Antisemitismus geprägt gewesen sein[20]. Und Ernst Schmidt, sein bester Kriegskamerad, der ab Dezember 1918 noch einige Monate in München und Umgebung mit ihm diente, erinnerte sich später, daß Hitler schon damals privat seine Meinung über die deutsche Niederlage äußerte, die er laut *Mein Kampf* gefaßt hatte, als ihn die Nachricht von der Revolution in einem Lazarett in Pasewalk erreichte: Die Juden hätten

Deutschland mit Hilfe des verhängnisvollen Burgfriedens, den der Kaiser zu Kriegsbeginn mit ihrer Partei, der Sozialdemokratie, geschlossen hatte, von innen ausgehöhlt und besiegt. „Mit dem Juden gibt es kein Paktieren“, schloß er, „sondern nur das harte Entweder-Oder“[21]. Da er seine politische Berufung auf jenen Augenblick der Erkenntnis in Pasewalk datierte, war der dortige Aufenthalt wohl entscheidend für die Veränderung, die mit ihm vorging. Deshalb soll dieser Aufenthalt näher unter die Lupe genommen werden.

Hitler war von Flandern nach Pasewalk, nördlich von Berlin, verlegt worden, nachdem er am 15. Oktober 1918 um 4.35 Uhr von Gelbkreuzgas getroffen worden war, das die Briten abgefeuert hatten[22]. Vor seiner Gasvergiftung hatte er vier Jahre lang im kampferprobten Freiwilligenregiment List an der flandrischen Front gestanden. Vorher war er schon einmal ins Lazarett gekommen – am 9. Oktober 1916 nach Berlin-Beelitz – wegen eines Granatsplitters am linken Oberschenkel[23]. Am 3. Dezember wurde er bis zur vollständigen Genesung nach München überwiesen und schickte von dort aus sehnsüchtige Briefe an sein Regiment[24]. Im Januar flehte er Wiedemann dann an, ihn anzufordern, ehe er an einen anderen Ort verlegt würde. Gleich nach der Verwundung hatte er sich stammelnd an Wiedemann gewandt: „Es ist nicht so schlimm, Herr Oberleutnant, gelt, ich bleibe doch bei euch, bleibe beim Regiment!“ Wiedemann bemerkte später: „Für den Gefreiten Hitler war das Regiment List Heimat“[25]. Westenkirchner und Schmidt äußerten sich entsprechend: Der Regimentskreis war „ja seine Heimat geworden“, während er ungefähr nach seinem ersten Dienstjahr keine Post mehr aus München bekam[26]. Am 5. März 1917 war er wieder „daheim“. Als er im Oktober des nächsten Jahres zu seinem ersten siebzehntägigen Fronturlaub geradezu überredet wurde, verbrachte er ihn bei den Eltern eines Kameraden in Berlin[27]. Ende August 1918, eben ausgezeichnet mit dem Eisernen Kreuz Erster Klasse, wurde er mit den Papieren für ein aufgeriebenes Regiment, das mit seinem zusammengelegt wurde, für eine Woche nach Nürnberg geschickt[28]. Am 10. September fuhr er auf einen zweiten siebzehntägigen Urlaub, diesmal zusammen mit Ernst Schmidt, über Brüssel, Köln und Leipzig zu dessen Schwestern in Dresden[29].

Die mit Zynismus gemischte Kriegsmüdigkeit, die er in Deutschland 1916 und 1917 antraf, versetzte ihn in Wut[30]. Beharrlich betonte er immer wieder: „Für uns kann der Weltkrieg nicht verloren sein"[31]. Er bestand um so mehr darauf, als die Mutlosigkeit der Heimat angesichts der Spätsommeroffensive der Alliierten 1918 auch die Front erfaßte und mit dem Ersuchen der Regierung um einen Waffenstillstand Anfang Oktober in Defätismus umschlug. Wie Ernst Schmidt sich später erinnerte, waren ihre neuen Kameraden des aufgeriebenen Nürnberger Regiments „sehr radikal und schimpften mehr, als wir es bis dahin kannten. Bei solchen Schimpfereien konnte Hitler geradezu wild werden und schimpfte und schrie ganz fürchterlich auf die Pazifisten und Drückeberger ein, die den Krieg noch verlieren würden"[32]. Und Ignaz Westenkirchner berichtete: „Gegen das Ende des Krieges, als uns andern die Sache schon hoffnungslos schien, konnte er wild werden, wenn jemand am Siege zweifelte. Dann steckte er die Hände in die Taschen, ging mit großen Schritten auf und ab und schimpfte wüst über den Pessimismus. Noch als er gasvergiftet war, glaubte er an den Sieg. Der schwere Flandernangriff der Engländer im Oktober 1918 war ihm ein Beweis, daß sich der U-Bootkrieg durchsetzen werde"[33]. Das Gelbkreuzgas, das die Engländer am frühen Morgen des 15. Oktober bei La Montagne abfeuerten, traf Hitler zusammen mit mehreren seiner Kameraden. Der einzige von ihnen, der noch etwas sehen konnte, Hermann Heer, brachte die anderen hinter den Linien in Sicherheit[34]. Hitler wurde nach einer Nacht im Feldlazarett von Oudenaarde nach Gent und von dort nach Pommern verlegt[35]. Am 21. Oktober wurde er in das Lazarett Pasewalk eingeliefert. Am 19. November wurde er als vollständig geheilt entlassen, behauptete aber später, er habe damals nur noch die Überschriften der Zeitung lesen können[36]. Wie dem auch sei, seine Erholung von der Gelbkreuzgasvergiftung scheint einen ganz normalen Verlauf genommen zu haben: eine allmähliche nach einigen Tagen beginnende Besserung, die sich über 3 bis 4 Wochen hinzieht[37]. Die offiziellen Einzelheiten über seinen Heilungsprozess sind nicht mehr verfügbar, da die Gestapo alle bekannten Kopien seiner Krankenblätter beschlagnahmte und vernichtete. Eine Kopie des für seine Dienstakte bestimmten Blattes befand sich mehrere Jahre im Besitz des bayerischen Antinationalsozialisten Wilhelm Hoegner, der sich erinnerte: „Nach dem Krankenbericht wurde er am 13. November 1918 wieder kriegsverwendungsfähig geschrieben; er klagte damals nur noch über ein Brennen der Bindehaut"[38]. Dieses Brennen gehört ebenfalls zu den normalen Symptomen, einhergehend mit einer anfänglichen Schwellung, die etwas eher nachläßt. Hätte jener „Bericht" sichtbar heikle Andeutungen enthalten, wären sie Hoegner auf keinen Fall entgangen. Warum denn war die Gestapo so auf ihn versessen?

Die wahrscheinlichste Antwort lautet, daß er von Edmund Forster unterzeichnet worden war, dem damals leitenden Psychiater in Pasewalk. Offensichtlich hat es auch ein offizielles Krankenblatt von Forster, einen zweiten Lazarettbericht, gegeben, dessen Kopien bis Anfang der vierziger Jahre von Wilhelm Canaris, Abwehrchef der Wehrmacht, und Heinrich Himmler unter Verschluß gehalten wurden[39]. Darin oder in einem anderen Dokument führte Forster Hitlers Blindheit offiziell auf psychopathische Hysterie zurück[40]. Die Fehldiagnose als Hysterie ist um so verständlicher, als man im Oktober 1918 hinter den deutschen Linien noch nicht mit den Folgen von Gelbkreuzgasvergiftungen vertraut war. Die Diagnose „psychopathisch" läßt jedoch erkennen, daß Hitlers Fall, was den psychischen Aspekt betraf, doch nicht so normal lag. Dafür spricht auch die Tatsache, daß Forster überhaupt den Fall behandelte. Die Opfer von Gelbkreuzgasvergiftungen sind gewöhnlich nicht geistig verwirrt, sie sinken nur in „eine tiefe Apathie... Sie fühlen sich unglücklich, elend, sie sind verzagt und verzweifelt... Am liebsten liegen sie leise vor sich hinstöhnend da in vollkommener Verzweiflung... Sie sind nicht von der Idee abzubringen, daß sie endgültig blind seien" – bis nach ein oder zwei Wochen ihre Lider wieder so weit abschwellen, daß sie die Augen öffnen können. „Und dann kommt auch neuer Lebensmut"[41]. *Mein Kampf* berichtet von einem extremen Abweichen bei Hitler vom geraden Weg des Heilungsverlaufs: Er erlitt einen hysterischen Rückfall, als der Lazarettgeistliche die Revolution und den Waffenstillstand meldete. „Während es mir um die Augen wieder schwarz ward, tastete und taumelte ich zum Schlafsaal zurück", berichtete Hitler, so wie er zwei Seiten vorher fälschlich behauptet hatte, nach der Gasvergiftung „stolperte und schwankte" er zu seinem Posten zurück[42]. Seine spezielle Pathologie läßt sich jedoch am deutlichsten aus der Halluzination herauslesen, die den nun folgenden zweitägigen[43] Anfall tödlichen Trübsinns beendete. Die verschiedenen Schilderungen dieser Halluzination beruhen alle auf Äußerungen, die er in den frühen zwanziger Jahren gemacht hat. In allen gewinnt er das Augenlicht zurück, als eine höhere Macht ihn in einem ekstatischen Trancezustand beauftragt, Deutschland von der Niederlage zu erlösen[44]. Forsters Behandlung des Patienten als Hysteriker muß zu diesem Rückfall und diesem Wiedererwachen beigetragen haben. Diese Behandlung läßt sich bis zu einem gewissen Grad über die Persönlichkeit Forsters rekonstruieren.

Bei der Mobilmachung von 1914 war Forster außerordentlicher Professor der Psychiatrie an der Universität Berlin und praktizierte an der ihr angeschlossenen Charité. Er war Reserveoffizier der Marine, legte sofort die Uniform an und diente bis Ende 1914 in Kiel, dann bis zu seinem vierzigsten Geburtstag an der flandrischen Front. An jenem Tag, dem 3. September 1918, beurteilte der Chefarzt seines Kommandopostens Cöpenick Forsters Lazarettarbeit in Brügge: „Persönlich energisch und lebhaft veranlagt, ließ er sich die Behandlung und Wiederherstellung der sogen. Kriegsneurotiker bes. angelegen sein, wobei er allerdings in manchen Fällen etwas schroff vorging, indem er den Maßstab eigener Willensstärke auch bei anderen anlegte"[45]. Nach seinem eigenen Bericht von 1917 pflegte Forster den Neurotikern einzuschärfen, sie seien nur Drückeberger und wüßten das auch; es sei ein unwürdiges Verhalten und, wenn sie so weitermachten, ein strafbares Vergehen; sie litten nicht an einer Krankheit, die geheilt werden müsse, sondern an einem schwachen Willen, der Stärkung brauche[46]. Neun Tage, nachdem er von der Kampfzone zurück war, heiratete Forster eine Privatsekretärin des Zentrumführers Matthias Erzberger, der später auf deutscher Seite die Verhandlungen zum Waffenstillstand leiten und diesen am 11. November

1918 unterzeichnen sollte. Zur Zeit der Unterzeichnung tat Forster noch in Pasewalk Dienst. Am 14. November fuhr er nach Berlin, um seine Zivilbeschäftigung wiederaufzunehmen, arbeitete jedoch noch bis zu seiner Entlassung am 30. Juni 1919 in einem Lazarett bei Berlin. Einer seiner Assistenten aus der Nachkriegszeit hat sich kürzlich an sein Wirken in der Charité erinnert: „Er hielt hysterisches Verhalten zumeist für Schwindel und behandelte Hysteriker dementsprechend: Er schrie sie an, sie sollten sich vor den wirklich Kranken schämen. Ich erinnere mich noch sehr gut an solche Szenen und an unsere verärgerte Enttäuschung, daß er mit solcher Methode Erfolge hatte und daß die... ‚geheilten'... auch noch dankbar an ihm hingen!"[47] Sein ältester Sohn erinnert sich, daß er „überhaupt nicht brutal war", doch er „hatte nur nichts übrig für hysterische Leute". Den Hysteriker hielt er für einen „Täuscher, der sich falsche Größe verschaffen wolle", und „für einen Bösewicht ... der mit drakonischen Mitteln behandelt werden müsse"[48]. Der damalige Leiter der Charité erklärte: „Echt Forstersches Wesen spricht aus seinen Arbeiten zur Affektivität und zur Hysterie"[49]. Forster betrachtete die Hysterie als emotionsgeladenes Simulieren. Er bezeichnete ein Symptom als hysterisch, wenn es dem Patienten irgendeinen Vorteil verschaffte und hochgespielt wurde[50]. In einer 1922 erschienenen Publikation schrieb er: „Die Hysteriker im Kriege, die aus Angst vor der Front alle möglichen hysterischen Symptome produzierten, dann von nichtsachverständigen Ärzten in die Lazarette oder gar in die Heimat gesandt wurden wo sie es durch ihre besondere Technik leicht verstanden, vor allen Schwerverletzten alle Hilfsmittel, die für Kriegsverletzte bestimmt waren, für sich in Anspruch zu nehmen, sprachen nur mit Entrüstung von den Drückebergern und erzählten jedem, der es sich anhörte, wie sie es nicht begreifen könnten, daß es in dieser Zeit Feiglinge geben könne. Wenn sie nicht leider krank wären, würden sie sich zu jedem auch noch so gefährlichen Patrouillengang melden"[51]. Als er Ende 1924 von den Privatdozenten für Psychiatrie der Universität Greifswald zum Ordinarius vorgeschlagen wurde, räumten diese ein: „Seine impulsiven Formulierungen, z.B. seiner Hysterieauffassung, haben zur Kritik

Anlaß gegeben"[52]. Die medizinische Fakultät schloß sich der Empfehlung zu Beginn des Jahres 1925 an, bemerkte aber düster: „Der Fakultät ist nicht unbekannt, daß gewisse Schwierigkeiten in der Persönlichkeit des Herrn Forster liegen"[53]. Zu diesen Schwierigkeiten erklärten ein Psychiater, der an der Charité unter ihm, und noch einer, der über ihm arbeitete, daß „Forster zu Temperamentsausbrüchen neigte, worüber wir uns amüsierten", und: „Sein jähes Temperament gab ihm oft schwer zu tragen"[54]. Seine Personalakte besteht weithin aus Berichten über seine häufigen Reibungen mit Kollegen[55].

Forster wurde im April 1925 auf den Greifswalder Lehrstuhl berufen. Er leistete dort Pionierarbeit auf dem Gebiet der Hirnchirurgie und führte im Januar 1929 einen waghalsigen Selbstversuch mit Meskalin durch, um seine Theorie zu stützen, Halluzinationen beruhten auf einem Versagen der Fähigkeit, Vorstellungen von Wahrnehmungen zu unterscheiden[56]. Im folgenden Jahr mußte er eine bedenkliche Niederlage hinnehmen. Er hatte seinen Hauptassistenten, Julius Zádor, zur Habilitation vorgeschlagen. Zádor erfüllte zwar alle wissenschaftlichen Voraussetzungen, doch von den neunzehn ordentlichen Professoren sprachen sich neun schriftlich und weitere vier mündlich gegen ihn aus. Einer der elf erklärte unmißverständlich: „...ich fühle mich verpflichtet, als Deutscher mit allen Kräften der zunehmenden von Osten kommenden Überfremdung meines Volkes und meines Vaterlandes entgegenzuarbeiten"[57]. Zádor war ungarischer Jude. Das geschah acht Monate vor Hitlers erstem großen Erfolg bei den Reichstagswahlen.

Am 19. Mai 1933, im vierten Monat der Herrschaft Hitlers, brachte ein medizinisches Wochenblatt aus München einen Beitrag von Forster über Prognose und Verhütung von Suizid. Gleich zu Anfang heißt es darin, daß „der Selbstmord selbst nicht unbedingt krankhaft sein muß" und daß *„völlig gesunde Personen* in schwieriger Lage als einzigen brauchbaren Ausweg Selbstmord wählen können"[58]. Forster verließ Greifswald am 5. Juli jenes Jahres per Auto – mit Zádor, der als Jude vor kurzem entlassen worden war – und kehrte um den 7. August zurück. In der Zwischenzeit besuchte er Paris, wo er bei seinem Bruder, einem Botschaftsbeamten, wohnte; außerdem hielt er sich irgendwann in diesem Zeitraum in Basel auf und befand sich am 16. Juli auf dem Besitz seiner Familie in Nonnenhorn am Bodensee, um den achtzigsten Geburtstag seiner Mutter zu feiern. Leopold Schwarzschild, der Chefredakteur des *Neuen Tagebuchs,* eines Wochenblatts deutscher Emigranten, schreibt in seinem Beitrag vom 16. September 1933: „Vor etwa zwei Monaten kam Professor Förster [*sic*] zu einem kurzen Aufenthalt nach Paris. Im Gespräch mit einem Mitarbeiter des NTB äußerte er resigniert, daß nun wohl auch an ihn ‚bald die Reihe kommen' werde" und verwies dabei auf das Schicksal von zwei anderen Hitleropfern, „die auch sterben mußten, weil sie zu viel wußten"[59]. Besagter Mitarbeiter war Walter Mehring. 1964 erinnerte sich Mehring an „jene grause Pariser Exilepisode, als im ‚Café Royal' jener Psychiater... die verhängnisvollen Akten des Lazaretts Pasewalk den Mitarbeitern des *‚Neuen Tagebuchs':* Leopold Schwarzschild, Joseph Roth, Ernst Weiß und mir hochverräterisch enthüllte"[60]. 1975 fügte Mehring hinzu, Forster habe drei Tage in diesem Kreis verbracht und Schwarzschild zwei Abschriften des „Krankenblatts" von Pasewalk zur sicheren Aufbewahrung übergeben[61]. *Das neue Tage-Buch* machte Forsters Beziehung zu Hitler nicht publik, brachte ihn jedoch in Verbindung mit „zwei der heutigen Machthaber". Schwarzschild schrieb nämlich, er habe in seiner Berliner Zeit Hermann Göring wegen Kokainsucht behandelt und Bernhard Rust bei einem Sittlichkeitsprozeß als unzurechnungsfähig begutachtet[62]. Görings Rauschgiftsucht - mit nach Forsters Berliner Zeit entstandenen Unterlagen - und Rusts geistige Verwirrung gelangten in die ansonsten recht phantasievolle Komintern-Kompilation „Braunbuch über Reichstagsbrand und Hitler-Terror", die im Juli in Paris fertiggestellt und Anfang August 1933 in Basel veröffentlicht wurde[63]. Es ist durchaus denkbar, daß dies den preußischen Ministerpräsidenten Göring oder den preußischen Kultusminister Rust zu dem Befehl veranlaßte, der am 28. August 1933 von Rusts Ministerium an den Kurator der Universität durchtelefoniert wurde: Forster sei als „politisch unzuverlässig" vom Dienst zu beurlauben und nach dem Gesetz zur Wiederherstellung des Berufsbeamtentums vom 7. April 1933 zu überprüfen. Dem nachfolgenden Brief, der auf prompte Erledigung drängte, hatte das Ministerium Auszüge aus einer geschwollenen Nazi-Denunziation beigefügt, deren Urheber nicht genannt wurde. Die Anschuldigungen gegen Forster wurden durch die Aussagen einer Oberschwester, einer Schwester und eines Pflegers seiner Klinik bekräftigt – die Oberschwester war vom Ministerium verhört worden, die beiden anderen Angestellten hatte der Kurator entsprechend den Instruktionen von oben vernommen. Forster wurde vorgeworfen, geäußert zu haben, der Reichstagsbrand sei eine abgekartete Sache gewesen, eine Rede Hitlers sei von niedrigem Niveau und Rusts angebliche Kriegsverletzung sei selbst beigebracht[64]. Die Beschuldigung ist glaubhaft, denn ein Freund, den Forster in jenem Sommer in Basel besucht hatte, erinnerte sich später: „Er hatte es sich offenbar in den Kopf gesetzt, über das Regime, das er haßte, möglichst oft abschätzige Bemerkungen zu machen..."[65] Nicht zur Sache gehörende Anschuldigungen tauchten noch bedrohlicher auf, wie vor allem lockeres Leben in der Klinik und Experimente mit Patienten auf einem „Kipptisch". Der Kurator befragte sechs aus anderem Anlaß zu ihm gebetene Professoren. Sie drängten ihn, er möge Forster dazu veranlassen, sich gemäß dem Beamtengesetz freiwillig mit einem dreiviertel Ruhegehalt zurückzuziehen. Alle stimmten in der Beurteilung Forsters überein: „Er sei Psychopath, zu Zeiten leicht erregbar, zu anderen Zeiten wieder leicht zu Depressionen geneigt"[66]. Forsters älterer Sohn, damals dreizehneinhalb Jahre alt, erinnert sich dagegen an seinen Vater bis zu jener Krise als beherrscht und bedächtig[67]. Und seiner Witwe schrieb der Kurator später von „den ernsten Schwierigkeiten, die sich Ihrem Gatten entgegenstellten und... von der schweren Depression und dem Erregungszustand, die sie bei ihm ausgelöst hatten"[68].

Beim ersten Gerücht eines Verfahrens gegen ihn fuhr Forster zum Ministerium nach Berlin. Nach seiner Rückkehr brachte er seine Angelegenheiten in Ordnung und versuchte anschließend, sich das Leben zu nehmen – einmal mit Nikotinextrakt, einmal mit einem Strick. Seine Frau hat beide Versuche verhindert und bat dann einen jüngeren Kollegen, ihr dabei zu helfen, auf ihn aufzupassen[69]. Am 5. September suchte Forster den Kurator auf, der ihn als gezähmt bezeichnete. Forster bestritt zwar, daß seine Entlassung aus politischen Gründen notwendig sei, akzeptierte jedoch die vorgeschlagene Lösung und bat nur darum, „wenn irgend möglich nicht zu *veröffentlichen,* daß er auf Grund des § 4 des Berufsbeamtengesetzes [als politisch unzuverlässig] dienstentlassen sei". Sein Bruder, der ihn anläßlich seines fünfundfünfzigsten Geburtstages besuchte, entwarf gemeinsam mit dem Kurator das Abschiedsgesuch; es wurde telefonisch vom Ministerium genehmigt und dann unterschrieben. Aber dann rief das Ministerium zurück und wies den Kurator an, die drei Klinikärzte, die gerade da seien, zu vernehmen. Zwei von ihnen waren Pro-Nazis und der dritte anti-Forster, und doch wiesen alle drei sämtliche Anschuldigungen zurück bzw. verharmlosten sie. Dennoch hielt der Kurator eine Entlassung für geboten. Zwei Tage später schickte Forsters Frau, die behauptete, der Kurator habe ihren kranken Mann zur Unterschrift gedrängt, einen Mittelsmann zu ihm, der die Akte durchlas und der getroffenen Vereinbarung beistimmte. Als nächstes telegrafierte Forster nach Berlin und zog sein Abschiedsgesuch zurück. Anderthalb Stunden später telefonierte er und widerrief das Telegramm, „das er auf seiner Frau Betreiben abgesandt habe". Das Ministerium gab ihm eine Woche Bedenkzeit und ordnete an, die Ermittlungen inzwischen restlos durchzuführen. Am selben Tag, einem Freitag, begannen die Verhöre erneut[70].

Am folgenden Montag, dem 11. September, nahm Forster sich das Leben mit einem Revolver, von dem niemand etwas gewußt hatte. In bezug auf den Rücktritt hatte er seiner Frau gesagt, „die Sache sei damit nicht erledigt" und er fürchte, er werde „übernacht geholt von der Gestapo". Kurz nach seinem Freitod erklärte seine Frau ihrem ältesten Sohn, Hitler sei vom Vater als Hysteriker begutachtet worden[71]. Er scheint also geglaubt zu haben, Hitler habe seine Hand im Spiel gegen ihn gehabt – sehr unrealistisch, denn ein derartiger Druck hätte ihn veranlassen können, über Pasewalk zu reden, was er jedoch nicht tat (noch nicht einmal mit seinem Bruder, der zu Besuch bei ihm war[72]). Er hätte emigrieren können (er war in Amsterdam aufgewachsen, hatte in Genf gearbeitet und war häufig in Budapest und Paris gewesen), aber er fürchtete wohl, die Gestapo würde ihn bis ins Ausland verfolgen[73]. Offenbar hatte seine Fähigkeit, Vorstellung und Wahrnehmungen zu unterscheiden, plötzlich versagt. Es mag zur Sache gehören, daß seine Studienfreunde es „immer für möglich gehalten" hätten, „daß er sich einmal das Leben nehmen würde"[74].

Forsters Hitler-Therapie fand ihren Weg über das Café Royal in Ernst Weiß' Roman *Der Augenzeuge.* Nach Walter Mehring hatte der Kreis um Schwarzschild den Romancier zu dem „Zeugen" auserwählt, den Forster im Juli 1933 suchte[75]. Weiß war tschechischer Jude, der in Wien zum Chirurgen ausgebildet wurde und nebenbei unter Freud studierte. 1914 hatte er die Chirurgie bereits für die Literatur aufgegeben, diente im Ersten Weltkrieg aber noch als Arzt. Er ließ sich nach dem Krieg in Deutschland nieder, emigrierte nach Hitlers Machtübernahme und nahm sich im Juni 1940 in Paris das Leben, statt noch weiter zu fliehen. Sein letztes Werk, *Der Augenzeuge,* wurde Ende 1938 begonnen und im darauffolgenden Sommer vollendet[76]. Es handelt im wesentlichen von der „Wunderkur" des „A. H." in „P." A. H. ist mit „hysterischer Blindheit geschlagen", behauptet, „er sei durch eine Gelbkreuzgranate ... bei seinem letzten Patrouillengang vergast worden", und spielt den invaliden Kriegshelden, wobei er die „‚echten' Kranken" um die knappen Medikamente bringt. Er lenkt die allgemeine Aufmerksamkeit durch die Schwierigkeiten auf sich, die er Stubenkameraden macht, die wegen der verlorengehenden deutschen Sache weniger in Hitze geraten als er. Der leitende Psychiater, den seine Persönlichkeit abstößt, seine Pathologie jedoch fasziniert, bringt A. H. in einer längeren nächtlichen Untersuchung zum Sprechen und überlegt dann, wie er seinen Fanatismus benutzen könne, um seine Blindheit zu heilen. Bei einer zweiten nächtlichen Konsultation untersucht er A. H.'s geschädigte Augen und erklärt, sie seien medizinisch nicht zu heilen, sagt ihm aber dann in der Dunkelheit, er könne sie mit seiner übernatürlichen Willenskraft selbst heilen. Daraufhin bemüht A. H. sich, ein brennendes

Streichholz und dann ein paar brennende Kerzen zu sehen, während ihm befohlen wird: „Sie müssen blind an sich glauben, dann werden Sie aufhören, blind zu sein." Und weiter: „Sie wissen, daß Deutschland jetzt Menschen braucht, die Energie und blindes Vertrauen in sich haben. Mit Österreich ist es zu Ende, aber mit Deutschland nicht." Und zuletzt: „IHNEN IST ALLES MÖGLICH! GOTT HILFT IHNEN, WENN SIE SICH SELBST HELFEN!" Darauf ist sein Augenlicht voll wiederhergestellt, und er sinkt bis zum nächsten Morgen in einen traumlosen hypnotischen Schlaf[77].

Bei allem, was Forsters Begegnung mit Hitler betrifft, ist Weiß' Held „echt Forstersches Wesen". Neben seinem Spezialinteresse für Hysterie leistet er Pionierarbeit auf dem Gebiet der Hirnchirurgie. Hysterie hält er für reines Simulieren, dem der Simulant selbst zum Opfer fällt. „Wenn er log, glaubte er die Wahrheit zu sagen", bemerkt er über A. H., was der Äußerung Forsters entspricht: „Während diese Hysteriker von ihrer Vaterlandsliebe und ihrem Mute reden, reden sie sich in eine Begeisterung hinein wie der Schauspieler, der den Hamlet spielt und sich selbst für den Prinzen von Dänemark hält"[78]. Er kommt 1918 mit Forsters Rang und Forsters Eisernem Kreuz Erster Klasse von der Westfront nach P. und kehrt unmittelbar nach der Revolution und der „Wunderkur" nach Hause zurück. Die Fortsetzung dreht sich um seine Aufzeichnungen über A. H., die er von P. zusammen mit einigen anderen Krankengeschichten mitnimmt: „Sie konnten mir dienen, wenn ich in einer wissenschaftlichen Arbeit Exempel über die Folgen gewaltigster Leiden seelischer und körperlicher Art für den Menschen beibringen wollte"[79]. Als Demokrat mit engen jüdischen Beziehungen schwebt er nach der Machtübernahme A. H.'s in Gefahr[80], vor allem weil A. H. bei der „Wunderkur" seine Aufzeichnungen kurz erblickt hatte. Noch vor der Machtübernahme hat ein Mittelsmann der Nazis ihn aufgefordert, seine Papiere, Akten und Protokolle „über IHN" herauszugeben, um Schwierigkeiten zu vermeiden[81]. „Die offiziellen Akten hatte ich aber nicht mitgenommen", berichtet er im Erzählerton[82]. Er bewahrt seine Aufzeichnungen als mögliche Waffe gegen A. H.

auf, verwirft aber den Gedanken, sie zu veröffentlichen: „Nicht aus Angst vor den Folgen, über die ich mir nicht klar war, sondern aus Achtung vor dem ärztlichen Berufsgeheimnis"[83]. Er will sie auch nicht vernichten, wozu seine Frau ihn drängt. Statt dessen fährt er im Sommer 1933 nach Basel und deponiert sie dort in einem Banksafe. Als seine Frau gerade abfahren will, um ihn in Bern zu treffen, wird er unter falschem Vorwand nach Deutschland zurückgelockt, dreizehn Tage lang verhört – und danach in ein Konzentrationslager gebracht. Um seiner Frau willen hatte er „beschlossen, der Versuchung zum Selbstmord zu entgehen"[84]. Sie jedoch gibt die Papiere heraus, weil man ihren Mann als Gegenleistung ins Ausland fliehen läßt. In Paris führt er dann ein trostloses Emigrantenleben, das ihn ihr und ihren beiden Kindern langsam entfremdet. Das Verhör schildert Forsters wahres Schicksal, wie Weiß es sich vorstellte, die Haft das Schicksal, das Forster befürchtet hatte, die Emigration das Schicksal, das Forster abgelehnt hatte. Im letzten Abschnitt verband Weiß sein eigenes Geschick mit dem Forsters. Auch er entschied sich für den Selbstmord, statt zu fliehen, als Frankreich kapitulierte. Sein Manuskript mit Forsters Geheimnis überlebte als abgelehnter Eingang zu einem amerikanischen Preisausschreiben für den besten Roman eines deutschen Emigranten[85].

Der A. H. in P., wie Weiß ihn schildert, ist eindeutig Forsters „Kriegsneurotiker". Er ist aber auch eindeutig der Meldegänger Hitler kurz vor dem Gelbkreuzgasangriff, wie ihn seine Kameraden Schmidt und Westenkirchner beschrieben haben, ausgenommen, daß A. H. gegen den „Judt" wütet[86]. Vermutlich war es also die Gasvergiftung, die diese Wut in Hitler herbeiführte oder auslöste, schon vor seinem Rückfall in die Blindheit und seinem Wiederauftauchen mit der Mission, Deutschland neu zu beleben. Das „Wunder" seiner Heilung (das Wort „Wunder" findet sich in einer autorisierten Lebensskizze aus dem Jahr 1923[87]), wie es in mehreren, auf seinen eigenen Äußerungen der frühen zwanziger Jahre beruhenden Versionen geschildert wird, stimmt auffallend mit A. H.'s „Wunderkur" überein. Die genannten Versionen wechseln in der Art, wie die Botschaft von oben zu Hitler gelangt (Stimmen, Bilder, sechster Sinn), wie man es bei einer Erinnerung aus einem tiefen hypnotischen Trancezustand erwarten kann. Forster behauptete, die Hypnose sei nicht die Leistung des Hypnotiseurs, sondern des Hypnotisierten – genau das, was Weiß' Erzähler zu A. H. sagt[88]. Die Hypnosetherapie wurde von Forsters Kollegen allgemein bei Kriegsneurosen angewandt[89]. Forster sprach sich 1917 gegen diese Anwendung aus – aber die „Wunderkur“ wird eigens für den Sonderfall A. H. entwickelt[90]. Daß Forster es war, der Hitlers himmlischen Auftrag aussprach oder aus ihm hervorlockte, würde schließlich auch zur Erklärung der Seltsamkeit beitragen, daß in der Botschaft nicht von Juden die Rede war. Hitler interpretierte sie erst hinein. Sein Auftrag lautete, die Niederlage ungeschehen zu machen: für ihn bedeutete das, die Juden zu beseitigen.

Auch wenn Weiß sich bei seinem Bericht über A.H. in P. genau an Forsters mündliche und schriftliche Äußerungen hielt[91], bleiben mehrere entscheidende Fragen unbeantwortet. Warum wirkte das Gelbkreuzgas bei Hitler nervenanregend? Warum erblindete Hitler wieder bei der Nachricht von der deutschen Niederlage und warum konnte er plötzlich wieder sehen mit dem Auftrag, Deutschland zu erlösen? Warum hatte er infolge der Vergiftung die Vorstellung, die Juden seien Deutschlands Verderben? Hier bieten sich zwei Anhaltspunkte an. Erstens, Hitler ließ die Juden schließlich vergasen. Er stellte 1925 den Zusammenhang selbst her: „Hätte man zu Kriegsbeginn und während des Krieges einmal zwölf- oder fünfzehntausend dieser hebräischen Volksverderber so unter Giftgas gehalten, wie Hunderttausende unserer allerbesten deutschen Arbeiter aus allen Schichten und Berufen es im Felde erdulden mußten, dann wäre das Millionenopfer der Front nicht vergeblich gewesen“[92]. In diesem Licht gesehen, wirkt die Vergasung der Juden wie eine massive Rache – und eine fehlgelenkte Rache, denn Hitler nahm niemals an, daß ein Jude die britische Senfgasgranate in seine Richtung geschossen hatte. Zweitens bezeichnete er das zersetzende Treiben, mit dem das Judentum auf Deutschlands Untergang hinarbeite, als „Vergiftung“, ein Ausdruck, der damals oft so im übertragenen Sinne gebraucht wurde, in seinem Mund aber eine besonders wörtliche

Bedeutung annahm – wenn er immer wieder „die jüdische Blut- und Rassenvergiftung“[93] beklagte, die „unser Volk völlig zerfrißt“[94]. Die letzten Worte seiner beiden politischen Testamente galten „dem tödlichen jüdischen Gift“ und „dem Weltvergifter aller Völker, dem internationalen Judentum“[95]. Diese Phrasen deuten ebenfalls auf einen Juden hinter seiner Gasvergiftung, den es jedoch in Flandern nicht gab. Aus seiner früheren Lebensgeschichte dagegen ragt ein wichtiges Erlebnis heraus, welches auf den Juden als Vergifter hinweist: 1907 starb seine Mutter in der siebten Woche einer lokal angewandten Gewaltkur mit Jodoformgaze, die ihr Arzt, Eduard Bloch, durchgeführt hatte. Da Senfgas eigentlich eine scharf riechende Flüssigkeit ist, die sich wie Jodoform durch die Haut frißt, müßte der Fall von 1907 als nächstes untersucht werden. Er wird mehr Fragen über Hitler beantworten, als bisher aufgeworfen wurden.

Klara Hitler konsultierte am 14. Januar 1907 Dr. Eduard Bloch wegen Schmerzen in der Brust[96]. Der Arzt diagnostizierte Krebs und ordnete eine Brustamputation an, die vier Tage später in seiner Anwesenheit vorgenommen wurde[97]. Am 5. Februar wurde die Patientin nach Zahlung von 100 Kronen als „geheilt“ aus dem Krankenhaus entlassen[98]. Sie nahm ihre hausfraulichen Pflichten wieder auf. Die Witwe Klara Hitler lebte mit ihren beiden am Leben gebliebenen Kindern Adolf und Paula und mit ihrer buckligen, geistig zurückgebliebenen Schwester Johanna zusammen. Paula wurde in jenem Januar elf Jahre alt, Adolf im April achtzehn und Klara selbst im August siebenundvierzig. Adolf lungerte seit seinem verspäteten und wenig erfolgreichen Abgang aus der Realschule im nahen Steyr im September 1905 zu Hause herum. Vorausgegangen waren ein neuneinhalbmonatiger Aufenthalt in Steyr und eine unerkannte Krankheit im Sommer zu Hause. Später war er nur noch im Frühling 1906 von seiner Mutter getrennt gewesen, als er für ein paar Wochen nach Wien fuhr. Danach bestand sein einziger Unterricht aus Klavierstunden über einige Monate hinweg, die abgebrochen wurden, als die Mutter im Januar 1907 ins Krankenhaus kam[99]. Sein einziger uns bekannter

Freund aus jener Zeit war der phantasievolle August Kubizek, der später berichtete, Adolf habe die Zeit mit Tagträumen von sich als werdendem großen Künstler oder Architekten verbracht. Er schreckte zurück vor Sex ebenso wie er nach Blochs Worten „seine Mutter anbetete“[100]. Sie war als seine Beschützerin und Ernährerin in ihn vernarrt und gab all seinen Schwächen nach, während sie sich über ihn als jung und hilflos Sorgen machte[101]. Trotzdem ging er Ende September 1907 nach Wien und mietete dort ein Zimmer in der Absicht, in die Malklasse der Kunstakademie einzutreten. Vor seiner Abreise suchte er Bloch zum zweitenmal in jenem Monat und kurz nach seiner Mutter auf. Er machte sich offenbar Sorgen um ihre Gesundheit, sah jedoch keinen Grund, auf die Abreise zu verzichten oder gar zurückzukehren, nachdem er bei der Aufnahmeprüfung der Akademie am 1. und 2. Oktober durchgefallen war[102]. Möglicherweise verschwieg er ihr dies Versagen; jedenfalls meinte ihre Hauswirtin, er habe sich zu spät zur Prüfung angemeldet, und Kubizek meinte, er sei zugelassen worden[103]. Er fuhr dann aber nach Hause zurück, als er von ihr bzw. von einer Nachbarin erfahren hatte, daß es ihr schlechter gehe – wohl nachdem sie Bloch am 17. Oktober zum ersten Mal seit 14 Tagen aufgesucht hatte[104]. Er kam noch rechtzeitig an, um Bloch am 22. Oktober anzutreffen[105]. Dann sind in Blochs Aufzeichnungen zwei Konsultationen der Mutter in der Praxis und zwei Hausbesuche eingetragen, mit einem Rezept in der Zwischenzeit. Hitler sah Bloch am Donnerstag, den 31. Oktober, wieder. Zu diesem Zeitpunkt hatte man sich offenbar über die Jodoformbehandlung geeinigt, denn Bloch notierte am folgenden Montag Zahlungen für Medikamente und ab Mittwoch Anwendungen von Jodoformgaze – in vier Tagen zweimal mit zusätzlichen Morphiumgaben, dann vierzig Tage lang je einmal ohne Morphium, bis die Patientin starb.

Dr. Bloch hatte den Zustand der Kranken die ganze Zeit als ernst, verzweifelt oder hoffnungslos betrachtet, wie er sich 1938 und 1941 bzw. 1943 erinnerte[106]. Seine Skepsis spiegelt sich in Hitlers späterer Feststellung über den Tod der Mutter: „Es war der Abschluß einer langen, schmerzhaften Krankheit, die von Anfang an wenig Aussicht auf Genesung ließ"[107]. Bloch weigerte sich 1938 in Linz und noch 1940 in Lissabon selbstgerecht, über die Therapie zu reden[108]. Trotzdem sprach er 1941 und 1943 in New York darüber und zwar in der Zeitschrift *Collier's* bzw. vor Vertretern des amerikanischen Geheimdienstes, wobei er das Jodoform durch „ab und zu eine Morphiumspritze" und dann durch „eine Spritze täglich" ersetzte. Das tat er, obgleich er noch eine Fotokopie seines Krankenblattes von 1907 in den Händen hielt (das Original hatte er 1938 an Hitler geschickt)[109]. Die Fotokopie überlebte ihn nicht[110]. Er hatte eindeutig ein schlechtes Gewissen wegen der Behandlung – und das mit gutem Grund. Sie kostete rund sieben Kronen pro Tag – das hätte für die Hitlers ruinös werden können. Und sie war schlimmer als nutzlos. Jahrzehntelange Warnungen der Medizin wurden mißachtet, indem Jodoformgaze in beispielloser, unerträglicher Menge (täglich etwa ein Meter Gaze mit ca. 5 Gramm Jodoform) auf die eiternde Wunde gelegt wurde. Warum bekämpfte Bloch, ein mitfühlender „Armeleutedoktor" und „Wohltäter der Mittellosen"[111], die Schmerzen statt dessen nicht mit dem billigen Morphium? Er erinnerte sich nämlich sehr gut daran, daß Klara Hitlers Leiden „ihren Sohn zu foltern schienen. Er machte jedesmal ein gepeinigtes Gesicht, wenn er sah, daß ihre Züge sich vor Schmerz verkrampften"[112]. Und: „Sein sonst traurig in die Ferne blickendes Auge hellte sich auf, wenn die Mutter sich schmerzfrei fühlte"[113]. Aus Kubizeks Erinnerungen scheint eine Antwort hervorzugehen. Er berichtet, Hitler sei bei ihm vorbeigekommen, nachdem er Bloch zum ersten Mal seit der Rückkehr aus Wien aufgesucht habe. Gegenüber dem Freund, der seit seiner Abreise nichts mehr von ihm gehört hatte, sei er ohne weitere Einleitung herausgeplatzt: „‚Unheilbar, sagt der Arzt' ... Feuer kam in seine Augen. Zorn blitzte auf. ‚Unheilbar – was heißt das?' stieß er hervor. ‚Nicht, daß das Leiden unheilbar ist, sondern nur, daß die Ärzte es nicht zu heilen vermögen ... Aber sooft die Ärzte mit ihrer Weisheit zu Ende sind, heißt es sogleich unheilbar...' ... Noch niemals hatte er mit solcher Bitterkeit, solch leidenschaftlicher Beteiligung gesprochen wie jetzt"[114]. Ein solcher Hitler hätte Bloch auch dringend um die dann angewandte Gewaltkur gebeten. Jodoform wurde von einigen Ärzten als Allheilmittel gepriesen. Es wirkt tatsächlich bei Wunden lindernd, solange es nicht zu Vergiftungserscheinungen führt. Auf dieses Drängen dürfte Hitlers spätere Äußerung zurückgehen, es wäre unsinnig, bei einem unheilbar Krebskranken nicht alles zu versuchen und vor gefährlichen Heilmitteln zurückzuschrecken. Und noch viel unsinniger wäre es, wenn der Arzt dieses Mittel wegen der geringen Erfolgsaussichten nur halbherzig anwendete[115]. Das sagte er 1928, als er sein drastisches Deutschlandprogramm rechtfertigte: „Nun handelt es sich bei der Heilung eines Volkskörpers aus tiefen und schweren Krankheiten nicht darum, ein Rezept zu finden, das selbst vollkommen giftfrei ist, sondern nicht selten darum, ein Gift durch Gegengift zu brechen. Man muß den Mut haben, zur Beseitigung von als tödlich erkannten Zuständen auch Entschlüsse durchzusetzen und auszuführen, die selbst Gefahren in sich bergen“[116]. 1932 äußerte er sich in einem ähnlichen Zusammenhang ebenfalls in diesem Sinn: „...jede Not hat irgendeine Wurzel. Es genügt daher nicht ... daß ich an der Peripherie der Not herumdoktere und von Zeit zu Zeit versuche, die Krebsgeschwulst zu beschneiden, sondern ich muß an den Erreger, an die Ursache herankommen“[117].

Wenn Jodoform in den Körper dringt, beschleunigt es den Puls, greift Nerven und Gehirn an, führt zu Unruhezuständen, Kopfschmerzen, Schlaflosigkeit, Fieber und – in schweren Fällen – zum Delirium mit Wahnvorstellungen[118]. Es gelangt auch in den Speichel und ruft brennenden Durst verbunden mit einer Unfähigkeit zum Trinken hervor (alles schmeckt vergiftet)[119]. Es verbreitet einen üblen Geruch, der sicher auch die winzigen Zimmer verpestete, in denen Hitler seine Mutter in ihrem langen Todeskampf pflegte. Drei nahe Zeugen dieser Pflege äußerten sich Jahre später übereinstimmend: Kubizek, Bloch und Paula Hitler. „... in diesen Wochen kam es mir vor, als wäre mein Freund mit einem Male ein ganz anderer Mensch geworden“, berichtete Kubizek. „Er war nichts mehr als der getreue, hilfsbereite Sohn seiner Mutter.“ Er übernahm die Hausarbeit, führte Kubizek im einzelnen auf, und stellte die Möbel um: „So konnte er auch nachts immer in der Nähe der Mutter sein... Adolf las ihr jeden Wunsch von den Augen ab und war auf das Zärtlichste um sie bemüht... Er hatte sich in diesen Wochen völlig selbst vergessen und lebte nur in der aufopfernden Sorge um die Mutter"[120]. Dr. Bloch erklärte: „In innigster Liebe hing er an seiner Mutter, jede ihrer Bewegungen beobachtend, um rasch ihr kleine Hilfsleistungen angedeihen lassen zu können"[121]. Und weiter: „Er schlief in dem winzigen Schlafzimmer neben dem seiner Mutter, damit sie ihn nachts jederzeit rufen konnte. Tagsüber hielt er sich meist an dem großen Bett auf, in dem sie lag"[122]. Paula ihrerseits erinnerte sich 1946: „... Mein Bruder Adolf verwöhnte meine Mutter in jenen letzten Wochen ihres Lebens mit überströmender Zärtlichkeit. Er war unermüdlich in seiner Sorge um sie, wollte ihr jeden möglichen Wunsch erfüllen und tat alles, um ihr seine große Liebe zu ihr zu beweisen"[123]. Klara Hitler starb am 21. Dezember 1907 um 2 Uhr morgens. Kubizek sprach von der „Tatsache", daß Adolf „mit seiner Mutter das einzige Wesen auf Erden verlor, auf das sich seine Liebe konzentrierte und das ihm diese ebenso vollkommen erwidert hatte"[124]. Bloch erinnerte sich 1938 für das Hauptarchiv der NSDAP, daß Hitler am Tag nach dem Begräbnis zu ihm kam, „um mir zu danken, für die ärztlichen Bemühungen um die entschlummerte Mutter. Während meiner beinahe 40jährigen Tätigkeit habe ich *nie* einen jungen Menschen gesehen, der vor Schmerz und Gram so *namenlos unglücklich* gewesen wäre, wie der junge Adolf Hitler"[125]. Bloch erinnerte sich allerdings nicht, daß es am Heiligabend war und daß er damals, wie aus seiner Kartei hervorgeht, die letzten 300 Kronen einkassierte, die ihm zustanden. In einem Rückblick von 1941 datierte er die Szene unaufrichtig auf „einige Tage nach der Bestattung" um und fügte hinzu: „Mir in die Augen blickend, sagte er: ‚Ich werde Ihnen ewig dankbar sein'"[126]. Desgleichen datierte Hitler die Szene stillschweigend um, als er seinem Kammerdiener erklärte, warum ihn die Weihnachtszeit deprimiere: „An einem Weihnachtsheiligabend unter dem Lichterbaum ist meine Mutter gestorben"[127].

Hitlers Erlebnis der letzten Krankheit seiner Mutter ragt wie ein Schatten auf hinter seinen späteren endlosen Schmähreden gegen den jüdischen Krebs, das jüdische Gift, den jüdischen Schieber. Alle seine antisemitischen Nebenattribute gehören zu diesen drei genannten. Der jüdische Parasit verbindet das erste und das dritte. Der jüdische Bazillus, die jüdische Tuberkulose und die jüdische Syphilis waren Varianten des ersten, denn 1907 herrschte noch die Ansicht, Krebs werde wie Tuberkulose durch Bazillen ausgelöst, und die Syphilis sei krebsartig[128]. „Wie viele Krankheiten haben ihren Ursprung im jüdischen Virus!" rief Hitler selbst aus[129]. Eine gute Einführung in Hitlers Bloch-Komplex in politischer Tarnung bietet ein Abschnitt aus *Mein Kampf,* in dem argumentiert wird, bereits vor dem Kriege habe die Gewinnsucht (lies: Blochs Gewinnsucht) über die Selbstaufopferung (lies: Hitlers Selbstaufopferung) gesiegt im Lebenskampf des deutschen Volkes (lies: Hitlers Mutter) gegen die „Verfallsmomente, die in wahrhaft erschreckender Unzahl bald wie Irrlichter aufflackerten und den Volkskörper auf und ab strichen oder als giftige Geschwüre bald da, bald dort die Nation anfraßen. Es schien, als ob ein immerwährender Giftstrom bis in die äußersten Blutgefäße dieses einstigen Heldenleibes von einer geheimnisvollen Macht getrieben würde, um nun zu immer größeren Lähmungen der gesunden Vernunft, des einfachen Selbsterhaltungstriebes zu führen..." Trotz allem seien die Deutschen sich nicht „über den Vernichter ihres Daseins klargeworden", nämlich die jüdische „Weltpest", den Marxismus. „Manchmal dokterte man wohl auch an der Krankheit herum, verwechselte jedoch dann die Formen der Erscheinung mit dem Erreger. Da man diesen nicht kannte oder erkennen wollte, besaß aber auch der Kampf gegen den Marxismus nur den Wert einer kurpfuscherischen Salbaderei"[130]. Bewußt hegte Hitler keinen Groll gegen Bloch, ganz im Gegenteil, von der handgemalten Glückwunschkarte, die er dem Arzt – vermutlich für das Jahr 1909 – aus Wien schickte: „Die herzlichsten Neujahrswünsche Ihr stets dankbarer Adolf Hitler!"[131] bis zu der nach dem Anschluß von 1938 ausgesprochenen Bitte, Bloch möge sich in seinem Ordinationszimmer in Linz fotografieren lassen[132], und der Anweisung, Bloch „alle nur möglichen Erleichterungen, auch finanzielle" zuteil werden zu lassen[133]. Sogar unbewußt sprach er

Bloch immer wieder von seinen eigenen unbewußten Anschuldigungen gegen ihn frei. So rechtfertigte er das politische Blutbad von 1934, indem er den Deutschen erklärte: „...ich gab...den Befehl, die Geschwüre unserer inneren Brunnenvergiftung und der Vergiftung des Auslandes auszubrennen bis auf das rohe Fleisch“[134]. Entschlüsselt bedeutet dies, daß er Bloch hinsichtlich des Brustkrebses („innere Brunnenvergiftung“) und der Jodoformbehandlung entlastete („Ich ... gab den Befehl“), während er ihm gleichzeitig mit der dem entgegenstehenden Wendung „und der Vergiftung des Auslandes“ an beidem die Schuld gab[135]. Die Beschimpfung „des Juden“ war für Hitler ein Mittel, Bloch wider besseres Wissen zu beschimpfen. Dieses hochgeladene konzeptuelle Hilfsmittel – „der Jude“ – formte und entwickelte sich latent in Hitler in dem Jahrzehnt, bevor es im Oktober 1918 an die Oberfläche kam. Denn in der genannten Zeitspanne wurde er gegen eine ganze Reihe von Übeln und Übeltätern motiviert, deren einzige Verbindung darin bestand, daß sie bei den damaligen österreichischen und deutschen Antisemiten mit dem Judentum in Zusammenhang gebracht wurden. Anfang 1913, im Wiener Männerheim, waren es „immer wieder zwei Faktoren ... die ihn zur Stellungnahme entflammten. Das waren die Roten und die Jesuiten“[136]. In einem Brief vom 5. Februar 1915 an einen Münchner Bekannten rechnete er mit einem siegreichen Deutschland, das von „Fremdländerei“ und „innerem Internationalismus“[137] befreit sein werde. Und in seinen letzten Tagen an der Front schrie er „ganz fürchterlich auf die Pazifisten und Drückeberger ein“[138]. Auch vermied er die Bezeichnung Jude in auffallender Weise, wenn er in den ersten Jahren bei seinem Regiment die „Doppelmonarchie“ anprangerte, „in der jeder Tscheche, jeder Ungar, jeder Pole, Kroate und Bosniake mehr gelte, wie ein Deutscher“[139]. Die antisemitische Asphaltliteratur, die in Hitlers Wien wucherte, in der von Parasitentum, Vergiftung und kaschierter Bosheit die Rede war, trug sicher erheblich dazu bei, daß er „den Juden“ zum Sündenbock für Dr. Bloch erkor[140]. Daß er Wien „als absoluter Antisemit“[141] verließ, war Wahrheit in der Lüge: Sein Antisemitismus war zwar absolut, aber verdrängt.

In *Mein Kampf* behauptet Hitler, er habe in langem, innerem Kampf um den Antisemitismus den liberalen kosmopolitischen Einfluß seines Vaters überwinden müssen[142]. Damit wollte er die Glaubwürdigkeit eines so hart errungenen Judenhasses bekräftigen. In der Behauptung spiegelt sich jedoch annähernd sein unbewußtes Ringen um den Antisemitismus – selbst wenn er den Antisemitismus rational und den Widerstand emotional nannte[143]. Hinter dem Einfluß des Vaters in dieser unklaren Spiegelung lag aber der Einfluß der Mutter. Sie war der eigentliche Grund, der ihn davon abhielt, seine Schuldgefühle und seinen ohnmächtigen Zorn von 1907 auf Bloch zu entladen. Sie, die ihr Leben bis zum Ende in Blochs Hand gelegt hatte, war auf ewig unfähig, „sich über den Vernichter ihres Daseins" klarzuwerden[144]. Und Hitler blieb ihr nach ihrem Tod genau so verbunden und rechenschaftspflichtig wie vorher. Kubizek hatte „eine einzigartige seelische Harmonie zwischen Mutter und Sohn" beobachtet, die weit mehr war als Übereinstimmung aus langjähriger Vertrautheit[145], und Bloch hatte nach der Beerdigung das Gefühl gehabt: „Hier steht ein Mensch vor dir, dem ein Stück seines Herzens, seines Ichs entrissen worden ist!"[146] Logischerweise mußte sich der trauernde Hitler entweder ein neues Ventil für seine verzehrende Liebe zu seiner Mutter suchen oder sie innerlich in ihrer alten Rolle fortbestehen lassen – sie „introjizieren". Psychologisch gesehen tat er beides zugleich. Als Ersatz für seine tote Mutter wählte er Deutschland – nicht den deutschen Staat oder das deutsche Staatsgebiet, sondern das deutsche Volk[147], das unvergängliche „Volk an sich als Substanz aus Fleisch und Blut"[148]. Als Österreicher gehörte er zwar zum deutschen Volk, war aber auch von ihm getrennt: Er war ein Sohn Deutschlands[149]. Der einzige schwache Anhaltspunkt, der dafür spricht, daß Deutschland vielleicht schon vor dem August 1914 begonnen hatte, in seinem Herzen den Platz seiner Mutter einzunehmen, ist seine Übersiedlung von Wien nach München. Aber eine Fotografie, die ihn bei der Kriegserklärung unter Münchnern zeigt, dokumentiert seinen Einklang mit einer spannungsgeladenen und verzückten Nation. Sofort schloß er sich Deutschlands „Kampf auf Leben und Tod" an und machte das

Regiment List zu seiner „Heimat". Diese Übertragung von seiner Mutter war vollkommen, als er am 5. Februar 1915 in einem Brief erklärte: „... jeder von uns hat nur den einen Wunsch, daß es bald zur endgiltigen Abrechnung mit der Bande kommen möge, zum Daraufgehen, koste es was es wolle, und daß die, die von uns das Glück besitzen werden, die Heimat wiederzusehen, sie reiner und von der Fremdländerei gereinigter finden werden, daß durch die Opfer und Leiden die nun täglich so viele Hunderttausende von uns bringen, daß durch den Strom von Blut der hier Tag für Tag fließt gegen eine internationale Welt von Feinden, nicht nur Deutschlands Feinde im Äußeren zerschmettert werden, sondern daß auch unser innerer Internationalismuß zerbricht"[150]. Er hatte angefangen, den äußeren Feind mit einer inneren Infektion zu verschmelzen (eine Umkehrung des unbewußten Prozesses, bei dem er Bloch die Schuld am Krebs seiner Mutter gab), gerade als er sich abermals „völlig selbst vergessen" hatte und „nur in der aufopfernden Sorge um die Mutter" lebte[151].

Auf dem Höhepunkt von jenem „Kampf auf Leben und Tod" erlitt Hitler das Martyrium seiner Mutter am eigenen Leibe (um seine Bemerkung über das in seine Richtung gefeuerte Gas zu adaptieren, „das uns in der Wirkung noch unbekannt war, soweit es sich um die Erprobung am eigenen Leibe handelte"[152]). Daraufhin brach sein Judenhaß aus in jenem Gemisch von Symptomen, das an das Jodoform-Syndrom erinnert und von Forster als psychopathisch diagnostiziert wurde[153]. Vielleicht brach dieser Haß in sein Bewußtsein durch, als er im Zug nach Pasewalk lag, wo man, wie er später unter Eid aussagte, „nichts anderes als vom Tauschen und Handeln hören" konnte[154]. Sobald der Haß durchgebrochen war, führte Hitler Deutschlands tödliche Entkräftung auf den jüdischen Krebs, das jüdische Gift, den jüdischen Schieber zurück. Bei der Nachricht von der Revolution, die Deutschlands Schicksal besiegelte, taumelte und schwankte er, erblindete wieder, bekam einen „brennenden Kopf", als wäre er abermals von Senfgas getroffen[155]. Außerdem vergoß er die Tränen des Selbstmitleids, die er seit seiner Gasvergiftung zurückgehalten hatte – so etwa drückte er es jedenfalls aus und fügte hinzu, zum letzten

Mal habe er am Grab seiner Mutter geweint[156]. Sein hysterischer Rückfall wurde möglicherweise durch die Hysteriediagnose ausgelöst, auf der die Behandlung beruhte[157]. Seine Halluzination ließ ihn jedenfalls schnell genesen[158].

Auf sein Unbewußtes wirkte die Aufforderung, Deutschland ins Leben zurückzurufen und zu rächen, als Auftrag, seine Mutter ins Leben zurückzurufen und zu rächen. Mehr noch, die Aufforderung kam von ihr: Das wird in der autorisierten Fassung anschaulich, in der die Worte von oben durch eine mütterliche Krankenschwester vermittelt werden, die „den zuckenden, fiebernden Soldaten... in ihren Armen" hält[159]. Jene Aufforderung an sich konnte den Juden nicht anschuldigen, da sie von seiner sterbenden Mutter kam. Dennoch war sie auf unheimliche Weise geeignet, all seinen Zorn und seine Gewissensbisse von 1907 auf Bloch, sprich den Juden, zu lenken, und das mit dem stellvertretenden Segen seiner Mutter. Dabei rief sie erneut auch seinen „ganzen Trotz gegen den Gedanken einer Kapitulation vor einem scheinbar unvermeidlichen Schicksal" hervor[160], weckte seine gesamte psychische Energie[161] und verwandelte ihn von einem unwichtigen Einzelgänger und Handlanger in einen dynamischen, dämonischen Führer der Massen.

Die Bindung an die Mutter machte Hitler gleichzeitig ungeeignet für jede normale erotische Beziehung. Kubizek erinnerte sich, daß er in Linz für ein Mädchen schwärmte, das er nie anzusprechen wagte[162]. In Wien trug er das Bild seiner Mutter in einem Medaillon bei sich, im Krieg trug er es auf der Brust, während er Frauen aus dem Weg ging[163]. In den frühen zwanziger Jahren erklärte er seinen fortdauernden Junggesellenstand mit den Worten: „Meine einzige Braut ist mein Mutterland"[164]. Inzwischen hing das Bild seiner Mutter über seinem Bett[165]. In seinen politischen Anfängen verkehrte er mit älteren Gönnerinnen – „mütterlichen Freundinnen", wie er sie nannte[166]. Seine einzige Annäherung an eine *amour-passion* galt Geli Raubal, einer Nichte zweiten Grades, die er 1928 in seine Wohnung aufnahm und 1931, als sie dreiundzwanzig Jahre alt war, in den Selbstmord trieb[167]: Ihr Altersunterschied entsprach etwa dem zwischen seinem Vater und seiner Mutter, die ihren Mann übrigens noch nach der Heirat „Onkel“ genannt hatte[168]. Eva Braun, eine der Assistentinnen seines Fotografen, war in den Jahren der Macht die Dame des Hauses in seinem Berchtesgadener Refugium. Sie war allerdings nur selten dort: Bis März 1945 ging sie ihrer Arbeit in München nach[169]. Schon das spricht für Hitlers Enthaltsamkeit, die ihr Chef von den Berchtesgadener Zimmermädchen bestätigt bekam[170]. Gegen seinen ausdrücklichen Wunsch kam sie zu ihm in den Berliner Bunker. Er heiratete sie bei seinem Rücktritt als Führer. Die Ehe wurde durch einen Doppelselbstmord vollzogen.

Auf unpolitischer Ebene brach Hitlers Komplex von 1907 als selbstbestrafende Hypochondrie durch, die sein Privatleben zunehmend ausfüllte[171]. Um 1907 galt Magenkrebs als typisch für Männer, dem Brustkrebs entsprechend für Frauen. Nach Pasewalk entwickelte Hitler Magengase, die er beharrlich auf Krebs zurückführte[172]. 1932 vertraute er einem überraschten prominenten Hamburger Nazi namens Krebs seine Hypochondrie an, die sich vor allem um Krebs drehte[173]. Als Führer fand er in Theo Morell einen Leibarzt, der ihm Antigaspillen verabreichte, die ihn nach Meinung seiner beiden Begleitärzte vergifteten. Einem Ohrenarzt, der ihn im August 1944 darauf hinwies, die Pillen könnten die Ursache der Magenschmerzen sein, hielt er entgegen: „Ich glaube, daß es mehr nervöse Magenbeschwerden sind... Die Sorge um die Zukunft und um den Weiterbestand Deutschlands fressen [sie] mich täglich mehr auf“[174]. Als der Ohrenarzt die Tabletten trotzdem prüfte und die giftige Wirkung nachwies, entließ Hitler ihn zusammen mit den beiden Begleitärzten und erklärte: „Ihr könnt gegen den Morell sagen, was ihr wollt. Er ist und bleibt mein alleiniger Leibarzt, und ich habe volles Vertrauen zu ihm“[175]. Einem der beiden glücklosen Mediziner vertraute Morell an: „Eigentlich ist Hitler nie krank gewesen“[176]. Etwa um die gleiche Zeit besuchte ein Halsspezialist den Führer und fand, daß er daliege, als sei jeder Lebenswille aus ihm gewichen: „Er kann kaum etwas essen, hat ständig Durst, wird von Magenkrämpfen gequält...“[177]

Vor allem aber verbanden sich Hitlers Jodoform- und Gastrauma auf der politischen und nicht auf der medizinischen Ebene, denn seine politische Berufung entstand aus ihrer Verbindung.

Hitler nahm sein wichtigstes politisches Ziel aus Pasewalk mit: die deutsche Niederlage rückgängig zu machen und zu rächen durch „die Entfernung der Juden überhaupt"[178]. Bis zum Wort „machen" war das Ziel genau seine halluzinierte Mission; der Rest ergab sich für ihn daraus, als bedürfe er keiner genauen Erläuterung von oben. Im ersten Abschnitt seiner Laufbahn, der in dem gescheiterten Novemberputsch von 1923 gipfelte, verschwieg er noch die ganze Bedeutung seiner Mission, Deutschland von der Niederlage zu erlösen. Sie bestand ausdrücklich darin, die Folgen der Niederlage abzuwenden oder, nach dem Juni 1919, den Vertrag von Versailles zu annullieren. Sie implizierte jedoch darüber hinaus, den entgangenen Sieg wettzumachen – eine Implikation, die dicht unter der Oberfläche all seiner frühen Reden und Schriften zu spüren ist, aber in jenen ersten Jahren nicht ausgesprochen wurde. Er äußerte sich nie genau darüber, wie der Vertrag annulliert werden sollte, außer daß es gewaltsam geschehen würde. Ein vom Judentum befreites, willensstarkes Deutschland, meinte er, werde jeden Widerstand überwinden. „Wir fürchten die Bewaffnung nicht", erklärte er einem Zwischenrufer, „wenn der Wille da ist, wird die Tat auch gelingen"[179]. Das war, auf Deutschland angewandt, Forsters Rezept zur Überwindung seines eigenen körperlichen Leidens. Er nahm es in jener naiven Form wieder auf, als sich der Ring um sein Reich schloß und er seinen Generalen erklärte, der Sieg sei reine Willenssache. „Der Einwand, daß es Momente geben kann, in denen das technische Material am Ende die Entscheidung gibt, ist völlig hinfällig", versicherte er im Dezember 1944[180].

Über 1914–1918 behauptete er: „Die Kraft, die uns selbst damals lähmte… war eine jüdische"[181]. Nach seiner Version hatten die Juden die deutsche Wehrkraft durch die Verbreitung antinationaler, pazifistischer und defätistischer Propaganda, durch das Schüren von Drückebergerei und Streiks in der Industrie und durch finanzielle Manipulationen und Räubereien untergraben. Die „jüdische Revolution von 1918"[182] war nur der heimtückische Todesstoß. „Die Schuld, daß wir den Krieg verloren, hatte nicht die Revolution, sondern die systematische Unterwühlung des Volkes ... Die Revolution aber war Schuld daran, daß wir diesen Schand-Friedensvertrag unterzeichneten"[183]. Seine erste programmatische Botschaft lautete, die Liquidierung des Judentums, seiner Komplizen und der Instrumente, mit denen es das Mark der Völker zerstöre, nämlich Marxismus, liberale Demokratie und Hochfinanz, sei die einzige unabdingbare Voraussetzung für Deutschlands Wiederaufstieg - und sei dringend. Er donnerte, daß *„das Gift unser Volk völlig zerfrißt"*[184]. In einem Leitartikel schrieb er: „Es gilt, die Eiterbeule am Leibe unseres Volkes aufzuschneiden"[185]. Einem Interviewer erklärte er, „daß der Marxismus als Seuche am Volkskörper sich tief einfressen konnte"[186]. Sich und seine Anhänger bezeichnete er sentenziös als *„Diener des deutschen Volkes* im Kampf um die Zukunft unseres deutschen Volkes gegen die Todfeinde unseres Volkes, gegen die jüdische Blut- und Rassenvergiftung"[187]. Er verlautbarte kurz und bündig: „... der Kampf gilt allein der jüdischen Rasse"[188]. Das dringendste Anliegen sei innenpolitischer Natur. Der Jude und nicht die Entente sei „Deutschlands Totengräber", betonte er[189]. Seine einsame Weigerung, sich 1923 der nationalen Front gegen die französisch-belgische Besetzung der Ruhr anzuschließen, verdeutlichte seinen politischen Standpunkt. Sein damaliger Wahlspruch lautete: „Nicht nieder mit Frankreich! sondern nieder mit den Novemberverbrechern!"[190] Seine Argumentation war damals wie immer: *„Was wir nach außen ersehnen, kann nur durch vorherige innere Reinigung erzwungen werden!"*[191] Seine Schlußfolgerung war der Versuch, die Novemberrevolution an ihrem fünften Jahrestag umzukehren: Sein Putsch. Seine These, Deutschlands Niederlage würde rückgängig gemacht, wenn man nur ihre Ursachen, die Juden, beseitigte, trug ebenso magische Züge wie seine Willensdoktrin. Manchmal jedoch äußerte er sich mehr dahingehend, daß die Rache an den Juden das historische Unrecht von 1918 wiedergutmachen würde. Er schärfte seinen Anhängern ein, „auf Rache und wieder auf Rache" zu sinnen[192]. 1921 schrieb er klipp und klar: „Wenn auf dieser Erde das Wort Gerechtigkeit nicht wirklich leerer Schall und Rauch sein soll, dann muß über die Rasse der Verführer ein

Strafgericht hereinbrechen, wie die Erde noch keines erlebte." Und: „Haß, brennenden Haß wollen wir in die Seelen der Millionen unserer Volksgenossen gießen, so lange, bis einst eine Flamme von Zorn in Deutschland aufbrennt, die die Verderber unseres Volkes zur Rache zieht"[193]. Im folgenden Jahr forderte er ein „blutigstes Strafgericht gegen die Vergifter unseres Volkes"[194] und deklamierte: „Aber aus diesem Deutschland wird einst ein Volk erstehen, das seine Verräter noch nie so bestraft haben wird"[195]. Beim zehnten Jahrestag der Novemberrevolution verkündete er seinen alten Kämpfern: „Millionen in Deutschland ... reden vom Wiederaufstieg, reden von der Hoffnung auf den Wiederaufstieg, reden von dem Glauben an die Zukunft und haben doch alle eines nicht begriffen, daß es nämlich auf dieser Welt auch ein Gesetz gibt, das heißt: ‚Aug um Aug und Zahn um Zahn' und daß dies das primitivste Gesetz, die primitivste Rechtsauffassung ist und daß ein Volk, das an einem solchen Verbrechen, wie die Revolution des Jahres 1918 es darstellt, zugrundegeht, nicht auf den Wiederaufstieg hoffen darf, wenn nicht dieses Verbrechen gesühnt erscheint. Es gibt auch hier ein höheres Recht, als der Mensch sich es vorstellt. Glauben Sie mir, wenn jemand fragt, wann wird Deutschland wieder auferstehen, so kann ich ihm die Antwort geben: Nicht eher, als bis der 9. November 1918 gerächt ist..." Und im Tonfall eines biblischen Propheten fuhr er fort: „Ich glaube an die Wiederauferstehung meines Volkes, ich glaube an den Tag, der die Verbrecher des November 1918 so oder so zur Rechenschaft zieht, und nur eine Bitte an den Himmel habe ich, er möge dann diese Bewegung Rächerin sein lassen des deutschen Volkes, er möge diese Bewegung zu seinem Arm machen und wir wollen ihm versprechen, daß dieser Arm hart und schwer niederfallen wird auf die Verräter des Vaterlandes in der Stunde seiner größten Not. Dann kommt der Tag, an dem durch diese Tat nicht nur der November 1918 gerächt wird, sondern auch der Tag, an dem durch diese Tat das deutsche Volk wieder seine Ehre zurückerhält. Dann erst kann der Deutsche wieder hinausgehen in die Welt, wenn dieses Verbrechen gesühnt ist, dann erst sind alle wieder Deutsche und können erwarten, daß der Himmel die Deutschen nicht wieder untergehen läßt…"[196] Vor dem Leipziger Reichsgericht schwor er 1930: „… Der November 1918 wird seine Sühne finden"[197]. Die Vergeltung war bereits ein altvertrauter Refrain, als er am neunten Jahrestag seiner Machtübernahme mitteilte: „Zum erstenmal wird diesmal das echt altjüdische Gesetz angewendet: ‚Aug' um Aug', Zahn um Zahn!'"[198] Bei der Ankündigung des Zweiten Weltkrieges gab er eine Variante von sich, die den Kern der Sache traf: „Wer mit Gift kämpft, wird mit Giftgas bekämpft"[199]. Auf die Methoden dieser Vergeltung hatte er übrigens ständig hingewiesen. „Die Juden werden von uns mit den gleichen Mitteln bekämpft, die sie gegen uns anwenden", versicherte er in einem frühen Stadium seiner Agitatorentätigkeit[200]. Hier schließlich sein Grundrezept für kombinierte Vergeltung und Beseitigung: „Man kann Gift nur durch Gegengift brechen"[201].

Hitlers Drohungen gegen die Juden waren selten spezifiziert. „Entfernung" konnte auf Vertreibung oder Auslöschung hindeuten[202]. Desgleichen die Terminologie, die die Juden enthumanisierte: „Den Giftpilz beseitigen"[203] war ebenso doppeldeutig, womöglich noch makabrer. Metaphern waren auch nicht deutlicher. „Das Übel muß an der Wurzel gefaßt werden", verkündete Hitler seinem Publikum. „Wir müssen dem Volk wieder Richtlinien geben, damit es gesunden kann. Die Judenfrage darf nicht umgangen, sie muß gelöst werden. Da gibt es nur ein Handeln!"[204] Worin dieses „eine Handeln" bestand, wurde damals und später bei tosendem Beifall verschwiegen. Es wurde noch finsterer vertuscht, als Hitler erklärte: „Wir müssen endlich den Kampf gegen diese Rasse aufnehmen. Es gibt da keinen Kompromiß mehr, weil es Gift für uns selber wäre… Die *Frankfurter Zeitung* schrieb am 9. November 1918 triumphierend: ‚Das Deutsche Volk hat eine Revolution gemacht'. Ja, es hat eine Revolution gemacht, aber wir hoffen, daß es auch noch eine zweite machen wird, die mit dem Judenpack gründlich aufräumt"[205]. Diese Hoffnung drückte er auch mit der Weisung aus: „Bist du entschlossen, dich endlich zu wehren, Deutsches Volk, dann werde *unbarmherzig!*"[206] Den Juden erklärte er entsprechend: „Wenn wir die Macht in der Hand haben werden: ‚Dann gnade euch Gott!'"[207]

Neben diesen unbestimmten und düsteren frühen Erklärungen jedoch können andere so angefügt werden, daß sie unmerklich in Unverblümtheit über jene „rücksichtslose Gewalt“[208], die er voraussagte, übergehen. Einige von diesen mögen genügen, um diesen Übergang aufzuzeigen: „...es beseelt uns die unerbittliche Entschlossenheit, das Übel an der Wurzel zu packen und mit Stumpf und Stiel auszurotten. Um unser Ziel zu erreichen, muß uns jedes Mittel recht sein, selbst wenn wir uns mit dem Teufel verbinden müßten“[209]. „Es gibt nur zwei Möglichkeiten: Wir werden Opferlamm oder Sieger!“[210] „Wer im Leben der Völker nicht Hammer sein will, der muß Amboß werden“[211]. Ferner, „daß... mit dem Judentum kurzer Prozeß gemacht werden muß“[212] und „daß das Judentum als Volk für sich als Todfeind uns gegenübersteht“[213]. „Der Antisemitismus aber wird erst in dem Moment seiner bisherigen unwürdigen Beurteilung entgehen... wenn er in wahrhaft blutigem Ernst vertreten wird als die Voraussetzung jeder inneren Gesundung unseres Volkes“[214]. „Darum ist die Lösung der Judenfrage für uns Nationalsozialisten die Kernfrage. Diese Frage kann nicht gelöst werden durch Zartheit, sondern angesichts der fürchterlichen Waffen des Gegners, nur durch Brachialgewalt“[215]. „Kampf gegen das Judentum bis aufs Messer!“[216] „Keine Humanität gegenüber den Juden“[217]. „Mögen wir inhuman sein! Aber wenn wir Deutschland retten, haben wir die größte Tat der Welt vollbracht! Mögen wir Unrecht tun! Aber wenn wir Deutschland retten, haben wir das größte Unrecht der Welt wieder beseitigt“[218]. „Einen Fehler hat die Heeresleitung gemacht, daß sie das ganze Dreckjudengesindel, das unser Volk 1918 in das fürchterliche Unglück hineintrieb,... nicht beizeiten an den Strick hängte“[219]. „Aber das eine rufe ich aus: ‚Wenn *wir* an das Ruder kommen, dann wehe den anderen, dann rollen ihre Köpfe!‘ Einer von uns beiden wird am Boden bleiben, über einen wird das Rad hinweggehen!“[220] „Wir wollen heute schwören, nicht eher zu ruhen, bis dieses unser Ziel erreicht ist, bis unsere Unterdrücker zerschmettert am Boden liegen“[221]. „Der germanische Wille wird den Kopf der Juden schon zerschellen!“[222] Hitlers „ein Handeln“ die Juden betreffend brauchte gar nicht näher spezifiziert zu werden. Er gab in jener Anfangszeit zu, daß die Nazis tatsächlich „Radauantisemiten“ waren[223]. Aber nach der Machtübernahme müßte ordentlich verfahren werden. „Wir wollen keine Pogrome... Wir brauchen eine feste Organisation des Volkswillens, der dann unsere Ziele auch durchsetzen kann“[224].

Sogar bewußt kann sein Publikum diese Ziele nur als tödlich aufgefaßt haben. Allerdings mischten sie sich mit anderen, die weniger tödlich waren. „Hinaus mit den Juden, die unser Volk vergiften“, schrie er in denselben frühen Jahren[225], und „fort mit dem fremdrassigen Gesindel“[226]. Oder er forderte die „Entfernung der Juden aus unserem Volke, nicht weil wir ihnen ihre Existenz nicht vergönnten, wir gratulieren einer ganzen übrigen Welt zu ihrem Besuche...“[227] Als Alternative schlug er vor: „Man verhindere die jüdische Unterwühlung unseres Volkes, wenn notwendig durch die Sicherung ihrer Erreger in Konzentrationslagern“[228]. Einmal plante er, daß „bei Übernahme des Staates die Juden so lange als Geiseln behalten werden würden, bis mit den fremden Staaten Sicherungsverträge abgeschlossen seien, die eine Störung der nationalsoz. Bewegung hintanhalten würden“[229]. Ein anderes Mal meinte er, es müßten „die Verbrecher der Novemberrevolution beseitigt, das Judentum aus Deutschland ausgewiesen und dessen Vermögen zur Fundierung einer neuen Währung benützt werden“[230]. Als man ihn 1922 im Vertrauen fragte, was er mit den Juden machen würde, wenn er so könnte, wie er wollte, schrie er: „Wenn ich einmal wirklich an der Macht bin, dann wird die Vernichtung der Juden meine erste und wichtigste Aufgabe sein“ – und anschließend schilderte er mit wachsender Wut, wie sie an allen öffentlichen Plätzen aufgehängt würden[231]. Entgegen diesem *cri de cœur* bestand sein politisches Interesse darin, daß die deutschen Juden sich bei den Feinden Deutschlands niederlassen, um diese zu vergiften. Sein erklärtes Ziel, die deutsche Niederlage rückgängig zu machen, verbarg jedoch einen tieferen Zweck, als seine Mutter dennoch zu retten – eine widersprüchliche Tendenz, das Verhängnis von 1907 zu rächen und gleichzeitig zu wiederholen. Er würde es rächen, indem er Deutschlands Vergifter vergiftete. Und er würde es wiederholen, indem er Deutschlands Krebs teilweise entfernte (auf die Juden übertragen, beinhalteten seine medizinischen Ausdrücke „Entfernung" und – das Wort steht in den Krankenhauspapieren von 1907 – „Extirpation"[232], nämlich Vertreibung, obgleich sie Schlimmeres andeuteten) und den restlichen Teil einer drastischen Sonderbehandlung unterzog, wobei Deutschland dann zugrunde ging[233].

Um Deutschlands Vergifter zu vergiften, mußte Hitler auf internationaler Ebene handeln. Schon im April 1920 deutete er die internationalen Dimensionen der Deutschland drohenden tödlichen Gefahr an: „Wir müssen das Gift außer und in uns ausmerzen, wenn wir wieder genesen wollen"[234] – obgleich Deutschland damals auf absehbare Zeit keinerlei Möglichkeit haben würde, nach außen zu handeln. Und 1928, als es um die Nazis schlecht zu stehen schien, erklärte Hitler seinen Genossen, daß wenigstens die antisemitische Idee lebendig sei: „Die Judenfrage ist aufs Tapet gebracht, sie wird nicht mehr verschwinden, und wir werden dafür sorgen, daß sie zur internationalen Weltfrage wird, wir werden sie nie zur Ruhe kommen lassen, bis einmal die Frage gelöst wird. Den Tag glauben wir noch erleben zu können..."[235] Doch nur bis zum Putsch versicherte er, es gebe „nur eines: Man muß sich einzig, restlos und ausschließlich mit der Judenfrage beschäftigen"[236]. Nach dem Putsch blieb sein Todesurteil gegen die Juden noch in Kraft[237]. Er entwickelte aber einen zweiten, parallelen Kurs, um seine Mission von Pasewalk zu erfüllen, einen, der vom deutschen Anspruch auf mehr Grund und Boden ausging und unmittelbar auf das Ziel zulief, Deutschlands Niederlage rückgängig zu machen. Hitler behandelte seine „Kernfrage" immer weniger und dann indirekt und (wie 1913–1918, als sein Antisemitismus latent gewesen war) über Deckbezeichnungen wie „Marxismus" und „Bolschewismus". So richtete er die Vergeltung, die er im November 1928 vor den alten Kämpfern forderte, gegen die „Novemberverbrecher", die er mit dem Judentum nur auf Umwegen identifizierte: durch einen Hinweis auf den „uns vergiftenden Hebräer", einen auf die Feindpropaganda der „deutschen Juden" und je einen auf die „Jüdin Rosa Luxemburg" und den „Juden Kurt Eisner" als Erzbösewichter[238]. „Auch seine Ausrottungsabsichten gegenüber dem jüdischen Volk hatte Hitler für den, der hören wollte, nie verheimlicht", bestätigte Albert Speer lange Zeit danach[239]. Doch auch denjenigen, die nicht hören wollten, entging die Botschaft nicht, obschon sie nach dem Erscheinen von *Mein Kampf* in den mittleren zwanziger Jahren nur noch angedeutet wurde. Sie fand sogar ihre eigene psychologische Ebene unterhalb des klaren Bewußtseins – wie früher durch die Reden, in denen er sie verschwiegen hatte. Außerdem blieben seine Reden, in denen er sie nicht verschwiegen hatte, im Gedächtnis und wurden nachgedruckt, im letzten Fall unzensiert. Vom brutalen *Mein Kampf* wurden übrigens in Deutschland jedes Jahr ab 1930 50000, ab 1933 fast eine Million Exemplare verkauft[240].

Die Botschaft blieb noch einige Jahre, nachdem Hitler seine Diktatur etabliert hatte, in ihren äußeren Umrissen verschwommen – selbst als er sich im April Kreisleitern gegenüber weigerte, seine Maßnahmen gegen die Juden zu beschleunigen: „... Das Endziel unserer ganzen Politik ist uns ja allen ganz klar"[241]. Joseph Goebbels verkannte jenes Endziel, als er am 9. November 1938 die Reichskristallnacht inszenierte, die für alle Betroffenen „in jeder Hinsicht verheerend" war[242]. Reichsbankpräsident Hjalmar Schacht verkannte das Endziel auf seine Weise und begann einen Monat später in London Verhandlungen über die Auswanderung der deutschen Juden, die mit einer internationalen Schuldverschreibung auf jüdisches Vermögen in Deutschland finanziert werden sollte. Als Schacht das beinahe erreicht hatte, entließ ihn Hitler am 20. Januar 1939 aus der Reichsbank. Der Konflikt zwischen ihnen war wegen Hitlers Alternativlösung ausgebrochen, auf dieses jüdische Vermögen Banknoten auszugeben – einer seiner bereits vor dem Putsch erdachten Pläne[243]. „Sie passen in das ganze nationalsozialistische Bild nicht hinein", teilte er Schacht mit[244]. Daraufhin führte er die Methode, die Reinhard Heydrich seit August 1938 in Österreich entwickelt hatte, um die Juden zu enteignen und zu vertreiben, auch im Altreich ein[245]. Um der Operation Reinhard (so ihr Deckname) eine zweckmäßige Begründung zu geben, äußerte er am 24. November 1938 einem südafrikanischen Besucher gegenüber, „er exportiere den Antisemitismus"[246].

Dem selben Gast versicherte er, „das Problem würde in der nächsten Zeit gelöst werden“ und „die Juden würden eines Tages aus Europa verschwinden“[247]. Was kann er mit dieser Lösung und diesem Verschwinden gemeint haben, wenn die Juden, wie er behauptete, nicht von sich aus gehen würden und wenn er sie überall, wie er sich rühmte, unerwünscht machen würde. Fünf Tage vor Schachts Amtsenthebung lieferte Alfred Rosenberg eine Antwort: Das Ziel sei ein Judenreservat außerhalb Europas[248]. Fünf Tage nach Schachts Entlassung hieß es in einem Runderlaß des Auswärtigen Amtes, Zweck der Enteignungen und Vertreibungen sei, eben diese Lösung des Judenproblems zu erzwingen[249]. In der Zwischenzeit erwähnte Hitler selbst das Judenreservat dem tschechischen Außenminister gegenüber und bemerkte noch: „Die Juden würden bei uns vernichtet. Den 9. November hätten die Juden nicht umsonst gemacht, dieser Tag würde gerächt werden“[250].

Das Judenreservat unter internationaler Verwaltung – später die jüdische Strafkolonie unter SS-Leitung – war nur eine Maskierung für Hitlers Endziel[251]. Dieses Ziel verkündete er am 30. Januar 1939, dem sechsten Jahrestag seiner Machtübernahme, nachdem er über die Krokodilstränen, die man hinter den geschlossenen Grenzen der demokratischen Länder wegen der deutschen Juden vergoß, gehöhnt hatte. „Wenn es dem internationalen Finanzjudentum in und außerhalb Europas gelingen sollte, die Völker noch einmal in einen Weltkrieg zu stürzen“, erklärte er, „dann wird das Ergebnis nicht die Bolschewisierung der Erde und damit der Sieg des Judentums sein, sondern die Vernichtung der jüdischen Rasse in Europa“[252]. Er erinnerte immer wieder hartnäckig an diese „Prophezeiung“, bevor, während und nachdem sie beinahe in Erfüllung ging. Beim vorletzten Mal sagte er: „Ich bin gegenüber den Juden loyal gewesen. Ich habe ihnen am Vorabend des Krieges eine letzte Warnung zuteil werden lassen.“ Und beim letzten Mal: „Ich habe... keinen darüber im unklaren gelassen, daß diesmal... der eigentliche Schuldige... seine Schuld zu büßen hat“[253]. Die Prophezeiung läßt sich auf eine Warnung zurückführen, die er bei den Vorbereitungen zu seiner Diktatur ausgesprochen hatte: „Das Judentum aber müsse erkennen, daß ein jüdischer Krieg gegen Deutschland das Judentum in Deutschland mit voller Schärfe selbst trifft“[254]. Sie reicht sogar bis zu seinem Plan vor dem Putsch zurück, die Juden als Geiseln zu benutzen[255]. Sie hatte außerdem den Sinn, die Schuld am bevorstehenden Vernichtungswerk bis über die geschlossenen Grenzen der Demokratien zu tragen. In sich war sie aber widerspruchsvoll. Wenn die Grenzen der Demokratien den Juden verschlossen waren, dann waren die Juden für die Demokratien keine Geiseln. Oder wenn die Juden in den Demokratien stark genug waren, um letztere aus „jüdischen Interessen“ und „alttestamentarischer Rachsucht“[256] in einen Krieg gegen Deutschland zu stürzen, dann würden sie zuerst die Grenzen der Demokratie öffnen. Immerhin war der Krieg, der dann kam, während die betreffenden Grenzen immer noch geschlossen blieben, kein „jüdischer Krieg“. Aber auf jeden Fall war die Prophezeiung zynisch, denn nur elf Tage später sagte Hitler einer Gruppe von Militärs, er müsse bald Krieg führen, und zwar, um die „Herrschaft in Europa“ und „Weltvorherrschaft für Jahrhunderte“ zu erringen[257]. Trotzdem bezeichnete er jenen Krieg bis zuletzt als jüdischen Krieg. So behauptete er im Februar 1945, er habe das „Problem“ der Juden vor dem Krieg angepackt, „indem er sie überall mit dem erklärten Willen hetzte, die deutsche Welt vom jüdischen Gift reinzuwaschen. Für uns“, fuhr er fort, „handelte es sich um eine unerläßliche, im letzten Moment unternommene Entgiftungskur... Beim Gelingen dieser Operation in Deutschland hatten wir Aussichten, daß sie sich ausbreiten würde. Das war sogar zwangsläufig, denn es ist normal, daß die Gesundheit über die Krankheit triumphiert. Die Juden waren sich dieser Gefahr sofort bewußt und deshalb beschlossen sie, in dem Kampf auf Leben und Tod, den sie gegen uns entfesselten, alles aufs Spiel zu setzen. Sie mußten den Nationalsozialismus um jeden Preis niederringen, und wenn der ganze Planet dabei zerstört würde. Kein Krieg ist ein so typisch oder so ausschließlich jüdischer Krieg gewesen wie dieser“[258]. Diese logische Begründung seiner Vorkriegspolitik gegen die Juden steigerte nur deren Widersinn. Denn ihr eingestandenes Ergebnis lag nicht darin, daß die „Gesundheit“ in den Demokratien über die „Krankheit“ triumphierte (wie „zwangsläufig“ geschehen sollte), sondern darin, daß die Demokratien zu einem „Kampf auf Leben und Tod“ gegen Deutschland aufgestachelt wurden, das vom „jüdischen Gift“ befreit war und trotzdem in einem rein „jüdischen Krieg“ unterlag. In psychologischer Hinsicht war die Inkonsequenz jedoch ganz konsequent. Wie 1907, so hinterließ die „Operation“ auch jetzt einen Rest von „Infektion“ in Deutschland, der bei dem aussichtslosen „Kampf auf Leben und Tod“ wegvergiftet werden sollte.

Den Übergang zu dieser Wegvergiftung lieferte das Euthanasieprogramm, das Hitler in die Wege leitete, gerade als die Judenvertreibungen mit Beginn der Feindseligkeiten in Europa praktisch aufhörten. Hitler munkelte erstmalig davon, im Krieg ein geheimes Euthanasieprogramm durchzuführen, wie er beim Entwurf eines Rassengesetzes auf dem Nürnberger Parteitag im September 1935 eine scheinbar versöhnliche Note gegenüber den Juden angeschlagen hatte[259]: Sein antijüdischer Radikalismus wurde nämlich schon damals auf die Euthanasie umgeleitet[260]. Als Vorspiel dazu griff er im Frühjahr 1939 eine elterliche Bitte auf, ein Kind, das blind war und „idiotisch schien“, zu töten[261]. Schon in jenem Sommer begann er, seine künftigen Helfershelfer anzuweisen[262]. Ende Oktober unterschrieb er einen auf den 1. September 1939, dem Beginn des Polenkrieges, rückdatierten persönlichen Befehl, der Philipp Bouhler, Leiter der Kanzlei des Führers, und Karl Brandt, seinen dienstälteren Begleitarzt, damit beauftragte, die Selektion der für den „Gnadentod“ vorgesehenen „unheilbar Kranken“ zu überwachen[263]. Mündlich beschränkte er den Befehl auf unheilbar Geisteskranke[264]. Ihr Leben sei lebensunwert, erklärte er bei Besprechungen – und außerdem müsse im Krieg mit medizinischen Hilfsmitteln sparsam umgegangen werden[265]. Einander sich widersprechend, schloß er die Juden und die geistig Beschädigten des Ersten Weltkriegs aus, wobei die erste Ausnahme besagte, die Euthanasie sei eine Wohltat und die zweite das Gegenteil[266]. Die Tötungsprozedur wurde von Viktor Brack von der Kanzlei des Führers geleitet: Am 17. August 1939 kam eine Kommission aus Berlin nach Grafeneck, um dort eine Gaskammer zu errichten, während der Chef der Stuttgarter Kriminalpolizei unabhängig davon eine in Brandenburg plante[267]. Anfangs leitete Hitler selbst das Programm aus nächster Nähe durch mündliche Anweisungen[268]. Als Tötungsmittel schrieb er im Oktober Gas vor und befahl im November Versuche mit Kohlenmonoxyd, dem er schließlich den Vorzug gab, nachdem Anfang Januar 1940 in Brandenburg bei dem ersten Experiment achtzehn oder zwanzig Opfer schnell, schmerzlos und ahnungslos gestorben waren[269]. Er verlangte, daß nur Ärzte die Gashebel bedienen durften. Wachsam sorgte er immer dafür, daß man keine Kriegsverletzten nahm: Anfang 1941 ließ er umgehend einige angebliche Zuwiderhandlungen untersuchen (es stellte sich heraus, daß die Geisteskrankheit in allen Fällen vor dem Kriegsdienst aufgetreten war)[270]. Juden wurden dagegen vom Sommer 1940 an aus den Nervenheilanstalten zu den Gaskammern transportiert, wobei man sich immer weniger um den medizinischen Vorwand kümmerte[271]. Ab März 1941 wurden sie auch aus Konzentrationslagern geholt, wobei man sich immer weniger um ihre Arbeitstauglichkeit kümmerte[272]. Im Juli 1941 begannen entsprechend einer Weisung Hitlers vom 13. März hinter den deutschen Kampflinien in Rußland die Massenexekutionen von Juden und ihnen gleichgeachteten politischen und rassischen Feinden[273]. Am 24. August befahl Hitler dann, das Euthanasieprogramm im Herbst einzustellen[274]. In den folgenden Monaten steigerten Bouhler und Brack den Transport von Juden aus den Konzentrationslagern in Gaskammern und ließen die für die Euthanasie verwendeten Einrichtungen und das Personal allmählich nach Polen für die Endlösung bringen[275]. Bei der Invasion Polens im September 1939 hatte Hitler befohlen, Juden aus dem Reich in bestimmte polnische Städte mit guten Eisenbahnverbindungen zu schaffen – für das „Endziel", welches *„streng geheim"* zu halten war und „längere Fristen beansprucht", wie Heydrich am 21. September SS-Kommandeuren mitteilte (das war nicht das *erklärte* Ziel eines Judenreservats)[276]. Der jüdische Exodus aus allen deutsch kontrollierten Teilen Europas wurde 1941 gestoppt – ein glatter Beweis, daß das „Endziel" kein letzter Ausweg war. Sobald die Endlösung im abgeschlossenen polnischen Gelände im Gange war, nahm Hitler an ihren Einzelheiten keinen Anteil mehr, und die Durchführung ging allmählich von der Kanzlei des Führers auf die SS über. Darauf beschäftigte sich Hitler statt dessen nun damit, ihren Umkreis auf die deutschen Satelliten auszudehnen – mit diplomatischen Mitteln, solange das ging. Als sein Reich am zusammenbrechen war, prahlte er: „Wir haben die jüdische Geschwulst aufgestochen"[277]. Dann brachte er es noch fertig, Positives zu sehen: „In einer Welt, die zunehmend vom jüdischen Gift pervertiert werden wird, muß auf lange Sicht ein Volk siegen, das gegen dieses Gift immunisiert worden ist"[278]. Inzwischen hatte er sein Postulat total widerlegt, die deutsche Niederlage von 1918 sei das Werk der Juden und demnach durch die Beseitigung der Juden zu beseitigen. Jene Widerlegung schloß das Subpostulat ein, der Tod seiner Mutter sei Blochs Werk gewesen.

Der geheime Sinn von Hitlers geheimem Euthanasieprogramm, wie er es auf dem Nürnberger Parteitag entworfen hatte, lag in der Korrektur von 1907 mit einem Gnadentod seiner unheilbar kranken Mutter durch Bloch, was außerdem überflüssige Ausgaben verhindern würde. Durch das Programm aber, wie er es dann durchführte, identifizierte er sich in Pasewalk mit seiner in Linz sterbenden Mutter. Seine eigene Gasvergiftung von 1918 war der Bezugspunkt seiner Euthanasie-Vergasungen; er war laut Forsters Diagnose der ursprüngliche Geisteskranke; seine Erwägung, die knappen medizinischen Hilfsmittel für Kriegsverletzte zu sparen, entsprach derjenigen Forsters über ihn (sie spielte 1935 noch keine Rolle). Außerdem war das blinde, geistig geschädigte Kind, das als Euthanasievorläufer fungiert hatte, ein traumähnliches Modell seiner selbst in Pasewalk[279]. Dennoch zielte er mit dem „Gnadentod" schon im Planungsstadium des Programms auf seine Mutter ab, da er selbst und anfangs auch Bloch (d.h., die geistig Verletzten des Ersten Weltkriegs und anfangs auch die Juden) ausgespart bleiben sollten. Die Euthanasie glich also psychologisch betrachtet einer letzten Abwehrmaßnahme gegen jenes spätere Programm, zu dem sie dennoch führte – gegen jenes „Endziel". Mit diesem äußerst scheußlichen Finale wiederholte

Hitler die Schlußbehandlung seiner Mutter – auf Deutschland übertragen – und rächte sich gleichzeitig an Bloch alias dem Juden. Das war der tiefste Sinn der Vorankündigung seiner Politik als Gewaltkur eines sterbenden Deutschlands in letzter Stunde[280]. Auch hier trug die Behandlung dazu bei, daß der Patient starb, denn die Massenhinrichtungen in Rußland schürten den dortigen Widerstand[281], und die Ausrottungen im übrigen deutschbeherrschten Europa entzogen dem Kriegsunternehmen dringend benötigte Arbeitskräfte, Material und Transportmittel[282]. Die Ausrottungen außerhalb Rußlands begannen übrigens erst, nachdem Hitler in geschlossenem Kreis (nach der sowjetischen Gegenoffensive vor Moskau und dem japanischen Angriff gegen die Amerikaner Anfang Dezember 1941) zugegeben hatte, daß sein Krieg nicht mehr zu gewinnen sei[283]. Danach *deckte* der verloren gehende Krieg die Entfernung der Juden, die ursprünglich als Mittel zum Sieg hingestellt worden war[284]. Zur gleichen Zeit begann Hitler zu äußern, der Lohn der Niederlage für Deutschland sei Tod, und fügte immer öfter hinzu, dieser Lohn sei verdient[285]. „Merken Sie sich eins, Schellenberg", fuhr er den Chef der SS-Spionageabwehr Mitte 1944 an, „in diesem Krieg gibt es keinen Kompromiß, es gibt nur den Sieg oder den Untergang. Sollte das deutsche Volk versagen, dann wird es untergehen." Und nach einer Pause: „Ja, dann soll es untergehen, dann soll es krepieren"[286]. Am Ende versuchte er mittels einer Taktik der verbrannten Erde dafür zu sorgen, daß es tatsächlich untergehen würde[287] (seine diesbezüglichen Befehle wurden großenteils mißachtet). Das war die Kehrseite jenes positiven Denkens, das er *in extremis* zustande brachte, der Haß, der bisher unter der verzehrenden Liebe zu einer Mutter begraben gewesen war, die ihn unfähig gemacht hatte, über diese verzehrende Liebe hinauszuwachsen.

Hitlers Politik war sein Antisemitismus – bis zu seinem Putsch vom November 1923 ausschließlich und danach immer noch in entscheidendem Maße. Sein Antisemitismus war seine Reaktion auf seine Schuld an den Todesqualen, die seine Mutter 1907 auf Grund der von ihm befürworteten Therapie Blochs durchgemacht hatte. Diese lange unterdrückte Reaktion wurde durch eine Gasvergiftung freigesetzt, die an die Agonie der Mutter erinnerte – eine Erinnerung von traumatischer Intensität, die ihn zwang, das dahinterstehende unbewältigte Erlebnis nachzuvollziehen. Bei einem solchen traumatischen Nachvollziehen kommt es zu schematisierten Korrekturen des Urerlebnisses – zu Umkehrungen und Tendenzen, das Ergebnis rückgängig zu machen und gleichzeitig bis zu seinen äußersten Konsequenzen weiterzuführen[288]. Das Vergiften des Vergifters war eine Umkehrung; das Ableben von Mutter Deutschland rückgängig zu machen, war Hitlers scheinbares Ziel; beide Schuldigen von 1907 nahmen beim zweiten Mal ein schlimmes Ende. Diese Korrekturen waren jedoch dem getreuen Nachvollziehen untergeordnet, bei dem Hitler die angeblich tödliche Krankheit Deutschlands einer drastischen falschen Therapie unterzog. Das Nachvollziehen war nicht weniger getreu, wenn er neben der eigenen Rolle auch Blochs alte Rolle übernahm, und zwar beginnend mit der „Operation", die er 1938 befahl, um „die deutsche Welt vom jüdischen Gift reinzuwaschen"[289]. Es war auch nicht weniger getreu, wenn es Forsters Stempel trug bei Hitlers Beharren, Deutschlands scheinbar physische Unfähigkeit könne durch Willenskraft überwunden werden, und vielleicht auch in Hitlers Anwendung hypnotischer Methoden beim nationalen Patienten.

Während Forster ihm neue Lebenszuversicht verschafft hatte, konnte Hitler für Deutschland nur eine alte erneuern. Diese Erneuerung wird als nächstes untersucht werden.

II. Und morgen die ganze Welt

Der Traum der deutschen Weltherrschaft ist schnell ausgeträumt. Vielleicht war es nicht einmal ein so schöner Traum.

Tagebucheintragung eines deutschen Leutnants vom 15. Oktober 1918[1]

Wir werden weiter marschieren,
Wenn alles in Scherben fällt,
Denn heute gehört uns Deutschland
Und morgen die ganze Welt.

Marschlied der Nationalsozialisten

Hitlers Mythos vom giftigen Juden lief auf ein Leugnen der Niederlage von 1918 hinaus. Er besagte nämlich, ohne den Verrat der deutschen Juden – d. h. Undeutscher, die fälschlich als Deutsche galten – wäre es nicht zur Niederlage gekommen. Um mit Hitler zu sprechen: „Heldenhaft hat unser Volk den Krieg gewonnen. Viereinhalb Jahre hat es bedurft, um unser Volk so weit zu vergiften, daß es sich dann selbst besiegte“[2]. Sein impliziertes Leugnen der Niederlage führte geradewegs zu seinem Vorschlag, wie sie rückgängig zu machen sei: „Wenn wir viereinhalb Jahre lang mit aller Tücke und Teufelei des äußeren Feindes fertig wurden, werden wir auch im Inneren gegen den Teufel fertig werden“[3].

Dieser Grad an Transparenz war selbst für Hitler außergewöhnlich, doch das Leugnen war eine verbreitete Reaktion der Deutschen auf die Niederlage im Ersten Weltkrieg. Offizielle Ansprachen an aus Frankreich und Belgien heimkehrende Truppen waren alle derselben Art wie die des neuen sozialistischen Kanzlers Friedrich Ebert vom 10. Dezember 1918: „Kein Feind hat euch überwunden!“[64] Technisch gesehen, sprach Ebert die Wahrheit.

Die deutsche Regierung hatte Waffenstillstandsverhandlungen eröffnet, um eine Katastrophe zu verhindern, als Deutschlands Kraft erschöpft war angesichts der praktisch unbegrenzten Hilfsmittel, die die Alliierten mobilisiert hatten. Für das deutsche Volk war dieses Endergebnis unannehmbar nach vier Jahren übermäßiger Anspannung, Hunger und Blutopfer in vermeintlicher Selbstverteidigung mit der Hoffnung auf Gewinn, unglaublich nach vier Jahren Siegen im Osten und Siegesmeldungen aus dem Westen[5]. Allgemeine Entmutigung verbreitete sich schon früher, als die von Erich Ludendorff, Kriegschef des Reiches, unternommenen großen Frühjahrs- und Sommeroffensiven von 1918 mit sogenannten strategischen Rückzügen endeten[6]. Im schlimmsten Fall erwartete man jedoch, daß das besetzte Flandern, und im allerschlimmsten auch Elsaß-Lothringen, bei einem Verhandlungsfrieden geopfert werden müßten, der die östlichen Gewinne des Reiches unangetastet ließe. Da das Reich aus militärischen Siegen geboren war, hielten die Deutschen militärische Siege für angeborenes Recht[7]. Als Ludendorffs verzweifelte Eröffnung vom 29. September 1918, die Armee pfeife auf dem letzten Loch, und die Front könne jederzeit zusammenbrechen, durchsickerte, raffte das Reich seine Kräfte nicht zusammen[8]. Es geriet in Panik, als wäre es mit einem Schlag wilden Plünderungen ausgesetzt. Ein archaischer Schrecken klingt aus der beharrlichen schrillen Torheit heraus, mit der Deutsche, ob links, rechts oder Mitte, den verlorenen Krieg noch Jahre später als nationalen Existenzkampf bezeichneten und den Siegern Versklavungs- und Auslöschungsabsichten nachsagten. Die Schockwirkung der Niederlage war wahrhaftig universell: Kein Reichsdeutscher, nicht einmal Ludendorff selbst, konnte sich ihr entziehen – am wenigsten die äußerste Linke, die eher gefürchtet hatte, die deutschen Soldaten könnten ganz Europa unterwerfen[9]. Zum großen Teil entlud sich diese Wirkung zunächst in innerem Aufruhr und inneren Wirren. Matrosen und Soldaten, Arbeiter und sogar Bauern bildeten „Räte" nach dem Vorbild der Sowjets, die der militärischen Niederlage immerhin noch einen revolutionären Sieg abgerungen hatten[10]. Auf dem anderen Extrem entstanden Freikorps, die sich weigerten anzuerkennen, daß sie mit dem verlorenen Krieg erledigt waren[11]. Die Republik erstand auf Wilsons Aufforderung – unwidersprochen[12] und in einer aufgesetzten Stimmung von Völkerversöhnung[13]. Sie wurde nach dem vervollkommneten Bild der Institutionen in den Siegerländern gestaltet. Die Theorie war, die Verantwortung für die Niederlage trage das Kaiserreich und mit dem Verschwinden des Kaiserreichs sei Deutschland entlastet[14]. Als die Sieger diese Theorie erschütterten, wurde die Republik in die Defensive gedrängt und verteidigte sich nur noch als Interims- oder Übergangsregime[15]. Fünf Jahre lang wütete der Kampf innerhalb von Deutschlands verengerten Grenzen – abgesehen von einem elektrisierenden Augenblick der Solidarität im Mai 1919 gegen das *Diktat* von Versailles, einem zweiten im März 1921 mit einem Außenminister, der in London „nein" gesagt hatte[16], und einem dritten im Januar 1923 gegen die französisch-belgische Besetzung des Ruhrgebiets[17]. In diesen Augenblicken erwachte in den Herzen der Deutschen wieder der Krieg. Ungeachtet des inneren Streits und Haders war ganz Deutschland außerdem revisionistisch oder nicht gewillt, für eine Niederlage zu zahlen, die nicht die seine sei.

Der klassische Mythos über die Niederlage, der Dolchstoß von Zivilisten in den Rücken der Armee, entstand noch vor der Unterzeichnung des Waffenstillstands[18]. Ludendorff, sein lautester Verkünder, hatte selbst das Fundament dafür gelegt, indem er eine Koalitionsregierung auf parlamentarischer Basis installierte, die an seiner Stelle die Verhandlungen leitete[19]. Unter dem vermeintlichen Dolchstoß wurde anfangs die Bitte um Waffenstillstandsverhandlungen verstanden, dann die Revolution, die zu überflüssigen Konzessionen bei den Verhandlungen führte[20], und Ende 1919 schließlich die Revolution als Ursache der Niederlage. In der politischen Rhetorik wurde der Dolchstoß zunehmend durch eine „Vergiftung" ergänzt; damit meinte man die revolutionäre Zersetzung der Kampfkraft aus der Etappe und von der Heimatfront, die schon lange Monate vor Kriegsende eingesetzt habe[21]. Diese Zwillingslegenden verloren nach dem Versailler *Diktat* vom Mai 1919 an Boden vor der Legende, Deutschland sei von Wilson zur Kapitulation überlistet worden[22]. Die Wilson-Legende ließ sich insofern besser mit der revisionistischen Nachkriegspolitik vereinbaren, als sie zu außenpolitischen Klagen und Gegenanklagen führte, während die Dolchstoß- und Vergiftungslegende nur dazu beitrug, die Deutschen untereinander zu entzweien. Sie war jedoch ebenso unangemessen wie ihre beiden älteren Rivalen: sie besagte nämlich, die Deutschen seien Dummköpfe, während die anderen besagten, die Deutschen seien selbstzerstörerisch. Und sie ließ ebenso wenig Hoffnung auf eine nationale Wiederkehr und zeigte ebenfalls keinen Weg aus der internationalen Umklammerung.

Hitler verkündete die übliche Vergiftungslegende, nur mit „dem Juden" als Vergifter. Gelegentlich benutzte er auch die Dolchstoß- und die Wilson-Legende, um die Wirkung abzurunden. Er ließ die marxistischen Führer „schon nach dem Dolche" suchen, während sie nach August 1914 noch die ausgestreckte Hand des Kaisers festhielten, und „die große Armee" ließ er im November 1918 „von einem heimtückischen Anfall" treffen[23]. Er versicherte, „die deutsche Front wäre standhaft geblieben, wenn nicht die Front der Zuhälter und Deserteure Deutschland von rückwärts erdolcht hätte"[24]. Oder: „... nicht etwa von der Kampffront aus, sondern von zuhaus" habe man „den Dolch hineingetrieben" und „die Front zum Einsturz gebracht"[25]. Und er nannte Wilson „einen planmäßigen, bewußten Betrüger" und „Erzlumpen..., der unser Volk durch schöne Versprechungen in ganz gemeiner Weise getäuscht hat"[26]. „Wir Deutsche", behauptete er, „haben den Versprechungen Wilsons vom Versöhnungsfrieden geglaubt und sind so bitter enttäuscht worden"[27]. Außerdem kombinierte er die Dolchstoß- und die Wilson-Legende mit seiner eigenen, wie es gerade paßte. Einmal erklärte er, die Vergifter hätten Wilsons Vierzehn Punkte unterstützt, und „da brach die ‚glorreiche' Revolution aus, und am 12. November 1918 stellte der Feind in Ausnützung der inneren Notlage des deutschen Reiches ganz wesentlich andere Forderungen"[28]. Und bei einer anderen Gelegenheit: „Wie ist es möglich, daß ein Volk, das solche Heldenkämpfe geführt hat, auf einmal seine nationale Gesinnung verlieren konnte? Durch die moralische Verseuchung der Juden, die ganz systematisch die Front und die Heimat zermürbten, war es möglich, daß man seine altbewährten eigenen Führer auf die Seite stieß und sich einem Gaukler wie Wilson an die Brust warf"[29]. Aber seine eigene Legende herrschte vor, und das mit gutem Grund, wie Legenden nun einmal sind, denn sie allein war zwingend. Sie implizierte nämlich eine einfache, praktische Maßnahme: Deutschland von den Juden zu befreien. Dann würde die Kraft eines so gereinigten Deutschlands eine Vertragsänderung nach sich ziehen. Und er meinte nicht etwa Revision, sondern Aufhebung – wenigstens sinngemäß. Selbst wenn er die „Revidierung des Friedensvertrages" forderte, erklärte er: *„der Friedensvertrag von Versailles muß verschwinden"*[30]. Deutlicher war sein Ruf, „nicht Revision, sondern Zerbrechung des Friedensvertrages von Versailles"[31]. Eine Aufhebung des Vertrags war aber auch eine Aufhebung der Niederlage mit der – unausgesprochenen, zwangsläufigen – Konsequenz, ganz Osteuropa wieder wie 1917–1918 Deutschlands Kontrolle oder Deutschlands Gnade auszuliefern. Diese nicht gezogene, unvermeidliche Schlußfolgerung würde man mit Waffengewalt erreichen. „Das deutsche Elend muß durch deutsches Eisen zerbrochen werden", verfügte er[32].

Ebenso primitiv wie die von Hitler vorgeschlagene Verfahrensweise gegen die Juden war die Logik einer daraus resultierenden rassischen Erneuerung, die den 1918 verlorengegangenen Sieg doch noch erringen würde. Selbst in einem Deutschland, dessen grundlegende Werte durch Niederlage, Revolution, Inflation und die Kriegsschuldklausel vernichtet worden waren, war eine solche Botschaft nach allgemeinen Maßstäben zu unausgegoren und phantastisch, um jenseits der Bierlokale und Sportplätze, wo Hitler sie verkündete, ein Echo zu finden. Sie ermöglichte ihm, einige zehntausend fanatisierte Anhänger in und um München zu gewinnen, wo sich ideologische Spinner zusammenfanden und wo man sich noch erinnerte, wie Juden ein halbes Jahr tragisch-absurden Revolutionismus in Bayern nach der Niederlage geleitet hatten[33]. „Was waren Eisner, Levien, Toller und Konsorten?" fragte Hitler. „Lauter Juden!"[34] Wobei er wenig Unterschied machte, daß Max Levien ein Lutheraner rein deutscher Abstammung war[35]. Mit dieser rhetorischen Ausrichtung kam Hitler allerdings nicht nach Berlin, wie er bei seinem Putsch im Münchner Bürgerbräukeller angekündigt hatte, sondern nur über die Isar zum Odeonsplatz und dann auf die Festung Landsberg. Sein Putsch-Fiasko glich einem letzten irren Ausbruch in den allgemeinen Nachkriegsraufereien in Deutschland. Danach wurde es über Nacht still, und Hitler, den man schon vorher weit und breit als Randagitator oder politischen Psychopathen[36] abgetan hatte, wurde nun von allen – auch von sich selbst – bis auf weiteres abgeschrieben.

Hitlers erstes Rezept für die Erlösung Deutschlands von der Niederlage – den internationalen Vergifter zu vergiften – sprengte den bloßen Revisionismus wie die beabsichtigte Erlösung selbst. Das zweite Rezept, das er zwischen seiner Putschhaft 1923–1924 und seinem unveröffentlichten Buch von 1928 entwickelte, ließ den Revisionismus weit hinter sich[37]. Es war ein Programm, komplett mit Vorwand, wie Deutschland die Weltmacht, die ihm unter dem Kaiserreich entgangen war, und darüber hinaus sogar die Weltherrschaft, an sich reißen könne. Der Vorwand war, daß die Völker der Erde in ihrem ständigen Kampf um Nährboden ohnehin nach Weltherrschaft trachten, und dieses grundlegende Lebensgesetz rechtfertige sich selbst auch dann, wenn es den Sieger zwinge, die Besiegten zu versklaven oder auszurotten um der eigenen Dekadenz vorzubeugen. Das Programm sollte Deutschlands glücklosen Kampf von 1914–1918 um die Weltmacht korrigieren, und zwar durch ein Wiederholungsspiel in Etappen[38]. Zunächst würde Deutschland den europäischen Kontinent unterjochen und in eine autarke, blockadesichere Waffenkammer verwandeln[39]. Das unerläßliche britische Stillhalten, vielleicht sogar die britische Mitarbeit könnte man sich durch einen zeitweiligen Verzicht auf Marineehrgeiz, maritime Interessen und koloniale Bestrebungen in Übersee erkaufen. Zu gegebener Zeit würde Deutschland als Herr über Kontinentaleuropa Großbritannien (notfalls mit Waffengewalt) als Herr über die östliche Hemisphäre ablösen und damit den Zustand einleiten, die Vereinigten Staaten im Kampf um die Weltherrschaft herauszufordern. Das Ziel der ersten Etappe, die Unterwerfung Europas, würde ebenfalls etappenweise verfolgt werden. Um einen Zweifrontenkrieg zu vermeiden, würde Deutschland zuerst Frankreich schlagen, um sich erst danach gegen Rußland zu wenden. Aus dem gleichen Grund würde Deutschland die mitteleuropäischen Nachfolgestaaten – Frankreichs östliche Verbündete – der Reihe nach neutralisieren oder liquidieren, bevor es sich gegen Frankreich wenden würde. Das war jedenfalls die Absicht, die Hitler mit seinen Maßnahmen der späten dreißiger Jahre verfolgte. Jene Nachfolgestaaten wurden dagegen in seinem Plan der zwanziger Jahre nicht erwähnt, bei dem er noch die internationale Mächtekonstellation vor dem Ersten Weltkrieg vor Augen hatte – ohne das Habsburgerreich, das er schon vor dem Krieg abgeschrieben hatte[40]. In diesem Bezugsrahmen entsprach sein Plan für die erste Runde des deutschen Machtspiels den Bemühungen des kaiserlichen Deutschlands vor dem Ersten Weltkrieg, auf den letzten Stand gebracht: Bündnis mit Italien, Arrangement mit England, dann ein schneller K.-o.-Schlag gegen Frankreich als Einleitung zu einem Kampf auf Leben und Tod mit Rußland[41].

Das Abkommen, das Hitler mit England vorschlug, war schon aus dem in seinen eigenen Klauseln inbegriffenen Grund nicht erreichbar: Der Gefahr für England bei einer deutschen Eroberung Kontinentaleuropas. England sollte diese Eroberung dulden, wenn Deutschland nur auf alle weiteren Ambitionen verzichten würde. Der jetzige Verzicht wies auf die künftige Gefahr hin. Und als ob das noch nicht genug wäre, verkündete Hitler auch noch die Hintergedanken seines geplanten ungleichen Übereinkommens, nachdem er im September 1930 bereits in das nationale Rampenlicht gerückt war. So schlug er sein altvertrautes Thema im folgenden November vor Professoren und Studenten der Universität Erlangen an, und zwar in einer Ansprache mit dem Titel „Unser Volk wird sich selbst seine Zukunft schmieden“, die auch noch kurz nach der Liquidierung der Tschechoslowakei im Frühjahr 1939 in einer Volksausgabe seiner Reden erschien: „Wir haben gegen siebzig Millionen Menschen auf einem verhältnismäßig kleinen Raum zusammengedrängt. Wir müssen diese zusammengepreßte Menschenmasse erhalten und ernähren. Wir sind daher gezwungen, unseren eigenen Lebensraum zu erweitern. ... jedes Volk strebt nach der Weltherrschaft. Nur wer dieses letzte Ziel im Auge behält, gerät auf den richtigen Weg. Ein Volk, das zu feige ist oder den Mut oder die Kraft nicht mehr besitzt, sich dieses Ziel zu stellen, betritt den zweiten Weg und zwar den des Verzichtes und der Selbstaufgabe, der in der Vernichtung seinen Abschluß findet"[42]. Als die Zeit kam, betrieb er den Handel oder Scheinhandel mit England weder offen noch hinterhältig, sondern auf die selbstbetrügerische Wilhelminische Art – mit leeren Drohungen oder Druck ohne nötigen Rückhalt im kolonialen, maritimen und Flottenbereich[43]. Sein vermeintliches Angebot hat er freilich in den späten dreißiger Jahren zu einer Garantie des britischen Weltreichs gegen nichtdeutsche Bedrohungen ausgedehnt. Da hatte er aber längst mit der „Zerbrechung" der Friedensregelung von 1918–1919 in Mitteleuropa begonnen, um Deutschland an den geplanten Startplatz für den expansionistischen Vorstoß zu bringen[44]. Dieses „Zerbrechen" entwertete von vornherein jede deutsche Garantie, ehe er mit seinem erweiterten Angebot herausrückte, das ohnehin „keine Chancen hatte, von den Briten akzeptiert zu werden". Übrigens rückte er damit erst in einem Anfall von Nervosität in letzter Minute am 25. August 1939 heraus, als die Briten zu ihrer Polenverpflichtung standen, trotz seines überraschenden Pakts, den er zwei Tage vorher mit Stalin geschlossen hatte[45].

Vor diesem Anfall hatte er sich seit 1933 über eine Abwertung der vorgeschlagenen Entente mit den Briten selbst dahin manövriert, es für des Risikos wert und schließlich sogar für wünschenswert zu halten, Großbritanniens Desinteresse an Kontinentaleuropa gewaltsam zu erzwingen[46]. Nominell revidierte er damit nur die erste Etappe seiner Neuauflage des Ersten Weltkriegs. In Wirklichkeit hatte er angefangen, seinen Etappenplan selbst – seine Gewinnkombination – über Bord zu werfen. Als seine vorbestimmten Gegner mit der Wiederaufrüstung begannen, beschwor er die Ereignisse mit der Idee herauf, wenn ein allgemeiner Krieg unvermeidlich sei, dann je eher um so besser[47] – eine Idee des Reichskanzlers von Bethmann Hollweg aus den Jahren vor dem Ersten Weltkrieg. Am Vorabend seines Polenfeldzugs kaschierte er seine Nervosität über England mit der Bemerkung in kleinem Kreis: „Dieses Mal wird der Fehler von 1914 vermieden werden"[48]. Als man ihm das britische Ultimatum, Polen zu räumen, vorgelesen hatte, blieb er eine Weile wie versteinert sitzen, wandte sich dann an seinen verwirrten Außenminister und fuhr ihn an: „Was nun?"[49] Er hatte den Präzedenzfall von 1914 oft selbst erwähnt, nicht ohne Bethmann Hollweg zu verhöhnen: „Am 3. August morgens weiß er noch ganz genau, daß England uns nicht den Krieg erklären wird"[50].

Er warf seinen Etappenplan endgültig auch in der Praxis über Bord, als die Briten sich sogar nach dem Fall Frankreichs nicht einschüchtern ließen und er die Sowjetunion trotzdem angriff. Dieser Angriff vom Juni 1941 – Unternehmen Barbarossa – eröffnete den „Zweifrontenkrieg, den Hitler zwar wiederholt der kaiserlichen Reichsleitung als größten strategischen Fehler angelastet" hatte[51]. Seine verworrene Begründung des Angriffs war die, einem Zweifrontenkrieg zuvorzukommen. Seine Argumentation lautete: „Ein Zweifrontenkrieg droht, weil England nicht zu fassen ist (bzw. USA). Um ihm zu begegnen, muß der greifbare Gegner präventiv geschlagen werden (Rußland)"[52]. Gelegentlich rechtfertigte er den Schritt aber mit der Notwendigkeit, die Briten durch Eliminierung ihres letzten möglichen Verbündeten auf dem Kontinent zum Einlenken zu zwingen[53]. Diese Rechtfertigung widerlegte er im voraus, indem er seinen Generalen nach dem Fall Frankreichs erklärte, er wolle den russischen Krieg vor einer Abrechnung mit England[54]. Im Herbst und Winter 1940 tat er nichtsdestoweniger so, als ob er im Krieg gegen England nach Alternativen suchte (Kanalüberquerung, Peripheralstrategie, Kontinentalblock, Partnerschaft mit Rußland oder Japan) und fand sie unbefriedigend, bis der Angriff auf Rußland wie eine letzte Rettung aussah (dieselbe Technik, die er angewandt hatte, um gleichzeitig zur Endlösung zu kommen). Infolge des Angriffs auf Rußland wurden

Etappe eins und zwei seines programmierten Spiels um die Weltherrschaft zusammengeschoben – und sogar noch Etappe drei, da die wachsende Gefahr für Großbritannien das wachsende Engagement der USA bedeutete, wie er sehr gut wußte. Er machte einen Frühstart, indem er den Vereinigten Staaten selbst den Krieg erklärte, und zwar in eben dem Augenblick, in dem er heimlich zugab, daß sein europäischer Krieg nicht zu gewinnen sei[55]. Als schriebe man noch 1917, versicherte er, die deutschen U-Boote würden die amerikanischen Schiffe aus dem Atlantik vertreiben und damit den amerikanischen Nachschub für England abschneiden[56]. Seine Korrektur des Ersten Weltkriegs war nun hinfällig, und sein neuer Krieg gewann immer deutlicher die Züge des Prototyps. „Von nun an – endgültig, nachdem sein letzter Versuch, ‚das Schicksal zu wenden', seine Sommeroffensive im Osten 1942, gescheitert war, ab September 1942 – sah sich Hitler in der Rolle der 3." – Ludendorffs – „OHL des Ersten Weltkrieges"[57]. Am Ende wiederholte er nicht nur Ludendorffs Maxime, wenn man dieses große Spiel verliere, „dann muß Deutschland eben zugrunde gehen"[58], sondern erfüllte sie auch noch.

Hitlers zweite, expansionistische Botschaft drehte sich um die „Eroberung neuen Lebensraums im Osten u. dessen rücksichtslose Germanisierung"[59]. Dabei wurde es als ganz natürlich betrachtet, daß ein großes, eingezwängtes Volk dorthin expandierte, wo es auf den geringsten Widerstand traf. Voraussetzung und Schlußfolgerung unterschieden sich hier von denen seiner Judenpolitik, ließen sich aber miteinander vereinbaren[60]. Trotz dieser logischen Verschiedenheit ging seine zweite politische Bahn genau so unmittelbar auf seine Mission von Pasewalk zurück wie seine erste, denn auch sie zielte darauf, die Niederlage von 1918 umzukehren. Und sie war zweifelsohne genauso hoffnungslos wie die erste. Mit der Ermordung der Juden war der verlorene Krieg nicht zu gewinnen, was Hitler jetzt indirekt selbst zugab, indem er den gleichzeitigen Land- und Seekrieg um die Weltmacht als genau den tödlichen Irrtum des kaiserlichen Deutschlands anprangerte. Aber ebenso wenig konnte man von Großbritannien erwarten, daß es Deutschland als Gegenleistung für den Verzicht auf die

Bedrohung der britischen Vorherrschaft zur See (oder vielmehr für die Zurückstellung der Bedrohung) den Kontinent erobern ließ, wenn Deutschland diese Drohung erst nach dieser Eroberung erheben konnte. Und schlimmer noch: Die Eroberung konnte erst nach einer erzwungenen Revision des Siegerfriedens in Deutschlands Sinn durchgeführt werden, die wiederum bereits das britische Entgegenkommen voraussetzte[61]. In der Tat ging Hitler erstaunlich weit in seine programmatische Richtung, erreichte aber noch nicht einmal die eigentliche erste Phase, bevor England den Krieg erklärte. Das machte die Chancen einer Korrektur des Ersten Weltkriegs im Sinne seines unrealistischen Programms oder auch sonst zunichte. Er war genauso wenig gerüstet wie geneigt, England zu besiegen. Selbst eine Schwächung Englands, das wußte er, würde nur dem sowjetischen Imperialismus in Asien zugute kommen, ebenso wie seine Bemühungen, England aus dem Krieg herauszudrängen, nur das amerikanische Engagement für England und seine eigene Nachschubabhängigkeit von den Sowjets vergrößern würden[62]. Außerdem konnte er Rußland nicht einmal dann besiegen, wenn er gegen England auch nur defensiv kämpfte[63]. Und die Zeit arbeitete auf beiden Seiten gegen ihn[64]. Trotzdem ließ er seine Truppen in Polen einmarschieren, dann in Skandinavien, den Niederlanden, in Frankreich, auf dem Balkan und in Rußland. „Möge niemand an meiner Entschlossenheit zweifeln, einmal vorgefaßte Pläne, so oder so, auch zu verwirklichen", hatte er einmal die Welt gewarnt[65]. Aber sein Spiel war verloren, ehe es überhaupt begonnen hatte[66]. *Das* war der vorgefaßte Plan hinter all seinem größenwahnsinnigen Planen. Um es mit Golo Mann auszudrücken: „Da war im Ernst kein Versuch, der scheiterte zum Bedauern des Versuchenden, da war ein Unternehmen des Wahnsinns, das scheitern *mußte,* im tiefsten Bewußtsein des Scheusals auch scheitern *sollte*"[67].

In jenen Tiefen des Bewußtseins erlebte Hitler seine Tragödie von 1907 durch seine Judenpolitik noch einmal: Beide entsprechen sich vollkommen. Im Gegensatz dazu entsprechen die Elemente seiner Machtpolitik – Ost und West, Land und Meer, England und Rußland – in nichts seiner persönlichen Geschichte. Sie sind jedoch alle deutlich sichtbar bei Deutschlands früherem Griff nach der Weltmacht, der in der Katastrophe von 1918 gipfelte. Der machtpolitische Schlag, den Hitler befürwortete und auch ausführte, verhielt sich tatsächlich so zum globalen Fehlschlag der wilhelminischen Epoche, als sei er unbewußt daraufhin kalkuliert worden, *Deutschland* – wie seine Judenpolitik *ihm selbst* – den Nachvollzug eines unbewältigten Debakels zu ermöglichen. Es war nicht nur ein ausdrücklich neuer Griff nach der Weltmacht; seine Scheinkorrektur des früheren Fehlgriffs ging auch noch auf den früheren mißlungenen Versuch Deutschlands zurück, England und dann Amerika neutral zu halten und dem Zweifrontenkrieg sowie der „Hungerblockade" zu entgehen. Sein Programm verlegte einen in Deutschland nach der Niederlage von 1918 weitverbreiteten Gedanken in die Zukunft: Der Sieg im Osten sei vergebens gewesen, da die Zeit nicht reichte, ihn auszunutzen, und er hätte Anfang 1918 vielleicht gegen die Räumung Flanderns und notfalls die Wiederabtretung Elsaß-Lothringens an Frankreich von den Alliierten anerkannt werden können[68]. „Wir hatten eine ungeheuere Machterweiterung nach Osten erreicht, und es hätte in meinen Augen außerordentlich nahegelegen, daß wir im Westen Konzessionen angeboten hätten, um zum Frieden zu kommen." Die Logik dieser Überlegung, im März 1925 von einem demokratischen Mitglied des Reichstagsausschusses zur Untersuchung der Niederlage angestellt, entspricht haargenau derjenigen der ersten Phase von Hitlers Programm: eine gewaltige Machterweiterung im Osten, wobei die territoriale Regelung von 1918–1919 im Westen unangetastet bleiben würde. Ein deutschnationales Ausschußmitglied fragte daraufhin zutreffend: „Wie wollen wir denn aber ergründen, ob unsere Gegner darauf eingegangen wären?"[69]

Hitlers vornehmstes machtpolitisches Ziel, Land von Sowjetrußland zu erobern, ging also zurück auf 1917–1918, als die deutschen Armeen genau das taten[70]. Das Unternehmen Barbarossa erneuerte und intensivierte Ludendorffs östlichen Feldzug von 1917–1918, der Lenins Rumpfrußland zur Abhängigkeit von Deutschland zwang: Im September 1918 reichten die deutschen

Linien vom Finnischen Meerbusen nach Südosten bis in den Kaukasus, wo eine neue Offensive bevorstand[71]. Es waren vor allem die enormen Ausmaße dieser Eroberung, die den Deutschen eine Niederlage unvorstellbar und, als sie dann kam, unglaublich machten. Gustav Stresemann bezeugte später die damals sehr verbreitete, inzwischen von anderen meist vergessene Auffassung, „daß wir nach dem Zusammenbruch Rußlands militärisch nicht überwunden werden könnten“[72]. Ludendorffs flexibles Vorrücken nach Osten erschien in Hitlers verschiedenen Kriegsplänen wieder, die Sowjetunion bis hierher und nicht weiter zu erobern und die Feindseligkeiten an der östlichen Peripherie auf unbestimmte Zeit weitergehen zu lassen. Allerdings ging er bei seinen operativen Plänen ein gutes Stück weiter als Ludendorff – bis zum unteren Don, zur mittleren Wolga und zur nördlichen Dwina bereits in seinem ersten Ersuchen um Invasionspläne vom 3. Juli 1940[73]. Jene Feindseligkeiten, die an der Peripherie fortgesetzt werden sollten, verurteilten die geplante Eroberung von vornherein zum Scheitern, da diese sich um die Erwartung drehte, daß das Sowjetregime angesichts der deutschen Invasion genauso zusammenbrechen würde wie sein Vorgänger. Hitlers Widerstreben, bei der eigentlichen Invasion im August 1941 bis nach Moskau oder Leningrad vorzurücken, spiegelte Ludendorffs Zurückhaltung von 1918 wieder. Sein Vorstoß auf die Ölfelder von Baku erneuerte dagegen Ludendorffs letzte Offensive. Seine Pläne für die den Sowjets abgenommenen Gebiete führten die von Ludendorff am 29. Dezember 1915 skizzierte „Lösung der Polen- und Ostfrage überhaupt“ fort, die ein „Teilen und Herrschen“ vorsah, um „Zuchtstätten für Menschen“ zu bilden, „die für weitere Kämpfe nach Osten nötig sind“[74]. Seine Besatzungspraktiken im Osten wurden, wenn auch in kleinerem Umfang, von denjenigen Ludendorffs in den Jahren 1917–1918 vorweggenommen: Beschlagnahmen, Deportationen, Germanisierung[75]. Das Original des berüchtigten „Kommissarbefehls“ und verwandter Anweisungen von 1941 zur Hinrichtung russischer Kriegsgefangener[76] ist in einer Oberost-Verordnung von Anfang 1918 zu finden, alle gefangenen „Räuber und Mörder“ der Roten Armee zu hängen[77]. Als der Unabhängige Sozialdemokrat Georg Ledebour im Reichstag protestierte, mit dieser Weisung würden „die ganzen russischen Truppen... zum Strang verurteilt", brachte ihn der stellvertretende Reichstagspräsident zum Schweigen mit den Worten: „Die Sache ist undenkbar"[78]. Die Bolschewiken waren noch im Jahr zuvor Partner des kaiserlichen Deutschlands gewesen – in einem entfernten Gegenstück zum deutsch-sowjetischen Vertrag von 1939.

Als Hitler das Unternehmen Barbarossa in Gang setzte, befahl er, das europäische Judentum auszurotten. Das zeigt, daß er auf seiner eigenen traumatischen Stufe (er lebte „ständig in mehreren Bewußtseinsschichten zugleich..."[79]) von vornherein überzeugt war, daß Barbarossa scheitern würde. Denn er war sich darüber im klaren, daß es nur als Blitzkrieg gelingen konnte[80]. Aber er wußte auch, daß die Massenausrottung der Juden nur in einem Klima des totalen Kriegs möglich war und daß allein die Vorbereitungen viele Monate erfordern würden[81]. Wie sein engster Militärberater danach zugab: „Früher als irgendein Mensch in der Welt ahnte und wußte Hitler, daß der Krieg verloren war"[82]. „Niemand zweifelt daran... daß ich mehr als irgend jemand über Napoleons russische Erfahrung nachgesonnen habe"[83], erklärte Hitler selbst hinsichtlich seiner Wahl für die Invasion desselben Jahrestags wie Napoleon.

In machtpolitischen Überlegungen, die Hitler gelegentlich neben seinem antisemitischen Hauptthema vor dem Putsch anstellte, wurde der Landraub im Osten vorgezeichnet. Am 10. Dezember 1919 verkündete er: „Die Macht... gibt Ausschlag für das Recht. Ist es Recht z.B., daß auf den Kopf eines Russen achtzehnmal mehr Grund trifft als auf einen Deutschen?"[84] Dieses Zahlenverhältnis reduzierte er unmerklich, als er am 26. März 1921 auf diese verfälschte Frage zurückkam: „Dem deutschen Volk wirft man heute vor, und es glaubt den Wahnsinn, es sei imperialistisch gewesen. Daß in Rußland auf jeden erwachsenen Russen achtzehnmal soviel Grund und Boden trifft wie auf jeden Deutschen überhaupt... will niemand wissen... Ist es vielleicht imperialistisch, wenn wir Grund und Boden für alle unsere Volksgenossen fordern?"[85] Das sagte er, nachdem er das Parteiprogramm bei dessen erstem Jahrestag erläutert hatte, in dem es unter Punkt 3 hieß: „Wir fordern Land und Boden (Kolonien) zur Ernährung unseres Volkes und Ansiedlung unseres Bevölkerungsüberschusses"[86]. Auf einer Parteiversammlung am darauffolgenden 31. Mai erklärte er in einer Rede mit dem Titel „Versailles und der deutsche Arbeiter" (in den Grundzügen in der Parteizeitung berichtet), im Außenhandel habe Deutschland 1914 im Vergleich zu England aufgeholt, und darin liege die eigentliche Ursache des Krieges. Nach dieser vielstrapazierten Enthüllung[87] fuhr er fort: „Nur drei Möglichkeiten gibt es für ein vorwärtsstrebendes Volk, sich selbst zu erhalten, sofern es nicht durch eine bewußte Geburtenbeschränkung erst recht der Fangball der anderen aufstrebenden Nationen sein will. Die Kolonisation. Deutschland kam zu spät, es fand in der Welt nicht mehr den Raum, um seine überschießende Kraft auswirken zu lassen. Die Auswanderung. Welches Volk will seine Kinder hergeben als Kulturdünger für andere Länder? Da dem deutschen Volk die beiden ersten Möglichkeiten genommen waren, ging es daran, durch Ausgestaltung seiner Industrie und die Ausfuhr seiner Waren sich die Daseinsmöglichkeit zu erschaffen." Anschließend servierte er eines seiner liebsten alten Propagandathemen – mit einer neuen Variante. Das alte Thema war die „geradezu grenzenlose Humanität" des deutschen Diktats von Brest-Litowsk an Sowjet-Rußland Anfang 1918 im Vergleich „zur unmenschlichen Grausamkeit" des Diktats der Alliierten in Versailles ein Jahr später[88]. Die neue Variante wich vom alten Thema ab: „Durch den Frieden mit Rußland sollte die Ernährung Deutschlands sowie die Existenz der Arbeit durch Erwerb von Grund und Boden, durch Rohstoffzufuhr und freundschaftliche Beziehungen zwischen beiden Ländern hergestellt werden. Dagegen Versailles. Raub der Gebiete, die Deutschland Ernährung sicherten..."[89] Das Schlagwort vom „Grund und Boden" entspricht genau Hitlers Notizen für eine ähnliche Rede mit einem ähnlichen Titel, „Arbeiter und Friedensverträge": „Brest-Litowsk sollte sicherstellen: Deutsche Volksernährung durch I. Boden, II. Sicherung von Rohstoffen für Industrie und Handel"[90]. Jenem Schlagwort ging bereits vorformuliert die Standardentwicklung der Rhetorik Hitlers aus den späten zwanziger Jahren zu dem Ruf nach osteuropäischem „Lebensraum" für den deutschen Bevölkerungsüberschuß voran: die Ausschaltung der Alternativen Geburtenkontrolle, Auswanderung, Überseekolonien und Steigerung des industriellen Exporthandels[91]. In seiner späteren Botschaft ließ er jene „Existenz der Arbeit" fallen, die er am 31. Mai 1921 aus Rücksicht auf sein Thema „Versailles und der deutsche Arbeiter" beschworen hatte und mit ihr jene „Rohstoffzufuhr und freundschaftlichen Beziehungen" (die er unter dem deutsch-sowjetischen Abkommen von 1939–1941 immerhin für kurze Zeit verwirklichte). In jenem Redekonzept mit der Überschrift „Arbeiter und Friedensverträge" kam er fast schon zu seiner späteren Schlußfolgerung: „Deutsche Kolonisation: 8.–13. Jahrhundert – erst Ostmark dann Nordostmark – ist unser Volk dazu geeignet? Voraussetzung: *Macht*"[92]. Er erreichte sie dann Ende Dezember 1922, als er einem Vertrauten von Reichskanzler Cuno sein Programm für eine deutsche Diktatur offenbarte: „Außenpolitisch müßte sich Deutschland auf reine Kontinentalpolitik unter Vermeidung der Verletzung englischer Interessen einstellen. Es wäre die Zertrümmerung Rußlands mit Englands Hilfe zu versuchen. Rußland gäbe genügend Boden für deutsche Siedler und ein weites Betätigungsfeld für die deutsche Industrie. Bei der Abrechnung mit Frankreich würde uns dann England nicht dazwischen reden"[93]. Die Ableitung dieser Politik von den deutschen Osteroberungen 1917–1918 war nicht mehr erkennbar. In *Mein Kampf* brauchte sie nur noch überdeckt zu werden, wo Hitler beim Erklären der Notwendigkeit einer Expansion des „Mutterlandes" nach Osten schrieb: „Damit ziehen wir Nationalsozialisten bewußt einen Strich unter die außenpolitische Richtung unserer Vorkriegszeit. Wir setzen dort an, wo man vor sechs Jahrhunderten endete"[94]. Unbewußt waren es eher sechs Jahre.

In *Mein Kampf* bezeichnete Hitler seine alte Repertoirenummer, in der er Brest-Litowsk gegen Versailles rechtfertigte, als eine der „allerwichtigsten" Reden seiner „agitatorischen" Anfänge, die er „in immer neuer Fassung wiederholte und wiederholte", während sie „eine dauernde ... lebendige Korrektur" von „den Gesichtern seiner Zuhörer" erhielten[95]. Die andere Leitrede widersprach „dieser geradezu ungeheuerlichen Lüge"[96] von der deutschen Kriegsschuld. Deutschland habe den Krieg ebensowenig angefangen oder gewollt, behauptete er, wie es in Brest-Litowsk habgierig oder brutal gewesen sei. Der springende Punkt dieser beiden Stammreden war, die Niederlage sei unverdient gewesen und daher unannehmbar. Und doch enthielt derselbe *Mein Kampf* Hitlers erste öffentliche Aufforderung, einen neuen Krieg zu entfesseln, um im Osten rücksichtslos zu germanisierendes Land zu erobern. Diese Ungereimtheit markierte eine Wendung vom unbewußten Leugnen zum unbewußten, auf die Spitze getriebenen Wiederholen.

Mit dem Krieg, den Hitler Deutschland vorschlug zu führen – er nannte ihn „Lebenskampf", der „seinen Ausgang vom Volk selbst nimmt"[97] –, reagierte er unwissentlich auf ein Bedürfnis, das er dunkel bei Deutschland spürte, sich ebenso ein zweites Mal durch die qualvolle Vergangenheit zu arbeiten wie ein traumatisiertes Individuum. Wenn er allen Deutschen einen einzigen Willen schenken wollte, so wollte er auch diesen einen Willen von den Deutschen kollektiv empfangen haben. Als angehender Diktator gab er vor, nur „den inneren wirklichen Willen des Volkes" zu befolgen und nicht etwa die „öffentliche Meinung", die „niemals mit dem Volkswillen an sich identifiziert werden" könne und „die, je öffentlicher sie auftritt, um so weniger dem wirklichen inneren Volkswillen entspricht"[98]. Später, als Diktator, manipulierte er die „öffentliche Meinung", um den „inneren Volkswillen" durchzusetzen[99]. Trotzdem beschwor er in seinen Jahren der Macht immer wieder eine mystische Verbindung mit dem Volk. Ungeachtet jeder Logik deklamierte er: „Aus dem Volke bin ich gewachsen, im Volke bin ich geblieben, zum Volke kehre ich zurück!" Und: „Das ist die Quelle meiner ganzen Kraft"[100]. Die Wahrheit dieser Behauptung begann genau dort, wo die Logik aufhörte. Schon in seinen frühesten politischen Anfängen konnte er eine vollkommene Beziehung zu einem tausendköpfigen Publikum herstellen, das er als Kern der ganzen Nation anredete. Seine Reden schlossen die Zuhörer allmählich zu einer gespannten hochempfänglichen

Einheit zusammen, die ihn anzuspornen schien, und man mußte schon ein erfahrener Beobachter sein, um das, was er sagte, im Bewußtsein zu behalten[101]. Wie ein Zeitgenosse bemerkte, pflegte Hitler eine Rede zu beginnen, indem er die Zuhörer „mit Instrumenten aus verschiedenen Metallen und von unterschiedlichem Gewicht“ abhorchte. „Wenn eine Resonanz aus den Tiefen kommt... haben die Massen ihm die Tonart angegeben“[102]. Treffender war die Charakterisierung in einem anonymen Nachruf: „Akkumulator des Volksgrimms über den verlorenen Krieg“[103]. Seine politische Berufung wurzelte in einem persönlichen Zusammenbruch, der mit dem nationalen Zusammenbruch parallel lief – in einem Gastrauma innerhalb des nationalen Schocks über die Niederlage. Seine beiden politischen Botschaften hallten von diesem Schock wider. Die erste war ein Mythos, der die Niederlage wegargumentieren sollte, versetzt mit „Teufelei“[104], um sie wegzubeschwören und Deutschlands Herrschaftsgebiet dadurch wieder bis zu den Grenzen vom August 1918 auszudehnen. Die zweite, die als kompromißlose Realpolitik vorgetragen wurde, war eine Kritik an der wilhelminischen Maßlosigkeit und zugleich ein Programm, mit dem bei einem angeblich neuen Beginn, der keiner war, noch Maßloseres erreicht werden sollte. Unbewußt zielte die zweite Botschaft darauf ab, das verfehlte wilhelminische Weltmacht-Spiel zu wiederholen, während die erste auf eine Wiederholung der vergeblichen Operation und konterproduktiven Vergiftung von 1907 abzielte. Und im zweiten Fall, als die Wiederholung sich wirklich ereignete, nahm er sich Freiheiten gegenüber der ursprünglichen Erfahrung heraus, die parallel liegen zu denen, die er sich im ersten Fall herausnahm. Die steckengebliebene Flandernoffensive und der spätere Durchbruch in Rußland wurden in der Neuauflage vertauscht[105]. Die Bemühungen, „das Schicksal zu wenden“, verlängerten den neuen Krieg bis zum bitteren Ende, nachdem der Plan, den alten Krieg in Etappen neu zu inszenieren, längst undurchführbar geworden war. Der hoffnungslose Kampf, das Zwangsresultat beim zweiten Mal abzuwenden, war übrigens zugleich das Mittel, mit dem diese Hoffnungslosigkeit den Deutschen mit grausiger Endgültigkeit eingeprägt wurde[106]. Die auffälligste Freiheit, die Hitler sich mit dem vergangenen Krieg nahm, als er ihn für Deutschland neu führte, war jedoch genau diese Tendenz, ihn zum äußersten Extrem zu bringen. „Einen neuen, noch hundertfach furchtbareren, grauenvolleren Krieg" zu bewerkstelligen, „der vollenden wird", was der erste begonnen hatte[107]. Dabei wurde gezeigt, daß Deutschland die Niederlage verdiente – materiell, indem jeder potentielle Sündenbock brutal im voraus geopfert wurde[108], und moralisch, indem jedes Verbrechen, dessen die Sieger von 1908 das wilhelminische Deutschland beschuldigt und überbeschuldigt hatten, von Hitlerdeutschland begangen und überbegangen wurde: Autoritarismus, Militarismus, vorgeplante Aggression, Hinterlist, Grausamkeiten bei der Eroberung, „Akte der Unmenschlichkeit, Plünderung und Verwüstung" (so Wilson im Oktober 1918)[109]. Und die Niederlage wurde total, endgültig und unstrittig gemacht in einer ausgemachten Sache, die Hitlers leidenschaftlichem Slogan entsprach: „Nie wieder ein November 1918!"[110]

Das Hitlersche Wiederholungsspiel blieb trotz all dieser Abwandlungen des Originals ein Wiederholungsspiel. Prinzipiell war das Programm für jene Wiederholung, mit dem Hitler seinen nach dem Putsch erhobenen Anspruch auf Führerschaft begründete, ein Programm zur Verhinderung derselben. So hielt er sogar noch nach dem September 1939 an jenem Programm fest – was bis zum Einmarsch in Rußland unrealistisch und dann geradezu absurd war[111]. Die Wiederholung war die große Gefahr, die er anscheinend mit aller Entschlossenheit vermeiden wollte, das gefürchtete Schicksal, das bei dem Bestreben, es abzuwehren, heraufbeschworen wird, und zwar mit dem Gefühl, jeder Schritt in diese Richtung sei erzwungen[112]. Das ist genau das traumatische Syndrom. Carl Jakob Burckhardt, der ehemalige Völkerbundskommissar in Danzig, fing diese Stimmung ein in einer Notiz über seinen gescheiterten Versuch, im August 1939 zwischen den Westmächten und Hitler zu vermitteln: „Das deutsche Wort ‚Verhängnis' ist ein sehr ausdrucksvolles Wort, es vermittelt die Vorstellung von der Serienreaktion, die, einmal begonnen, nicht mehr aufzuhalten ist. Der entfesselte, mechanische Ablauf wirkte widerspruchsvoll durch Hitlers Entschlüsse hindurch, was sich nämlich außerhalb seines Willens vollzog, wurde scheinbar zu einem Akt dieses selben Willens. Merkwürdig war seine gleichbleibende Vision, die Ziele seines Traumes; von Anfang an hat er immer und in ganz unfaßlicher Weise dasjenige ausgesprochen, was er dann nach vielen Umwegen, Widersprüchen und Finten schließlich auch wirklich getan hat, und es ist nicht ganz abwegig anzunehmen, daß der unersättliche Haß, der in ihm wirkte, im unbewußten Teil seines Wesens mit der verhüllten, aber immer vorhandenen Gewißheit zusammenhing, daß am Ende das furchtbarste Mißlingen stehen werde und ein persönlicher Untergang, wie er ihm dann in der Reichskanzlei am 30. April 1945 bereitet war“[113]. Jene „immer vorhandene Gewißheit“ brach im Winter nach dem Fall Polens einmal an die Oberfläche durch, als Hitler den ausländischen Journalismus als jüdisch schmähte. „Fast 15 Jahre lang war diese Propaganda gegen uns gemacht worden“, schrie er. „Meine alten Parteigenossen, Sie erinnern sich dieser Propaganda! Es sind dieselben Worte und dieselben Phrasen, ja, wenn wir genauer hinschauen, sogar die gleichen Köpfe und derselbe Dialekt! Mit diesen Leuten bin ich fertig geworden als einsamer unbekannter Mann, der eine Handvoll Menschen an sich zog. Fünfzehn Jahre bin ich mit diesen Leuten fertiggeworden, und heute ist Deutschland die größte Weltmacht.“ Dieser Ausbruch von Hybris führte zu der prophetisch-ironischen Erkenntnis: „Es ist nicht so, daß Alter an sich weise macht. Es werden auch durch das Alter Blinde nicht sehend. Wer aber früher schon mit Blindheit geschlagen war, ist es jetzt auch. Wer aber mit Blindheit geschlagen ist, den wollen die Götter verderben“[114].

Eine große Frage über das dumpfe Bedürfnis der Deutschen, den Ersten Weltkrieg noch einmal zu verlieren, ist bis jetzt stillschweigend ausgeklammert worden. Existierte jenes Bedürfnis überhaupt außerhalb von Hitlers Psyche? Man kann sich der Frage nur nähern, wenn man den Präzedenzfall untersucht, der Hitlers Erspüren und Befriedigen des traumatischen Bedürfnisses der Deutschen beherrschte. Dieser Präzedenzfall war sein Erleben eines traumatischen Bedürfnisses seiner Mutter, das zu befriedigen er buchstäblich geboren wurde.

III. Der Lautsprecher

Er ist der Lautsprecher, der das unhörbare Wispern der deutschen Seele verstärkt, bis es vom bewußten Ohr der Deutschen gehört werden kann. Er ist der erste Mensch, der jedem Deutschen sagt, was er die ganze Zeit, besonders seit der Niederlage im Weltkrieg, in seinem Unbewußten über das deutsche Schicksal gedacht und gefühlt hat.

Carl G. Jung, Oktober 1938[1]

Er beherrscht nicht den Geist von Millionen, sein Geist gehört ihnen.

Konrad Heiden[2]

Adolf Hitlers Mutter, Klara Pölzl, war bäuerlicher Herkunft und wurde am 12. August 1860 im niederösterreichischen Waldviertel geboren. Zu ihrer Hochzeit am 7. Januar 1885 bedurfte es einer päpstlichen Dispens, weil ihr Bräutigam, Alois Hitler, ein anmaßender k. u. k. Zollbeamter, auf dem Papier ihr Vetter zweiten Grades war. Alois wurde am 6. Juli 1837, ebenfalls im Waldviertel, einem unbekannten Vater und der ledigen 21jährigen Bauerntochter Anna Maria Schicklgruber geboren. Anna Maria heiratete 1842 einen Mühlenarbeiter namens Johann Georg Hiedler, und Alois wuchs anschließend bei Johann Georgs älterem Bruder, Johann Nepomuk, auf. Johann Nepomuk Hiedler war Hofbauer und hatte drei Töchter, die etwas älter als Alois waren. Johanna, die älteste, wurde Klaras Mutter. 1876, lange nach dem Tod seiner Mutter und seines Stiefvaters, ließ Alois sich auf Johann Nepomuks Drängen, offenbar aus Erbschaftsgründen, auf den

Namen seines Stiefvaters legitimieren. Nach mündlicher Überlieferung zog Klara etwa um diese Zeit in Alois' geschäftigen Haushalt in Braunau am Inn an der bayerischen Grenze. Alois' erste Frau, vierzehn Jahre älter als er, starb 1883 getrennt von ihm und kinderlos. Er heiratete daraufhin eine Hausgenossin, etwas jünger als Klara, die bereits ein Kind von ihm hatte und ein zweites erwartete. Bekannt sind noch eine Geliebte und ein uneheliches Kind[3]. Die am weitesten zurückgehende Lebenserinnerung, in der Klara erwähnt wird, wurde 1940 von Alois' Köchin aus den Jahren 1884 und 1885 diktiert. Daraus geht hervor, daß Klara mit dem „Onkel" zusammenlebte und seine zweite Frau „oft" besuchte, die dann auf dem Lande in der Nähe mit Tuberkulose das Bett hütete[4]. Alois wurde am 10. August 1884 abermals zum Witwer. Kurz danach muß Klara ihr erstes Kind empfangen haben, das am 17. Mai 1885 zur Welt kam, denn die Möglichkeit, daß die Schwangerschaft länger als die dazwischenliegenden 280 Tage dauerte, ist weit geringer als eins zu zehn[5]. Ihrem herrischen Hausherrn fehlte es an der nötigen Achtung und Zurückhaltung, um sie vor einer Schwangerschaft mit der einzigen dort bekannten sicheren Verhütungsmethode, dem *coitus interruptus,* zu bewahren. Es läßt sich daraus schließen, daß Klaras Fruchtbarkeit bis zum Verschwinden der letzten Rivalin instinktiv blockiert gewesen war und daß sich die Blockierung dann über Nacht löste[6].

Nach ihrer vierten Entbindung, der Geburt Adolfs am 20. April 1889, war ihre Fruchtbarkeit abermals blockiert. Von ihren insgesamt sechs Entbindungen folgten fünf dicht aufeinander und entsprachen genau, was Zeit und Ort betraf, der damals herrschenden Norm. Diejenige nach Adolfs Geburt kam aber rund vierzigeinhalb Monate zu spät[7]. Für eine geregelte Ehe, wie sie von ihr und dem alternden Alois geführt wurde, war diese Verspätung ganz anormal. Dahinter lag der Verlust ihrer ersten drei Kinder in rascher Folge durch „Kinderkrankheiten"[8], gleich nach der dritten Entbindung und innerhalb der auf die erste Empfängnis folgenden vierzigeinhalb Monate. Keine Mutter konnte der traumatischen Wirkung eines solchen Verlusts entgehen, und Klara Hitler um so weniger, als ihre beiden Stiefkinder die Diphterie-Epidemie überlebten, die wenigstens zwei ihrer eigenen Kinder dahingerafft hatte. Zwanzig Jahre später beobachtete Kubizek „das still getragene Leid, das ... aus ihren Zügen sprach“: Es wurzelte, wie er feststellte, in den „furchtbaren Prüfungen“ ihrer jungen Mutterschaft. „Sooft ich vor ihr stand“, berichtete er, „empfand ich immer, ich weiß nicht wieso, Mitleid, und hatte das Bedürfnis, ihr etwas Gutes zu tun“[9]. Ein Schicksalsschlag, wie er Klara Hitler traf, wird unbewußt als Bestrafung empfunden. Und unbewußt zieht eine Bestrafung Schuldgefühle nach sich, wofür Klara Hitler reichliche Gründe hatte: Sie hatte „Onkel“ geheiratet, nachdem sie den Tod seiner beiden früheren Frauen abgewartet hatte, und dann hatte sie unziemlich prompt angefangen, ihm Kinder zu schenken. Sie empfing auch Adolf pünktlich – aber hinterher als die nächste Empfängnis fällig war, vollzog sie statt dessen ihr traumatisches Muttererlebnis nach, indem sie über einen gleich langen Zeitraum hinweg Kinder nicht bekam (unterdrückte). Und dabei tat sie sich nicht genug, um Adolf zu beschützen und zu verwöhnen, als könnte sie ihren tragischen Verlust dadurch wiedergutmachen. Sie bemerkte später, „daß sie stets in der Sorge gelebt hatte, ihn zu verlieren“. Daran erinnerte sich Kubizek und fügte hinzu, daß diese Sorge „erst mit ihrem Tode endete“[10]. Ihr unbewußtes Nachvollziehen speiste das besorgte Hätscheln, so daß Adolf das mütterliche Trauma mit der Muttermilch einsog[11]. Er bekam und nahm die Brust lange und lustvoll genug, um in der Phase der oralen Aggression, die nach dem Zahnen eintritt, auf sie fixiert zu sein. Daher der regelmäßige Lohn seiner späteren Anstrengungen für Deutschland: Wenn er nach Routinebesuchen an der Front in selige Zufriedenheit versank und sich mit Süßigkeiten vollstopfte oder wenn er sich in seinem politischen Kindheitsstadium bei seinen wilden Reden Tag für Tag in eine tranceähnliche Verzückung hineinsteigerte. Das war nicht das unerfüllte Verlangen, sondern die nachvollzogene Labung eines Säuglings. Aber in Braunau und Umgebung war das Stillen eine Seltenheit und auch dann von kürzester Dauer[12]. Auch schließt die Chronologie der Schwangerschaften Klaras längeres Stillen bei ihren älteren Kindern aus. Sie war selbst das siebte von elf Kindern, deren Daten – besonders in ihrem Fall – auf längeres Stillen schließen lassen[13]. Bei Adolf kehrte sie wohl zur Praxis ihrer Mutter zurück oder richtete sich nach der damals verbreiteten Meinung über die Vorzüge des Stillens[14]. Jedenfalls überkompensierte sie ihre bisherige Unterlassung.

Klara Hitlers Brustkrebs erfüllt alle bisher von der medizinischen Forschung vermuteten Spezifikationen eines psychogenetischen Faktors. Nach einer genauen Berechnung setzt Brustkrebs ein „schwerwiegendes Trennungserlebnis" in der Kindheit und ein ähnliches Trennungserlebnis „in dem Zeitraum von sechs Monaten bis zu fünf Jahren vor der Manifestation des bösartigen Leidens" voraus[15]. In einem Alter von 32 Monaten an verlor Klara nacheinander in einer Spanne von 1491 Tagen zwei Brüder und eine Schwester; in den 1491 Tagen, die mit dem 6. Februar 1906 endeten, verlor sie nacheinander den Mann, den Vater und die Mutter. Trotzdem, wenn ihr Brustkrebs eine Bedeutung hatte, bedeutete er Selbstbestrafung, mit dem traumatischen Verlust ihrer drei Kinder (der gerade in der Mitte zwischen jenen beiden anderen zweifachen Verlusten begann[16]) als dem großen „Trennungserlebnis" dahinter – doppelt entfernt. Dahinter, einfach entfernt, stand das Nachvollziehen ihres traumatischen Verlusts durch ihre Stillsymbiose mit dem kleinen Adolf. Dieses Nachvollziehen war in mehrerer Hinsicht schuldhaft. Zunächst einmal galt das Stillen in Hitlers Waldwinkel als anstößig. Ganz in der Nähe von Braunau notierte 1905 ein Beauftragter der bayerischen Regierung für eine offizielle Erhebung über das Stillen: „Manche Mutter glaubte, sich mit ihrem Geständnis, daß sie selbst ihr Kind stille, schämen zu müssen, und gab die Erfüllung dieser Pflicht erst auf wiederholtes Befragen und unter Erröten zu"[17]. Schlimmer noch, die Stillbindung zwischen Klara und Adolf wurde *de facto* und dann in ihrer wechselseitigen Phantasie über alle normalen Grenzen hinweg intensiviert und perpetuiert. Noch schlimmer war, daß Klara ihren kleinen Sohn durch diesen Brust-Mund-Inzest für ihr traumatisches Nachvollziehen benutzte und mißbrauchte. Sie muß gefühlt haben, wie sie seine Entwicklung mit ihrer verhätschelnden, besitzergreifenden, permissiven Umklammerung behinderte. „Das verzogene Muttersöhnchen, der Mensch, der immer weiß, es wird mir nie schlecht gehen, das wird niemals dem Leben so gegenüberstehen, wie der, der auf sich selbst angewiesen ist", bemerkte Hitler später[18]. Und am schlimmsten von allem war, daß sie dabei ihren Mann emotional verließ, genau wie sie ihn als Gebärende im Stich ließ. Ein Jahrzehnt danach stellte sein Tod wieder ihre alte Zweierbeziehung zu Adolf her, der damals in die Pubertät kam. Nun folgte unter dem Zeichen der Pflicht eine neue Periode des Übermutterns, das durch ihre assoziativen Kanäle die schuldige Brust unter dem Witwenkleid brennen ließ. Diese zweite Runde des zärtlichen, ängstlichen, schuldbeladenen Festhaltens an ihrem Baby-Jungen („Der Adolf ist halt noch zu jung!" pflegte sie zu protestieren, als er auf neunzehn ging[19]) führte an dem Punkt, wo die erste Runde mit einer Schwangerschaft geendet hatte, zu dem Brustkrebs, mit dem sie sich selbst bestrafte. Der Beginn des Krebsleidens muß nämlich auf den Zeitraum nach dem Besuch bei Dr. Bloch datiert werden, den sie am 3. Januar 1906, dem dritten Jahrestag von Alois' Tod, machte – wohl zwecks einer jährlichen Routineuntersuchung. Wenn dieses Nachvollziehen eines Nachvollziehens ebenfalls genauso lange dauerte wie die ursprüngliche traumatische Erfahrung, muß der Krebs etwa Mitte Mai eingesetzt haben. Damals war Adolf gerade allein für ein paar Wochen nach Wien gefahren, um sich die Stadt anzuschauen. Zum ersten Mal war er so weit von der Mutter weg. Das zweite Mal, als er die Aufnahmeprüfung für die Malklasse an der Kunstakademie machte, und ihr Zustand sich in seiner Abwesenheit jäh verschlechterte. Inzwischen war die schuldige Brust entfernt worden – vergebens. Schließlich war es der Sohn, der die Mutter Tag und Nacht pflegte, während er ihr eine Medizin verabreichen ließ, die sich dort in ihren Körper fraß, wo die Brust gewesen war.

Die Symbiose mit seiner traumatisierten Mutter, die seine Kindheit beherrschte, war ein prägendes Erlebnis, über das Hitler nie hinauswachsen konnte. Seine emotionale Entwicklung blieb praktisch beim nach dem Zahnen noch andauernden Stillen stekken. Dieser aggressiven Oralität entsprangen seine rasenden Tiraden, aber auch seine Sucht nach Süßigkeiten – oder seine Phobien (verteufelten Süchte) gegen Tabak, dann gegen Alkohol und später auch gegen Fleisch[20]. Ihr entsprang auch die brutale Eroberungs- und Assimilationslust, die ihn vorwärts trieb, um die brustgenährte Wonne eines flügge werdenden Ichs zurückzugewinnen, das sich in der Welt, die es einsaugt, auflöst. Sein ausgeprägtes Sendungs- und Schutzbewußtsein wurzelten in der übermäßigen Nachsicht und Sorge der stillenden Mutter, die ihn beim vergeblichen Versuch benutzte, den Verlust, den sie unbewußt nachvollzog, wiedergutzumachen. Seine in Pasewalk halluzinierte Mission, Deutschlands Verlust wiedergutzumachen, ging auf jene Mission zurück, den Verlust seiner Mutter wiedergutzumachen. Deshalb wurde er in Pasewalk gleichsam wiedergeboren. Bei einem Besuch dort im Jahre 1932 erklärte er: „Ich habe mein Leben als ein Geschenk der Vorsehung zurückgenommen“[21]. In seiner politischen Vergessenheit der späten zwanziger Jahre bezeichnete er sich unverzagt als einen „Mann, der von der Vorsehung... zum Führer bestimmt ist“[22]. Am letzten Jahrestag seines Pasewalk-Rückfalls vor der Machtübernahme fügte er hinzu: „Ich habe auch die Überzeugung und das sichere Gefühl, daß mir nichts zustoßen kann, weil ich weiß, daß ich von der Vorsehung zur Erfüllung meiner Aufgabe bestimmt bin“[23]. Um seine Aufgabe zu erfüllen, schuf er seinen Kleinkindzustand neu, wobei Deutschland den Platz seiner Mutter einnahm. Er machte sich zum von Deutschland ausgewählten Werkzeug, um einen vorangegangenen traumatischen Schicksalsschlag nachzuvollziehen in der vergeblichen Hoffnung, ihn umzukehren. Und er tat es mit seinem offenen Mund auf Deutschland gerichtet – durch die „Gewalt der Rede“, wie er es ausdrückte[24]. Als Diktator (schon der Ausdruck bedeutet orale Aggression in höchster Potenz) besang er die Symbiose in der Sprache der Bibel. „Alles, was ihr seid, seid ihr durch mich“, erklärte er seinen Anhängern, „und alles, was ich bin, bin ich durch euch allein“[25]. Er redete, vielmehr er schrie sich zu dieser neuen Symbiose hin. „Wenn man ihm den Mund verbindet, vernichtet man seine Zugkraft“: Das war der Grund für das zeitweilige Redeverbot, das in den meisten deutschen Ländern gegen ihn verhängt wurde, nachdem er seine Haftstrafe für den Putsch abgesessen hatte[26]. Wenn er ein Massenpublikum ansprach, pflegte er sich in ein rasendes Crescendo hineinzusteigern, bis ihm Schaum auf die Lippen trat – ein oral-sadistischer Orgasmus[27]. Er hatte es vermutlich als ein Verlassen, einen Verrat empfunden, als seine Vorzugsstellung mit der neuen Schwangerschaft seiner Mutter zusammenbrach, und diese tödlichen Gefühle lebten in ihm gegen die Vorsehung bzw. gegen Deutschland wieder auf, als 1923 sein Putsch und 1945 sein Reich zusammenbrachen. Der gescheiterte Putsch ließ ihn mit einer „sehr schmerzhaften traumatischen Neurose" auf der Strecke, wie der Gefängnisarzt diagnostizierte[28], und verwandelte ihn außerdem in ein verzogenes Kleinkind zurück, das seinen Willen nicht bekommen hat: „Teils sei er frech gewesen, teils breche er in Heulkrämpfe aus" bei seinen ersten Verhören[29]. Inzwischen versuchte er, sich zu Tode zu hungern; dann behauptete er steif und fest, das Essen, das man ihm bringe, sei vergiftet; schließlich mästete er sich mit Süßigkeiten von seinen „mütterlichen Freundinnen", während er sich bei seinem Prozeß aus dieser oralen Krise herausredete[30].

In jener Zeit begann er, sein neues Ziel der Osteroberung zu propagieren[31]. Der einzige Grund, den er für dieses Ziel nannte, seitdem es 1921 in ihm aufgekeimt war – die „germanische Mutter" könne ihre Kinder nicht ausreichend ernähren[32] – drückte das mütterliche Trauma aus, wie er es auf Grund ihrer kompensatorischen Überernährung absorbiert hatte. Das Ziel an sich aber drückte seinen oral-aggressiven Anteil an diesem Absorbieren aus. Er sagte das selbst, als er fragte: „Wie ernähren wir das Volk?" und dann die Antwort gab: „Entweder wir exportieren Menschen oder Waren oder wir bemühen uns, den Grund und Boden wieder der Volkszahl anzupassen. Diese Möglichkeit legt die Natur jedem Lebewesen in die Wiege. Das ist der Selbsterhaltungstrieb. Das Kind fragt nicht, wenn es trinkt, ob die Mutterbrust gequält wird. Hunger und Liebe sind gesunde Triebe"[33]. Er verallgemeinerte seinen oral-aggressiven Einsatz für seinen östlichen Eroberungskurs und erklärte alle Geschichte als Kampf um Nährboden[34]. Und er plante den Landraub über den Osten hinaus als Welteroberung – halb rund herum zu seiner allumfassenden Ekstase an der Brust.

Wie bereits gezeigt wurde, meinte Hitler mit der von ihm geforderten Eroberung von Nährboden unbewußt die verlorene Eroberung von 1917–1918[35]. Nun ist aber eine zweite, nähere Betrachtung nötig.

In einer Rede an die Partei am 31. Mai 1921 schloß Hitler Geburtenbeschränkung, Auswanderung und Industrialisierung aus, um mit Deutschlands Bevölkerungszunahme fertig zu werden, und pries den kurzlebigen Frieden von Brest-Litowsk, der Deutschland den zusätzlich benötigten Grund und Boden geliefert habe. Inzwischen hatte er die jüdische Gefahr längst internationalisiert und das Judentum mit dem Bolschewismus identifiziert[36]. Trotzdem erklärte er am 12. April 1922, nachdem er eine Stunde lang gegen die jüdisch-bolschewistische Weltgefahr gewütet hatte: „Es gibt nur zwei Möglichkeiten *in Deutschland!* ... Entweder Sieg der arischen Seite oder ihre Vernichtung und Sieg des Juden"[37]. In einer Denkschrift vom 22. Oktober 1922 über den Aufbau der Partei entwickelte er das Thema weiter: „Denn um was es sich hier handelt, das ist nicht die Erringung einer Majorität, auch nicht die der sogenannten politischen Macht, sondern es handelt sich um einen Kampf auf Leben und Tod zwischen zwei Weltanschauungen, die beide nebeneinander nicht zu existieren vermögen und in deren Kampf es nur Sieger und Vernichtete geben wird. Diese Einstellung ist dem Marxismus in Fleisch und Blut übergegangen (siehe Rußland). Ein Sieg der marxistischen Idee bedeutet die vollständige Ausrottung der Gegner. Da auf sogenannter bürgerlicher Seite dieses innerste Wesen dieses Kampfes bisher nicht begriffen wurde, fehlt dort mit der Erkenntnis aber auch die unbändige Entschlossenheit, dem brutalen Machtkoloß auf der einen Seite steht deshalb auf der anderen zum Teile jämmerlichste Unzulänglichkeit gegenüber. Die Erkenntnis eines Kampfes auf Leben und Tod fehlt hier vollständig"[38]. Ein solcher „Kampf auf Leben und Tod zwischen zwei Weltanschauungen" war das logische Fundament für Hitlers damals ausgeheckten Plan, die Sowjetunion mit Englands Hilfe zu vernichten. Die Logik forderte aber auch, diesen „Kampf auf Leben und Tod" von deutscher auf russische Erde zu tragen. Wenn die Juden eine tödliche internationale Gefahr waren mit ihrem Machtzentrum in Rußland, konnte man dieser Gefahr innerhalb der deutschen Grenzen allein nicht begegnen. Die jüdische Macht nur in Deutschland auszumerzen, würde bedeuten das Judentum lediglich zur Rache anzustacheln. „Das Übel an der Wurzel zu packen und mit Stumpf und Stiel auszurotten"[39], bedeutete den Angriff auf Moskau.

Bei Hitlers Erstlingsdarlegung seiner Ostabsichten, die Ende 1922 von Cunos Vertrautem notiert wurde, lag die antibolschewistische Begründung nahe. „Mit der Niederwerfung des Bolschewismus muß in Deutschland die Diktatur mit eiserner Faust herrschen", begann Hitler[40]. Aber dann, bei der Erläuterung des Plans, kehrte er zu der problematischen „Grund und Boden"-Prämisse von vor 19 Monaten zurück. Später untermauerte er sie durch Erwägungen über das Recht der Deutschen, auf Kosten anderer zu wachsen. Auf dieser Basis propagierte er – beginnend in *Mein Kampf* – die östliche Eroberung: routinemäßig bis einige Wochen nach dem Wahlerfolg im September 1930, danach zurückhaltend in der Öffentlichkeit, doch bei seinen politischen und militärischen Sitzungen nach der Machtübernahme wieder recht lautstark. Befehlshabern der Reichswehr prophezeite er am 3. Februar 1933, als er gerade vier Tage im Amt war, die „Eroberung neuen Lebensraums im Osten u. dessen rücksichtslose Germanisierung"[41]. Am 28. Februar 1934 erklärte er vor ungefähr dem gleichen Kreis, diesmal erweitert durch SA- und SS-Führer, er werde im Osten „neuen Lebensraum" für Deutschland schaffen[42]. Am 5. November 1937 unterrichtete er seine fünf höchsten politischen und militärischen Helfer über die Möglichkeiten, „die deutsche Raumfrage zu lösen"[43]. Bei einer Militärkonferenz vom 23. Mai 1939 verbreitete er sich über „die Erweiterung des Lebensraumes im Osten und Sicherstellung der Ernährung"[44]. Und die ganze Zeit behielt er das rassisch-ideologische (antisemitische, antikommunistische) Motiv für den Krieg gegen Rußland für sich – jedenfalls beinahe[45]. In *Mein Kampf* wies er auf die tödliche jüdisch-bolschewistische Bedrohung Deutschlands nur als den letzten von vielen Gründen hin, weshalb Deutschland sich mit Rußland nicht verbünden solle. In seinem unveröffentlichten Manuskript von 1928 bemerkte er lediglich in abgelegenem Zusammenhang, die Sowjetunion sei trotz ihres Menschenreichtums keine militärische, sondern nur eine ideologische Bedrohung[46]. In seinem Memorandum vom August 1936, mit dem die wirtschaftliche Mobilmachung begann, erwähnte er nur getrennt die Bedrohung des internationalen Judentums mit Sitz in Rußland und Deutschlands Bedürfnis, seinen Lebensraum zu erweitern, um „eine *endgültige* Lösung" seiner wirtschaftlichen Probleme herbeizuführen[47]. Der Antikomintern-Pakt, den Deutschland im November 1936 mit Japan und ein Jahr später mit Italien schloß, deutete geheime Angriffspläne an. In Wirklichkeit war er ohne jedes Rückgrat: Das vorgetäuschte Verteidigungsbündnis war nichts als Propaganda, um Deutschlands Wiederaufrüstung zu rechtfertigen[48]. Dennoch veranlaßten die Vorverhandlungen Hitler, den japanischen Verhandlungspartnern im Juni 1936 zu erklären, er „habe von jeher in der kompromißlosen Bekämpfung des Kommunismus die einzige Rettung Europas gesehen", und weiter im Juli 1936, man könne der bolschewistischen Drohung nur durch eine Zerstückelung der Sowjetunion begegnen[49]. Am 2. Juni 1940, kurz vor dem Zusammenbruch Frankreichs, äußerte Hitler vor Stabsoffizieren in Belgien, er erwarte einen „vernünftigen Friedensschluß" mit England, damit er „endlich" die Hände frei habe für seine „große und eigentliche Aufgabe: die Auseinandersetzung mit dem Bolschewismus"[50]. Doch erst als Unternehmen Barbarossa vorbereitet war, öffnete Hitler wieder voll jene Parenthese vom 22. Oktober 1922 – „(siehe Rußland)" –, die auf seine Versicherung gefolgt war, der Kampf gegen den Bolschewismus sei ein „Kampf auf Leben und Tod zwischen zwei Weltanschauungen". Am 30. März 1941, als er 200–250 hohen Offizieren das Unternehmen Barbarossa anvertraute, nannte er den bevorstehenden Ostkrieg einen „Kampf zweier Weltanschauungen gegeneinander" und fuhr fort: „Der Kampf muß geführt werden gegen das Gift der Zersetzung... Es handelt sich um einen Vernichtungskampf"[51]. Dann, während er der Armee befahl, gefangene kommunistische Beamte zu töten („Kommissarbefehl"), instruierte Heydrich seine SS-Gefolgsleute, „daß das Ostjudentum das intellektuelle Reservoir des Bolschewismus sei und deshalb, nach Ansicht des Führers, vernichtet werden muß"[52]. Mit dem Beginn der Invasion gingen Geheimanweisungen an die Presse, sich auf „die Vernichtung des Bolschewismus" umzustellen, und einige Tage später wurde den Medien befohlen, die Verbindung zwischen Bolschewismus und Judentum zu betonen[53]. Der Lebensraum war auf den zweiten Platz gerückt.

Die unmittelbare Quelle der Nährboden-Motivierung für die Wiederholung der deutschen Osteroberung von 1917–1918 war diese Eroberung selbst, besonders die Gründung eines ukrainischen Satellitenstaats, von dem ein hungerndes Deutschland Brot erwartete, das nie kam[54]. Hitler konnte seinen neuen Krieg sogar damit rechtfertigen, er sei notwendig, um in einem neuen Krieg diese Hungersnot zu verhindern[55]. (Sein eigener Versuch, die Ukraine auszubeuten, sollte noch unrentabler sein als der Ludendorffs von 1917–1918[56].) Der Hunger als militärische und politische Waffe scheint das Eröffnungsthema (zwei von elf Seiten füllend) seines Redeentwurfs „Arbeiter und Friedensverträge" gewesen zu sein, der stark an „Versailles und der deutsche Arbeiter" vom 31. Mai 1921 erinnerte[57]. In beiden Reden war der 1917–1918 gewonnene und dann verlorene „Grund und Boden" die Basis für seine Klage über den Ausgang des letzten Krieges, deren Tenor dann in seinen Ruf nach dem nächsten Krieg übergehen sollte. Zu der Wahl dieser Basis scheint Ludendorff ihn angeregt zu haben, den er erst ein paar Wochen oder sogar Tage vor jenem 31. Mai kennengelernt hatte und der in seinen Direktiven für Brest-Litowsk gefordert hatte: „Anschluß Litauens und Kurlands einschließlich Rigas und der Inseln an Deutschland, da wir zur Volksernährung mehr Land brauchen"[58]. Ausschlaggebend für seine Wahl war jedoch sein Stillkomplex. Das Verlusttrauma seiner Mutter, das dem Komplex zugrundelag, hatte ihn nämlich frühzeitig für das deutsche Verlusttrauma, besonders unter dessen Ernährungsaspekt, empfänglich gemacht. Seine Tarnung für Deutschlands Nachvollziehen – der Vorschlag, Nährboden zu erobern – ging auch darin auf das Stillen zurück, daß seine Mutter es als Tarnung für ihr Nachvollziehen benutzt hatte. Dementsprechend erneuerte er seine eigene leidenschaftliche Eingabe in diese Tarnung, seine orale Aggression. Die unvermeidliche Schlußfolgerung aus seinen „Grund und Boden"-Prämissen vom 31. Mai 1921 brauchte jedoch rund neunzehn Monate, um in die festgelegte östliche Richtung gezogen zu werden. Und bis sie im Dezember 1922 dorthin gezogen wurde, entwickelte Hitler eine plausiblere Begründung für die östliche Wiedereroberung, und zwar eine rassisch-ideologische Begründung, die von seinem Trauma von 1907 durchdrungen war: der Kampf auf Leben und Tod gegen den von Moskau aus operierenden jüdichen Bolschewismus. Er konnte diesen Kampf kaum auf den deutschen Raum beschränkt halten, als er 1923 beispielsweise erklärte: „Was sich heute anbahnt, wird größer sein als der Weltkrieg! Es wird ausgefochten werden auf deutschem Boden für die ganze Welt!"[59] Trotzdem verpaßte er alle seine eigenen Stichworte für die Ausdehnung des Kampfes auf fremden Boden. So erklärte er am 21. April 1922 zum deutsch-sowjetischen Vertrag, der soeben in Rapallo geschlossen worden war: „Was kann helfen? Nicht mit den Verderbern Rußlands zu verhandeln, sondern" – ausgerechnet – „das deutsche Volk aufzurufen, seine Peiniger abzuschütteln, um ihm dann nähertreten zu können"[60]. Er koppelte nicht einmal das russisch-ideologische Argument mit der „Grund und Boden"-Logik, als er sein Plädoyer für die Eroberung Rußlands verfeinerte und verbreitete – auch nicht 1925–1926, als es darum ging, die aufrührerischen nationalsozialistischen Befürworter eines Bündnisses mit den Sowjets zu seiner Politik zu bekehren. Er argumentierte nur, daß ein solches Bündnis „die sofortige Bolschewisierung Deutschlands zur Folge haben wird und deshalb als nationaler Selbstmord zu verwerfen ist"; die Nationalsozialisten sollten vielmehr „dafür sorgen, daß wir soviel Grund und Boden bekommen, daß jeder Volksgenosse seine Nahrung erhält, und von diesem Gesichtspunkt aus gilt es, eine Ostorientierung und Ostkolonisation wie einst im Mittelalter einzuschlagen", denn „nur eine weitsichtige Kolonialpolitik, nicht in anderen Weltteilen, sondern in Europa, an unseren Ostgrenzen, wird eine Gesundung unserer Rasse ermöglichen"[61]. Trotz dieser ausschließlichen Territorialisierung formulierte er 1922 die rassisch-ideologische Begründung für den Krieg gegen Rußland mit der gleichen Wortwahl vor, mit der er sie 1941 formulierte[62]. Außerdem hatte er bis 1928 ein doktrinäres Bindeglied zwischen diesem latenten Alternativargument für den Krieg gegen Rußland und dem Argument des deutschen Bedürfnisses nach „Lebensraum" geschmiedet: die Vorstellung von den Juden als landlosen Parasiten, mit deren Vorherrschaft, sprich Bolschewismus, der territoriale Wettbewerb kraftvoller Völker, nämlich die Geschichte, aufhören würde[63]. Dieses doktrinäre Bindeglied, das Schlußwort zu seinem unvollendeten Buchmanuskript von 1928, wurde bereits 1923 in einem Buchentwurf antizipiert, wo allerdings von staatenlosen, nicht von landlosen Juden die Rede ist[64].

Warum entwickelte Hitler ein alternatives, rassisch-ideologisches Motiv für seinen östlichen Krieg und warum machte er sich die Mühe, es mit seinem ursprünglichen, territorialen Motiv in Einklang zu bringen, um es dann für sich zu behalten, während er die diktatorische Macht über Deutschland mit dem ausdrücklichen Ziel, diesen Krieg zu führen, anstrebte und erreichte? Die Antwort beginnt und endet fast mit dem Hinweis darauf, daß das lange Zeit zurückgehaltene Motiv auf sein eigenes Trauma von 1907 und nicht auf das deutsche Trauma von 1918 zurückging – daß es sein Motiv und nicht das seiner Wählerschaft war. Das Argument vom „Grund und Boden" sprach Deutschlands traumatische Ziele an, so wie er programmiert worden war, sie zu spüren und zu fördern, als er an der Mutterbrust für das Muttertrauma zu sorgen hatte. Sein rassisch-ideologisches Argument war ein Instrument, um Deutschlands traumatische Ziele mit seinen eigenen, auf 1907 zurückgehenden, in Einklang zu bringen. *Nicht* mit seinen Säuglingszielen: die verfolgte er bei seinem Drang nach Nährboden auf der traumatischen Linie der Deutschen. Dieser Drang ermöglichte ihm zu gegebener Zeit, seine Stillsymbiose neu zu schaffen mit einem traumatisierten Deutschland stellvertretend für seine Mutter. Gleichzeitig befriedigte er sein eigenes traumatisches Bedürfnis mit seinem weltweiten Drang gegen die Juden. Der traumatische Drang war mit Abstand der stärkere: Von Anfang an griff er insgeheim über in den oral-aggressiven Drang, vertraulich noch in Gesprächen mit japanischen Verhandlungspartnern, bis er schließlich eindeutig vorherrschte, als das Unternehmen Barbarossa in die Wege geleitet war. Joseph Goebbels machte gegenüber deutschen Journalisten die erste, dunkle Andeutung, als er ihnen am 5. April 1940 unter dem Siegel der Verschwiegenheit sagte: „Wir führen heute in Europa die gleiche Revolution durch, die wir im kleineren Maßstab in Deutschland durchgeführt haben." Das sprengte die nationalen Grenzen des rassisch-ideologischen Kampfes auf Leben und Tod. Und Goebbels fuhr fort: „Heute sagen wir: ‚Lebensraum'. Jeder kann sich vorstellen, was er will. Was wir wollen, werden wir zur rechten Zeit schon wissen"[65].

Warum, statt einfach seine beabsichtigte rassisch-ideologische Auseinandersetzung ab 1921–1922 nach Osten auszudehnen, bezeichnete Hitler die vorgeschlagene Wiedereroberung Sowjetrußlands als Krieg um Nährboden? Die Entwicklung dieser neuen, machtpolitischen Linie bereitete ihm um so mehr Schwierigkeiten, als er sie zugleich intellektuell und psychologisch mit seiner alten rassisch-ideologischen Linie koordinieren mußte. Ihr größter Wert lag für ihn darin, daß er mit ihrer Hilfe den neuen Krieg dem alten anpaßte, indem er die verlorene östliche Eroberung von 1917–1918 als Ausgangspunkt nahm. Er wählte das Nährboden-Konzept als Schlachtruf, weil es jene östliche Eroberung so evozierte, wie sie die Deutschen seinerzeit empfunden hatten. Er wählte es auch, weil das Trauma seiner Mutter für ihn das Vorbild für das Trauma Deutschlands war, und aus diesem Trauma heraus hatte sie ihn bis zur Fixierung und noch darüber hinaus gestillt. Aber er brauchte die Forderung nach Nährboden nicht, um politisch nach der Brust zu verlangen; das hatte er ab 1919 in den Untertönen seines Rufes nach Entfernung des Juden getan. Ihm die Welt zu eigen, wie einem satten Säugling, war das Ziel, das seiner Verallgemeinerung der jüdischen Gefahr und seiner Verpersönlichung der zu ihrer Entfernung nötigen Macht innewohnte. Das Trauma, das ihn gegen das Judentum anstachelte, wurzelte ja in seiner liebenden Gewalt von 1907 gegen die schuldige Mutterbrust oder vielmehr gegen deren krebsigen Überrest. Sein Stoß gegen das Judentum folgte auf die gleiche Nachempfindung des Unglücks von 1918 und den gleichen halluzinierten Auftrag von Pasewalk, wie auch sein späteres Streben nach Grund und Boden. Es bedurfte allerdings einiger Anstrengung, um Ludendorffs verlorenen östlichen Sieg und damit das Unglück von 1918 allein durch Agrarbegriffe wie „Grund und Boden" heraufzubeschwören. Daher die spätere Variante „Lebensraum" oder nur „Raum", die schließlich zum Ersatz wurde. Sie appellierte mehr an das deutsche Gefühl einer nationalen Umzingelung, die 1917–1918 für einen kurzen, schwindelerregenden Augenblick durchbrochen worden war[66]. „Lebensraum" war also nur beiläufig ein Ventil für Hitlers Oralität. Zuerst wie zuletzt war es seine Reaktion auf das unbewußte nationale Bedürfnis, vom Leugnen der Niederlage zu ihrem Nachvollziehen überzugehen. Er erfaßte dieses Bedürfnis und bereitete seine programmatische Reaktion schon früh vor. Nach dem Dezember 1922 agitierte er noch fast ein Jahr lang gegen den Juden als Schuldigen an der Niederlage und ihren Folgen. Dann folgten noch sein mißlungener Putsch und die Krise, in der er sich von Deutschland verlassen wähnte, bevor er der Öffentlichkeit seine neue, machtpolitische Botschaft präsentierte. Und er präsentierte sie, als käme er zu ihr rational, Schritt für Schritt, von seinen Reden im Gerichtssaal über einen Zeitschriftenartikel bis zu *Mein Kampf*[67]. Um seiner selbst willen reagierte er auf das Bedürfnis Deutschlands, ebenso wie er ursprünglich auf das Bedürfnis seiner Mutter reagiert hatte. Sein persönlicher Grund für den neuen Krieg im Osten war, Juden zu töten. Dieser Grund kam zum Vorschein, als er den Weg zu diesem Krieg bahnte, und verdrängte den deutschen Grund, als er die Marschbefehle erteilte.

Und nun zum entscheidenden Punkt. Zwischen dem 31. Mai 1921 und den letzten Dezembertagen 1922, während Hitler bereits die vergangene, verlorene Eroberung von sowjetrussischem Nährboden in die Zukunft projizierte, gab er dieser vorgenommenen Wiedereroberung einen alternativen, rassisch-ideologischen Grund, der sich als sein bevorzugter Grund erwies, als er zwei Jahrzehnte später zum Losschlagen bereit und imstande war. Daraus folgt, daß er mit seinem Programm für die Weltherrschaft, das jene Wiedereroberung zum Hauptthema hatte (und das sich zum verlorenen Krieg von 1914–1918 verhielt wie der bewußte Ausdruck einer unbewußten Absicht, den Verlust nachzuvollziehen), auf ein kollektives Trauma der Deutschen reagierte, das als solches ganz real war und außerhalb seines psychisch-seelischen Universums existierte. Denn seine persönlichen, bevorzugten Prämissen für das neue östliche Wagnis waren nicht die, die er benutzte, um es zu propagieren – also nicht die Argumente vom Grund und Boden, die es mit dem alten Ostunternehmen verbanden. Es waren vielmehr die rassisch-ideologischen Prämissen, die er zwischenzeitlich entwickelt und dann in der Schwebe gehalten hatte, bis er die östliche Schlußfolgerung nicht nur mit Worten, sondern auch mit Taten ziehen konnte. Er bezog freilich seine Argumente vom Grund und Boden aus seiner Säuglingsposition als mütterliches Werkzeug zur Bewältigung eines Verlusttraumas. Dies tat er erstens deshalb, weil er die privilegierte Rolle als Werkzeug wiederherzustellen trachtete, wobei Deutschland den Platz seiner Mutter einnehmen sollte, und zweitens, weil es jene prägende, unbewußt fortbestehende Beziehung war, die ihn für das traumatische Bedürfnis der Deutschen empfänglich machte und ihm ermöglichte, es mit offenem Mund einzusaugen, während er in kontinuierlichem, intensivem, vitalem Austausch mit seinen Massenzuhörerschaften über Brest-Litowsk redete. Hätte ihm jedoch seine Säuglingsnostalgie ein traumatisches Bedürfnis der Deutschen nahegelegt, wo es keines gab, dann wäre sein bevorzugter Grund für den diesem Bedürfnis dienenden Krieg der gewesen, der mit seiner Säuglingslibido getränkt war. Und dann wäre er nicht mit einem alternativen, rassisch-ideologischen Grund herausgerückt, der relativ weit von seinem Stillkomplex entfernt war; Dann hätte er ihn nicht zwei Jahrzehnte lang in der Schwebe gehalten, während er jenen Krieg bereits propagierte und vorbereitete; dann hätte er nicht den agrarischen Grund durch ihn ersetzt, als der Weg zu jenem Krieg endlich frei war. Er hielt auch nicht aus reiner Berechnung so lange an seinen Nährboden-Prämissen, und ganz allein an ihnen, fest. Er entwickelte und übernahm sie noch, als er mit seiner Agitation auf der rassisch-ideologischen Stufe in

Bayern bereits eine Anhängerschaft aufbaute, die seiner Ansicht nach genügte, um eine „nationale Revolution“ in Gang zu setzen, die sich am 8./9. November 1923 über Nacht von München nach Berlin ausbreiten sollte. Die Bemerkungen, die er am 31. Mai 1921 über den Nährboden machte, den Deutschland 1917–1918 in Osteuropa gewonnen und wieder verloren hatte, hinterließen bei den Zuhörern dagegen keinen feststellbaren Eindruck, und als er Ende der zwanziger Jahre zum Kampf um Nährboden in Osteuropa aufrief, stieß er zuerst in der Partei auf starken Widerstand und dann bei den Deutschen im allgemeinen, soweit sichtbar war, auf Unverständnis und Gleichgültigkeit[68]. Was die Engländer betraf, um deren Gunst sein Programm sich drehte, so übernahm er genau den anderen, den Antikomintern-Kurs, als er ihnen gegenüber 1936–1937 opportunistisch wurde.

Es ist gezeigt worden, daß der Stimulus zu Hitlers expansionistischem Programm unbewußt von außen zu ihm kam: von einem deutschen Niederlagetrauma des Jahres 1918. Das deutsche Trauma von der Niederlage ist damit indirekt bewiesen – indem Hitler es registrierte und darauf reagierte. Dieser Beweis zählt. So manche physische Einheit wird zuerst oder sogar ausschließlich durch eine Folgerung aus ihren vermuteten Wirkungen bekannt. (Helium wurde zunächst durch gelbe Spektrallinien im Sonnenspektrum bekannt; ein ehrwürdiges subatomares Elementarteilchen, das Neutrino, ist noch heute allein deshalb bekannt, weil seine Existenz den augenscheinlichen Energieschwund beim Atomzerfall erklärt.) Nun stellt sich aber die Frage nach einem direkten Zugang zum deutschen Trauma. Bevor wir sie untersuchen können, ist eine weitere Betrachtung nötig, um das Bild zu vervollständigen, die nämlich, daß Hitlers expansionistisches Programm das Geheimnis seines Erfolgs in Deutschland war. Die einfachen, herausstehenden Tatsachen sind diese: Ab 1925 forderte Hitler diktatorische Macht über Deutschland mit dem ausdrücklichen Ziel, dieses in der Weimarer Politik einmalige Programm durchzuführen, und keinem anderen Ziel, als den Juden zu entfernen – seinem Leitziel, das er allerdings nach außen hin bis auf weiteres der deutschen Expansion gemäß der Formel unterordnete, das jüdische Gift auszumerzen, um Deutschlands Kraft zu dem neuen Vorstoß wiederherzustellen. Und Deutschland tat ihm den Gefallen. Seine Anhängerschaft wuchs zusehends, der Widerstand gegen ihn auf der Rechten, auf der Linken und in der Mitte brach zusammen, und innerhalb von 10 Jahren hatte er die absolute Macht über Deutschland.

Es stimmt, daß andere nationale und lokale NS-Politiker andere Ziele verkündeten[69]. Hitler hörte jedoch nie auf, alle Beteiligten daran zu erinnern, daß das organische Prinzip seiner 1925 neu gegründeten Partei „Führer befiehl, wir folgen!" lautete, daß deren einzige Daseinsberechtigung darin bestand, dieses Prinzip in der Form „ein Reich, ein Volk, ein Führer" auf ganz Deutschland zu übertragen, und wenn er jeweils den Ton nicht angab, so dann nur weil ihm daran nichts lag. Wenn immer er es für angebracht hielt, eine bestimmte Tendenz in seiner Partei oder später in seinem Reich abzuwürgen, war ihm die Gefolgschaftstreue sicher; ihre Verfechter unterwarfen sich ihm oft noch jubelnd. Die Partei selbst bot Anreiz in bezug auf Kameradschaft, Feste, Märsche und Schlägereien[70], alles aber untrennbar mit ihrem Anliegen verbunden. 1925 erklärte Hitler regionalen Parteiführern, daß „Drill" nötig sei (oder nochmals „Einheit, Autorität und Drill"), damit „ein Heer von Soldaten der neuen Weltanschauung" über das gleichmacherische, entkräftende System von Weimar triumphieren könne[71]. Die Militanz der Nationalsozialisten und ihre Alternative zum Parlamentarismus – „Unterordnen!"[72] – setzten den nationalen Kampfgeist von 1914–1918 fort. Die den Deutschen der Hitlerzeit gepredigte, so verlockende „Volksgemeinschaft" war ein zweiter Aufguß der „mystischen, alle Ränge umfassenden Schützengrabengemeinschaft"[73], der „‚Ideen von 1914' und der Ideologie des Grabenkampfes, des durch Propaganda und Selbsttäuschung hervorgerufenen Gefühls, der Krieg habe alle Klassenschranken und gesellschaftlichen Barrieren für immer eingerissen"[74]. Der Hitlerismus rief eben dieses Gefühl wieder wach. „In der Entfachung des nationalen Kampfgeistes und der Umformung erst der Partei, dann des Staates und der Gesellschaft in eine umfassende Kampfgemeinschaft hatte der Nationalsozialismus seine eigentliche Kraft und Geschicklichkeit entfaltet... Der Krieg war dabei mehr als nur zweckrationales Mittel. In ihm kam der Nationalsozialismus gleichsam wieder zu sich selbst, zu seinem eigentlichen Element zurück"[75].

Es stimmt auch, daß Hitlers außenpolitische Ziele von den einzelnen Deutschen kaum begriffen, geschweige denn konsequent akzeptiert wurden[76]. Er rief zwar ab 1927–1928 unverhüllt genug zur Eroberung von „Lebensraum" auf, sobald die regionalen Redeverbote, die man nach seiner Entlassung aus Landsberg gegen ihn verhängt hatte, nacheinander wieder aufgehoben wurden. Auch wurde über seinen Ruf vielfältig und genau berichtet. Um ein Beispiel herauszugreifen: Das Lokalblatt von Dingolfing berichtete Punkt für Punkt über eine stereotype Rede, die er da am 30. September 1928 gehalten hatte: Höhepunkt derselben war „der Machtgedanke, zu dem sich das deutsche Volk aufraffen müsse, denn das Leben sei Kampf und wird es bleiben, solange die Welt besteht. Ohne Kampf kein Sieg. Es gebe nur ein Recht auf dieser Welt und dieses Recht heißt Kraft. Es gebe nur ein Ziel: Ehre, Freiheit und Brot für das deutsche Volk und der Weg hiezu heißt Kampf. Darum soll sich das deutsche Volk zusammenschließen um ein Machtfaktor in der Weltgeschichte zu werden, befähigt entsprechend zum Zuwachs seines Volkes den nötigen Nährboden zu verschaffen"[77]. Die völkische Wochenzeitung *Deutscher Michel* faßte eine am 23. Oktober 1928 in Augsburg gehaltene Rede ebenso inhaltsgetreu zusammen: „Das Gesetz der Kraft wird stets die Lebensmöglichkeit des Volkes entscheiden... Dem deutschen Volk gehört mehr Raum und Grund und deshalb muß das deutsche Volk zuerst die Bodenfrage lösen, um seine Ernährung zu gewährleisten... Das deutsche Volk wird erst durch Kämpfen wiederaufsteigen, das ist unser Wunsch und Ziel"[78]. Als er Reichswehrchefs unmittelbar nach seiner Machtübernahme vertraulich diesen Kampf prophezeite, blieb durchaus keinem der Zuhörer vor Überraschung der Mund offenstehen[79]. Immerhin, als er seinem Außenminister, seinem Kriegsminister und den Oberbefehlshabern von Heer, Luftwaffe und Marine am 5. November 1937 das praktische Verfahren für die „Gewinnung eines größeren Lebensraumes"[80] vortrug, waren zumindest vier der fünf Betreffenden verblüfft. Der fünfte, Luftwaffenchef Hermann Göring, trat selbst für ein risikofreies Machtspiel in Mitteleuropa ein[81]. Joachim von Ribbentrop, der kurz danach Außenminister wurde, sah in England den Todfeind[82]. Propagandaminister Joseph Goebbels war im Grunde seines Herzens für eine Verständigung mit den Sowjets gegen den Westen, verfolgte er sie doch ganz offen am Anfang und am Ende seiner NS-Laufbahn[83]. SS-Führer Heinrich Himmler schwenkte von Ribbentrops Seite ab und unternahm 1944–1945 insgeheim Annäherungsversuche bei den USA[84]. NS-Ideologe Alfred Rosenberg betrachtete die Kolonisierung Europas als Endstadium der deutschen Expansion[85]. Von Hitlers Mitarbeitern, wie fanatisch auch immer, war sich höchstens einer, und zwar der Finanzminister Hjalmar Schacht, über sein außenpolitisches Programm ganz klar[86]. Und keiner befolgte es, außer Heß, als Heß durchdrehte. Rudolf Heß, Hitlers Stellvertreter als Parteiführer, überflog in letzter Minute vor dem Unternehmen Barbarossa den Kanal, um auf der Hitlerschen Basis einer Garantie für das Britische Weltreich als Gegenleistung freie Hand in Kontinentaleuropa auszuhandeln, worauf Hitler ihn in einem tierischen Wutanfall fallenließ[87]. Der Fall Heß veranschaulicht bühnenreif die Tatsache, daß Hitlers Programm nicht zur Durchführung bestimmt war. Es war eine falsche Korrektur des Ersten Weltkriegs, für deren Mißerfolg Hitler selbst sorgte. Auch die falsche Korrektur brachte abgenutzte wilhelminische Parolen von Weltmacht oder Untergang[88], die aus dem nationalen Trauma von 1918 heraus in Hitlers rauher Sprache neu intoniert wurden. In dieser Frequenz bedeutete „Lebensraum" die östliche Eroberung von 1917–1918 und weckte damit assoziierte Visionen von deutsch-kontinentaler Selbstversorgung und Unverwundbarkeit im ungleichen Kampf um Gleichheit mit England – von einem stacheldrahtumzäunten deutsch-kontinentalen Großraum. Es gehörte dazu, daß das in dieser Tonlage vorgebrachte Programm „in das Bewußtsein der deutschen Öffentlichkeit nicht einging"[89]: Es ging tiefer ein.

Es stimmt ebenfalls – und ist von entscheidender Bedeutung –, daß Hitler bald nach dem großen Sprung vorwärts der Nazis bei den Reichstagswahlen vom 14.9.1930 begann, in öffentlichen Äußerungen über den Lebensraum vorsichtiger zu sein[90]. *Mein Kampf* blieb nichtsdestoweniger voll in Kraft und wurde immer mehr verkauft. Sein Expansionismus schlug so ein, daß unter dem Hitler-Stalin-Pakt der Witz in Deutschland die Runde machte, Hitler habe Molotow ein Exemplar mit eigenhändigen Streichungen überreicht[91]. Auch wiederholte Hitler nach dem September 1930 seine alten Nährboden-Rufe, zwar sparsam, aber wirksam. Am 8. November 1930 sprach er vom Bedürfnis der Deutschen, wenn nicht den „Exporthandel", dann den „Lebensraum" durch „Krafteinsatz" zu erweitern[92]; fünf Tage später ließ er den Exporthandel fallen und fügte das Ziel „Weltherrschaft" hinzu[93]. Im Januar 1932 erklärte er einer Gruppe von Industriellen: „Wollen wir einen neuen Binnenmarkt aufbauen, wollen wir die Raumfrage lösen: stets werden wir wieder die gesammelte politische Kraft der Nation brauchen"[94]. Ein Jahr später, kurz vor seiner Ernennung zum Reichskanzler, hieß es: „Nach erfolgter innenpolitischer Säuberung und Regeneration unseres Volkes wird es auch dem Ausland sehr bald zum Bewußtsein kommen, daß ihm ein anderes Volk gegenübersteht als bisher. Und damit werden dann die Voraussetzungen geschaffen sein, den eigenen Grund und Boden völlig in Ordnung zu bringen und das Leben der Nation aus Eigenem auf lange Zeit hinaus sicherzustellen"[95]. Etwa zwei Wochen nachdem er am 5. November 1937 seinen höchsten Mitarbeitern die Rezepte zur Erweiterung des deutschen Lebensraums erläutert hatte, beglückwünschte er das Schicksal, daß es ihn zum Dienst an seinem Volk ausersehen hatte, und fuhr fort: „Heute stehen uns neue Aufgaben bevor. Denn der Lebensraum unseres Volkes ist zu eng. … Ich bin der Überzeugung, daß die schwersten Vorarbeiten bereits geleistet wurden. … Wenn die ganze Partei und damit die ganze Nation geschlossen hinter der Führung steht, dann wird es dieser Führung, gestützt auf dieser gemeinsamen Kraft eines 68-Millionen-Volkes, ausgeprägt zum Letzten in seiner Wehrmacht, möglich sein, die Interessen der Nation auch erfolgreich zu verteidigen und die Aufgaben, die uns gestellt sind, auch erfolgreich zu lösen!"[96] Zwei Tage später lieferte er vor Kreisleitern und Gauamtsleitern den historischen Bezugspunkt für jene „neuen Aufgaben“: „Wir hatten Europa schon einmal. Wir haben es nur verloren, weil uns jene Tatkraft der Führung fehlte, die notwendig war, um – auf die Dauer gesehen – unsere Stellung nicht nur zu behaupten, sondern auch zu vermehren“[97]. Dies waren Erinnerungen an ein früher ganz offen verkündetes Ziel, das ihnen Bedeutung verlieh. Mit Ausdrücken, die er lange Zeit in diesem speziellen Sinn gebraucht hatte, spielte er auch auf den Eroberungskurs an – so etwa mit dem Wort „Freiheit“ („Freiheit erringen, Grund und Boden erringen, das sind unsere Ziele“[98]). In erster Linie deutete er ihn jedoch über ein Motiv an, das er früher als Ergänzungsmotiv propagiert hatte. In den späten zwanziger Jahren hatte er immer wieder argumentiert, die nationale Einheit sei eine Voraussetzung für Eroberungen im Ausland, doch das Judentum habe die Nation in einem versteckten, abgekarteten, parasitären Machtspiel mittels des Marxismus in der Mitte gespalten, beide Seiten mit Hilfe des Weimarer Parlamentarismus zertrümmert und die einzelnen Teile durch den demokratischen Liberalismus atomisiert. Er würde die vielfache Zerrissenheit um des nationalen Überlebens willen kitten, womit er Weltmacht und letztlich Weltherrschaft meinte. Bis zum Herbst 1928 verband er die drei Stadien der vorgeschlagenen Operation sogar miteinander: Er würde Deutschland rassisch säubern, um die deutsche Einheit für den notwendigen bevorstehenden Krieg wiederherzustellen[99]. Diese dreifache Absicht hatte er schon rudimentär in den frühen zwanziger Jahren gehegt – nur hatte er sie noch nicht so schematisiert und lediglich einen revisionistischen Krieg vorgesehen. „Was soll uns nun helfen können?“ hatte er im März 1920 gefragt, als er gegen den Frieden der Sieger wütete. „Nur die größte Einigkeit der deutschen Stämme“, antwortete er[100]. Und einen Monat später rief er aus: „Unerbittlicher Kampf gegen diese Drohnen, die uns ins Elend gestürzt haben! Wir wollen wieder ein einiges deutsches Volk werden, und wenn sich auch das ganze Judenpack dagegen stemmt“[101]. Bei der Ruhrkrise von 1923 schlug er seine altvertraute Saite an: „Wollen wir Deutschland wieder zu Freiheit und Macht bringen? Wenn ja, dann retten wir es zuerst vor seinem Verderber!"[102] In seinen politischen Reden nach dem Putsch wurde sein Ruf nach einem rassischen Großreinemachen früher gedämpft als sein Schrei nach Nährboden – womöglich wollte er damit in erster Linie der bayerischen Regierung gefällig sein, die das Redeverbot gegen ihn im März 1927 vorläufig aufhob[103]. Auch gedämpft blieb das rassische Großreinemachen dabei mehr als bloßes Mittel zum Zweck, während die nationale Einheit stets nur als Mittel zur Eroberung von Nährboden diente. Als Beispiel mag seine Darlegung vom 26. März 1927 dienen: „... selbst der niedergeschlagene Kommunist ist in dem Moment, wo er am Boden liegt, mein Volksgenosse, ich will weiter nichts, ich will nur, daß der Bruderkampf aufhört, daß das deutsche Volk aufhört zwei Klassen zu sein, und daß sich aus den beiden Klassen heraus eine neue Armee formiert und über diese Kluft hinweg ein neues Banner aufpflanzt, das zugleich national und sozial ist, daß der eine Mensch sehen kann wenn ich für die Idee kämpfe, kämpfe ich dafür, daß jeder meiner Volksgenossen Brot zum Leben erhält, daß jeder Volksgenosse eines Tages das stolze Gefühl erhält, ein Deutscher zu sein." Aus dem Zusammenhang gelöst, könnte „über diese Kluft hinweg" wie ein selbständiges Ziel wirken – wenn auch Armee, Brot und Nationalgefühl dabei sind. Aber der Trompetenruf nach Einheit folgte auf einen Waldhornruf nach der östlichen Landnahme: „Um Grund und Boden zu erobern braucht man Kraft. Die liegt in seiner Einheit. D.h. wenn ein Volk die Notwendigkeit sieht, sein Leben durch eine expansive Politik allein bewahren zu können, dann muß es in diese Politik seine ganze Lebensenergie hineinwerfen. Und ein Volk darf nicht durch andere Probleme abgelenkt sein. Es muß nur ein Ziel haben. Wenn es noch andere Ziele verfolgt, dann fehlt die Kraft, nach außen zu kämpfen." Der Trompetenruf führte außerdem zu einem Widerhall des Hornsignals: „Wir sind überzeugt von der Notwendigkeit des Kampfes, d.h. die Völker auf dieser Welt haben um ihr Dasein zu ringen, und wenn ein Volk das nicht mehr tut, dann nimmt die Geschichte davon keine Notiz. Sie sagt nicht: Gut, wenn ihr so nicht wollt, dann anders, sondern sie sagt: dann scheidet ihr aus: jedes Wesen, das sich nicht mehr wehrt, das geht eben zugrunde." (In alledem erinnerte Hitler seine Zuhörer nur am Rande daran, daß „der internationale Jude... Herr geworden" sei[104].) Hitler tauschte nie sein Mittel und seinen Zweck aus, indem er die östliche Landnahme propagierte, um die inneren Spannungen zu entschärfen. Er kam dem noch am nächsten im Fieberjahr seines theoretischen Arbeitens, 1928, als er, die Juden übergehend, Deutschlands inneren Hader auf den Mangel an Grund und Boden zurückführte: „Es entstehen soziale Krankheiten, die dann allmählich einen weltanschaulichen Charakter annehmen, bis endlich der blutige Bruderkrieg im Innern ausbricht, eine Folge des Mißverhältnisses zwischen Volk und Grundfläche"[105]. Nach dem September 1930 evozierte er den Zweck in der Regel nur noch durch Hinweise auf das Mittel – er stimmte die ersten Takte seines vertrauten Refrains an und überließ es dem Publikum, den Rest nachzusummen. Das heißt, er schlug das Ziel der Eroberung von Nährboden durch das Thema der Beseitigung sozialer und politischer Gegensätze an. Und dieser Aufruf zum Kitten der inneren Risse und Sprünge und zur Wiederherstellung einer „Schicksalsgemeinschaft"[106] wurde in den beiden Jahren vor der Machtübernahme zu seinem ständigen grundlegenden Appell. Wie er es am 31. Juli 1932 ausdrückte, war es entscheidend, „ob Deutschland noch weiter diese 25 oder 30 oder 40 Parteien behalten soll, oder ob Deutschland endgültig wieder zu *einer* Willensbildung zusammengerissen werden soll"[107]. Und am 23. Januar 1933: „Wenn es gelingt, aus Proletariern und Bürgern wieder Deutsche zu machen, dann ist die deutsche Zukunft gesichert"[108]. Das blieb auch im Amt sein Standardargument, während das öffentliche Leben nazifiziert wurde[109]. Die Reihenfolge war dieselbe in seiner Politik wie vorher in seiner Rhetorik: zuerst kam die Nazifizierung, dann – und ganz Deutschland fühlte ihn kommen – der expansionistische Krieg. Die Nazifizierung begann überdies mit der Entfernung der Juden aus dem öffentlichen Leben und der Unterdrückung von Marxismus, Parlamentarismus und Demokratie[110].

In Anbetracht ihres nationalen Charakters läßt sich Hitlers Anziehungskraft in keiner Weise mit ihrer sozialen Unregelmäßigkeit während seines Aufstiegs zur Macht erklären[111]. Insbesondere war Hitler nicht die letzte Rettung des geängstigten Mittelstands vor dem Bolschewismus. Spätestens ab 1923 war die bolschewistische Gefahr in Deutschland heller, greller Schwindel – auf doppelte Weise in Hitlers Mund, wo sie die Fassade für die vorgetäuschte jüdische Gefahr abgab[112]. Nachdem man 1927–1928 die gegen ihn verhängten Redeverbote aufgehoben hatte, baute Hitler eine Massenpartei auf, indem er zunächst frühere nationalistische Wähler anzog; die Überläufer von Parteien, in denen die Mittelschicht den Ton angab, kamen später. Er gewann auch überproportional viele Arbeiter für sich: Anfang 1933 bestand rund ein Drittel der Parteimitglieder aus „Arbeitern"[113] (während die kommunistische Partei zu jener Zeit nur zu etwa 11% aus „Fabrikarbeitern" bestand[114]). Seine apokalyptische Antithese Nationalsozialismus–Kommunismus war nichts als Phrasendrescherei: Die beiden Parteien tauschten vor seiner Machtübernahme Mitglieder und Wähler massenhaft untereinander aus[115], und dann traten stramme Kommunisten scharenweise in die SA ein[116]. NS-Empfänglichkeit und NS-Ablehnung variierten allerdings innerhalb einer schmalen Bandbreite je nach Stand, Alter, Geschlecht, Religion und anderem mehr, und zwar von einem Landesteil zum anderen und von einer Wahl zur anderen – hier vielleicht am meisten nach der früheren politischen Bindung. Der Nationalsozialismus breitete sich, kurz gesagt, unregelmäßig aus, bis er ganz Deutschland überschwemmte; lokale Zickzackbewegungen sagen also nichts darüber, warum er sich ausbreitete. Die Wirtschaftskrise ebnete ihm zweifellos den Weg[117], aber nicht etwa in dem Sinn, daß man sich Hitler wegen des wirtschaftlichen Aufschwungs zuwandte, der dann unter ihm eintrat. Hitler hatte für die Wirtschaft nicht viel übrig. „Die Weltgeschichte lehrt uns, daß kein Volk durch Wirtschaft groß wurde oder zugrunde ging", verkündete er[118]. Bei der Amtsübernahme erklärte er vor einer Versammlung von Generalen, die Krise sei durch menschliche Faulheit bedingt: „Infolgedessen muß die Masse so schnell wie möglich wieder zur Arbeit erzogen werden"[119]. Seine Einstellung zum Amt, sofern er überhaupt eine hatte, war die seiner Amtsvorgänger, besonders seines unmittelbaren Vorgängers Schleicher. Sein Beitrag zum Wiederaufschwung, der bereits begonnen hatte, war eine unbeabsichtigte Nebenwirkung davon, daß er die heimliche Wiederaufrüstung und die damit verbundenen öffentlichen Bauvorhaben beschleunigte[120]. Er versprach niemals Wohlstand, weder vor noch nach der Amtsübernahme, sondern forderte statt dessen Opfer – „und", wie sein Finanzminister bemerkte, „erwies sich darin als ein guter Kenner der deutschen Psyche"[121]. Er bot keine Heilmittel für die Wirtschaftskrise an, sondern schlug Kapital daraus, indem er sie als die letzte katastrophale Folge des innenpolitischen und internationalen Systems hinstellte, das auf die irrtümliche Niederlage von 1918 zurückging[122]. Er trat für die Ablehnung dieses Systems und damit auch der Niederlage ein. Otto Dietrichs spätere Behauptung, er sei wegen der Idee von der „Volksgemeinschaft", die Hitler „inmitten der wirtschaftl. Not, der parteipol. Zerrissenheit u. der nat. Depression" gepredigt habe[123], im April 1929 zu ihm übergetreten, ist bezeichnend: Not und Depression begannen erst lange Monate nach dem April 1929. In jenem Frühjahr und Herbst zeigte sich der Aufschwung der NSDAP zur Massenpartei deutlich in den Landeswahlen[124], während die Nationalsozialisten auf dem Höhepunkt der Not und Depression, im November 1932, einen schweren zeitweiligen Rückschlag an den Wahlurnen erlitten[125]. Außerdem kam es in keinem der anderen hart getroffenen Staaten zu einem Phänomen wie dem Hitlerismus. Hitlers Gefolgschaft vergrößerte sich in jenen mageren Jahren nicht, weil seine Diktatur als die einzige praktikable Alternative für ein Regime winkte, das sich als untauglich erwiesen hatte; das Regime erwies sich vielmehr als untauglich, weil seine nicht praktikable Alternative winkte und seine Gefolgschaft sich vergrößerte[126]. Seine Zugkraft beruhte damals wie vorher auf dem pathologischen Leugnen der Niederlage von 1918 – ein Stück traumatischer Unvernunft, die sich unter Bedingungen des Hungers und der Furcht, wie sie die Niederlage selbst begleitet hatten, um so leichter Bahn brach. Im Juni 1920 hatte Hitler geklagt: „Es ist sehr schwer, ein Volk das sehr krank ist, nun auf das richtige Geleise zu bringen"[127]. Ob richtiges oder falsches Geleise, die Wirtschaftskrise half.

Hitler bezeichnete die Etablierung seiner Diktatur vor wie nach dem Ereignis als „Machtergreifung". Dieser Kraftausdruck sollte zunächst einmal die Revolutionäre in seinen Reihen, besonders in der paramilitärischen SA, besänftigen, während er nach dem Putsch einen legalen Kurs steuerte. Dann bürgerte sich der Begriff ein – bis zu den fehlgeleiteten, irreführenden Nach-Nazi-Untersuchungen über die Techniken und Etappen seiner Machtübernahme. In Wirklichkeit war die Machtübernahme eine Machtübergabe. Um eine Darstellung herauszugreifen: „Nach welcher Richtung Hitler auch immer trat, fast alles stürzte morsch und ohne nennenswerten Widerstand zusammen"[128]. Das „fast" hier ist rätselhaft. Er rechnete voller Nervosität mit Hindernissen, wo es keine gab, und griff deshalb hastig zu Mitteln der Einschüchterung und des Terrors, die sich dann als überflüssig erwiesen. Er hatte keine präzise Vorstellung und nur wenig Ahnung, wie er vorgehen sollte. Weit davon entfernt, Gelegenheiten mit diabolischer Raffinesse zu ergreifen, schlug er einfach zu, wie es ihm gerade in den Sinn kam, und zwar so impulsiv, daß er nur Erfolg haben konnte, weil seine Gegner sich entsprechend verhielten. Als er den Reichstag am 27. Februar 1933 in Flammen sah, wurde er rasend angesichts der augenscheinlichen Verkörperung der von ihm vorausgesagten kommunistischen Konfrontation. Bei zwei Regierungssitzungen in jener Nacht konnte er nur unbesonnene, unbeachtete Befehle erteilen für brutale Polizeiaktionen gegen den Marxismus. Die Reichstagsbrandverordnung „zur Abwehr kommunistischer staatsgefährdender Gewaltakte", die am nächsten Morgen bei einer Kabinettssitzung für Präsident Hindenburg unterschriftsfertig formuliert wurde, setzte die Grundrechte außer Kraft – eine unbedachte, unpolitische Geste angesichts der bevorstehenden Wahlen zum neuen Reichstag, der ihm ein Ermächtigungsgesetz bewilligen sollte. Um mit einem Historiker des Geschehens zu sprechen: „Hitler konnte nicht wissen, daß er die unbeschränkte Macht kampflos und schon beim ersten Griff danach erringen würde. Beim Anzeichen eines Widerstands der KPD mit totalitären Mitteln setzte er – wie ein schlechter Roulettespieler – ‚auf das Ganze', und er hatte Glück damit"[129]. Die Macht, die er mit diesem ersten Griff gewann, war wohl nicht unbeschränkt, aber immerhin! Als er am 23. März sein Ermächtigungsgesetz vorlegte, forderte er den neuen Reichstag auf, „des Rechts wegen... uns zu genehmigen, was wir auch ohnedem hätten nehmen können"[130]; der Reichstag willfahrte selbst dann. Die Tatsache, daß die Nationalsozialisten bei den Wahlen vom 5. März 1933 mit 43,9 Prozent der gültigen Stimmen unter der absoluten Mehrheit geblieben waren, obgleich Deutschland sich bereits widerstandslos nazifizieren ließ, bestätigt nur Hitlers Unterscheidung zwischen öffentlicher Meinung und nationalem Willen[131]. Wie die Kopfzählung gegen ihn auch immer ausfiel, es wurde ihm von allen Seiten despotische Macht konzediert. Die Willfährigkeit seiner Gegner kann in ihren bewußten Formen je nachdem als Opportunismus und Fehleinschätzung und Naivität bezeichnet werden[132]. Doch die Bewußtheit greift nicht sehr tief: Man entferne die ermüdende Tonspur und zum Vorschein kommt ein Spektakel vorschneller Kapitulation. Diese Kapitulation läßt sich mit keiner Tradition deutscher Autoritätshörigkeit erklären: Die Autorität wurde in der Weimarer Republik verächtlich gemacht wie in keinem anderen Land Europas. Die Willfährigkeit gegenüber Hitler überdauerte zwölf Jahre. Sie mit seiner Diktatur zu erklären, hieße Ursache und Wirkung verwechseln. Ein passendes Symbol der „Machtergreifung" ist der Kommunistenführer Ernst Torgler, wie er sich der Polizei stellte, um seine Unschuld am Reichstagsbrand zu beweisen. Neun Monate später wurde er durch einen Justizirrtum der nationalsozialistischen Unrechtssprechung von der Anklage der Mittäterschaft freigesprochen. Göring ließ ihn trotzdem festhalten, um ihn vor der Gestapo zu schützen[133], an deren Spitze Göring selbst stand.

Torglers „Schutzhaft" war kein böser Witz Görings, sondern ein ganz kleines Beispiel für das Durcheinander sich überschneidender und widersprechender Kompetenzen, mit dessen Hilfe Hitler regierte – für das „Führungschaos" innerhalb des „Führerstaates", wie es sein Pressechef Otto Dietrich 1946 nannte[134]. Trotz der verflochtenen Autoritätskompetenzen und Verfahrenswege konnte Hitlers Regime in seinen besten Tagen ein solches Bild der Geschlossenheit ausstrahlen, daß Historiker lange Jahre brauchten, um die Illusion von einer meisterlichen totalitären Staatsmaschinerie zu durchschauen. Die Illusion barg jedoch eine Realität, die jetzt bei näheren Untersuchungen einzelner Ämter oder Vorhaben des Hitlerstaates zu Tage tritt: Der Staat hielt durch sein Verfolgen der von Hitler gesetzten rassistischen und expansionistischen Ziele zusammen[135] – das heißt des expansionistischen Zieles, denn die Expansion war Hitlers Rechtfertigung für seine Rassenpolitik im Lande, während sein rassisches Ziel außerhalb „*streng* geheim" war[136]. Diese Realität innerhalb der Illusion war nicht nur gültig für den Hitlerstaat an sich, sondern darüber hinaus für das Reich als ganzes.

Daß Deutschland Hitler folgte, um den Unglückskurs von 1914–1918 wieder einzuschlagen, beweist noch nicht, daß die Niederlage von 1918 traumatisch war. Diese Tatsache als solche könnte ebenso gut auf einen nationalen Hang zu Katastrophen zurückgeführt werden. Sie bestätigt die früher gelieferte indirekte Beweisführung, aber diese ist schwierig, speziell – und eben indirekt. Es bedarf direkter Beweise, aber ebenso vergleichbarer Fallstudien, ohne die nur Vermutungen möglich sind über die Anzeichen jenes oder irgendeines kollektiven Traumas.

Es besteht kein Grund zu der Annahme, ein kollektives Trauma lasse sich besser als ein individuelles Trauma mit dem tatsächlichen Ereignis oder Vorfall beweisen. Ähnliche Erfahrungen traumatisieren den einen, den anderen aber nicht; der eine Traumatisierte wirkt wie rasend, der andere wie betäubt und der dritte gelassen. Der vorliegende kollektive Fall wird dadurch kompliziert, daß die spontane, gemeinsame Reaktion auf die Niederlage von 1918 eine zusätzliche, selbständige Schockwirkung verursachte[137]. Die genannte Reaktion war die Novemberrevolution, in die ganz Deutschland insofern verwickelt war, als niemand einen Finger krumm machte, um die alte Ordnung zu verteidigen[138]. Wie Hitler 1932 einer Versammlung von Industriellen erklärte: „Glauben Sie mir, unser ganzes deutsches Volk, alle Schichten haben ein gerüttelt Maß von Schuld an unserem Zusammenbruch; die einen, weil sie ihn gewollt und bewußt herbeigeführt haben, die anderen, weil sie zusahen und zu schwach waren, ihn zu verhindern! In der Geschichte wird das Versagen genau so gewogen wie die Absicht oder die Tat selbst“[139]. (Damit nahm er seinem eigenen Konzept von den „November-Verbrechern“ das Gewicht.) Hitler gab bei seinem Putschprozeß offen zu, er habe nicht mit der Wimper gezuckt, als die roten Matrosen in seinen Schlafsaal in Pasewalk strömten, „denn es war mir widerlich, zu heulen in einer Zeit, wo man fühlte, daß es zum Zusammenbruch käme“[140]. Das vervollständigte sein symbolisches Profil: an der Front verwundet[141], durch die Revolution überwältigt und dann wiederauferstanden. Die Autorität, die von oben herab Ordnung durchsetzt, war das zweite der beiden organischen Prinzipien des 1918 zusammengebrochenen von Preußen gezimmerten Reichs[142]; die militärische Überlegenheit war das erste. Da das Reich mit Blut und Eisen unter autoritärer preußischer Führung geschmiedet worden war, war die Folge seiner militärischen Niederlage eine Erdrutschbewegung gegen die sozialen Kontrollmechanismen des Kaisertums, begleitet von starken regionalistischen und sogar separatistischen Impulsen[143]. (Das Fortbestehen der regionalen Identitäten, vom preußifizierten Reich nach 1870 zugedeckt, ebenso wie der Einschluß vieler Nichtdeutscher und der Ausschluß vieler Deutscher, hatten dem Reich seine fatale Neigung zum Annektieren und Germanisieren verliehen[144].) Der Schock der zerbröckelnden Autorität und Ordnung verschmolz mit dem Schock der Niederlage zum Konzept eines „Zusammenbruchs“, das ganz nach Wunsch die Revolution als Ursache der Niederlage oder die Niederlage als Ursache der Revolution beinhaltete[145]. Die Revolution war ungehindert abgelaufen, hinterließ dafür blutige Zwietracht, solange das System von Weimar bestand. Durch diese Zwietracht hindurch schimmerte das patriotische Fieber vom August 1914 – der jubelnde Schlachtruf wie aus einem Munde, der heilige Schauer des durchbrechenden Deutschtums – wie ein mythischer, magischer Zauber. „Beglückende Steigerung unseres Wesens 1914 in der Auseinandersetzung mit dem Hasse und der Verleumdung einer ‚Welt von Feinden'!" erinnerte sich Ludwig Dehio[146]. Die Deutschen lösten ihre Schlachtordnung 1918 so auf, wie sie sie 1914 gebildet hatten: mit zwanghafter, geschlossener Bewegung. Mit seinem Aufruf, Autorität und Einheit mit Gewalt wiederherzustellen, sprach Hitler den Novemberschock einstürzender Hierarchien und des sich auflösenden Reichs und damit jene „Augusttage" an, die eine entgegen der einheitlichen Novemberzwietracht zurückzugewinnende nationale Einheit symbolisierten[147]. Hitlers „Nationale Revolution", wie er seine Machtübernahme nannte, war eine einfache Umkehrung der Novemberrevolution mit Unterwerfung von unten statt von oben. Sein bayerischer Versuch, die Novemberrevolution an ihrem fünften Jahrestag umzukehren, war nach dieser Revolution selbst inszeniert worden, von den Bierkellerreden dahinter bis zum Straßenmarsch, der, genau wie derjenige von Kurt Eisner fünf Jahre vorher, einen nationalen Erdrutsch auslösen sollte, um das mit der Niederlage identifizierte Regime (und damit die Niederlage selbst) auszulöschen[148]. Hitler war wie Eisner ein Außenseiter in Bayern, ein Massenagitator und ein politischer Visionär, versessen auf Deutschlands Erneuerung – in allem freilich, Punkt für Punkt, im genauen Widerspruch zu Eisners Persönlichkeitsbild und Botschaft.

Zu den direkten Beweisen für ein individuelles Trauma gehört die transparente Wiederholung des auslösenden Ereignisses. Diese Beweisführung wird im Fall Deutschland dadurch kompliziert, daß Hitler mit der Wiederholung beauftragt war. Man kann seine persönliche Eingabe in seine Führung in den Krieg hinein zwar herausdividieren, aber das wäre abermals der indirekte Zugang. Schon die Ermächtigung eines nur sich selbst verantwortlichen Führers kann auf ein kollektives Trauma hindeuten, gleich der Zielstrebigkeit und Hemmungslosigkeit, die das Nachvollziehen eines traumatisierten Individuums kennzeichnen. Mit einem Diktator, der ihm das Handeln abnahm, war Deutschland besser imstande, dominierend auf die Ereignisse zu wirken und sich sein nicht akzeptiertes Schicksal von neuem aufzuerlegen. Hitler beherrschte die Ereignisse eben bis zu dem Punkt (Juni bis Dezember 1941), an dem sich die drei Etappen (die kontinentale, die hemisphäre und die globale) seines Programms für eine Wiederholung des Ersten Weltkriegs mit berichtigtem Ausgang zusammenschoben. Aber Hitlers Diktatur war auch wesentlicher Bestandteil jener traumatischen Neuauflage. Sie erneuerte Ludendorffs *de facto*-Diktatur von 1916–1918 mit einer Umkehrung: Ludendorff hatte seine Macht innerhalb des Militärs aufgebaut und sie dann auf die Politik ausgedehnt. Hitlers Diktatur war im Gegensatz zu Ludendorffs offenkundig und allumfassend, doch geschieht die Intensivierung der Schlüsselelemente beim individuellen Nachvollziehen ganz routinemäßig. Ähnlich reflektierte und vergrößerte Hitlers für Deutschland stellvertretendes geheimnistuerisches Handeln die Distanz zwischen dem offiziellen und dem öffentlichen Bewußtsein in dem Krieg, den Deutschland neu kämpfte. Für die deutsche Öffentlichkeit hatte dieser Krieg von 1914–1918 mit Selbstverteidigung angefangen[149]. Der Annexionismus, der dann prompt zum Vorschein kam, war den Deutschen mehr oder weniger zuwider – je nachdem, ob der Sieg mehr oder weniger in die Ferne rückte[150]. Erst bei der endgültigen Katastrophe zog man Schlüsse vom Annexionismus auf die Kriegsschuld, doch solche Schlüsse wurden fortgewischt durch die einmütige Empörung über die Kriegsschuldklausel in dem aufgezwungenen Friedensvertrag. Dieser Reflex nationaler Solidarität mit dem verstoßenen Regime war ein frühes Omen für Hitlers Revolutionsumkehrung und Kriegswiederholung.

Nur Hitler konnte die Marschbefehle (wie auch die Tötungsbefehle) erlassen, die er erließ: und darum folgte man ihm. Die Tatsache, daß die Marschbefehle von ihm kamen, läßt nur ihre Ausführung als direkten Beweis dienen – soweit man ihm Wert beimessen kann – für das nationale Trauma, was dahinter liegt. Sie wurden befolgt, wie sie erlassen wurden: in einem Geist von Fatalismus. „Wir waren dazu verurteilt, Krieg zu führen", erklärte Hitler am Endpunkt des von ihm vorgezeichneten Weges[151]. Als der Barbarossa-Befehl heruntergereicht wurde, ließen nur die Bestimmungen zur Erschießung der „Kommissare und GPU-Leute" einige Offiziere momentan stutzen[152]. Als die Operation anlief, akzeptierten es die Deutschen nach einem kurzen Schrecken insgesamt „als eine neue, aber unvermeidliche Bürde ... die man mit Hilfe des ‚Führers' zu tragen hatte"[153]. Die anfänglichen Erfolge überraschten die Öffentlichkeit. Als das Unternehmen später ins Stocken geriet, verbreitete sich ein schleichendes Gefühl von Hoffnungslosigkeit. Verschwörungen gegen Hitler nahmen zu, besonders beim Militär, doch sie wurden alle durch vielsagende Passivität, Unentschlossenheit und Stümperei vereitelt. Am 20. Juli 1944 brachte Stauffenberg endlich seine Bombe an Hitlers Seite unter, aber da stand sein Mitverschwörer Carl-Friedrich Goerdeler schon auf der Verhaftungsliste, was auf jeden Fall Aufdeckung bedeutete[154]. Das zum Handeln gegen das Regime beabsichtigte Signal löste statt dessen grausame Unterdrückung aus.

Der schlüssigste direkte Beweis für das Trauma von 1918 liegt wohl im deutschen nationalen Äquivalent zum frühen Versuch eines traumatisierten Individuums, die traumatischen Fakten zu ignorieren oder zu bestreiten. Diese Wirkung des gemeinsamen Schocks äußerte sich paradoxerweise in Uneinigkeit. Um eine Äußerung Hitlers über die Novemberrevolution zu zitieren: „Sie haben wohl im Augenblick den Kampf beendet, aber sie haben nun den Kampf in der Heimat bekommen. Seitdem datiert die ewige Unruhe unseres Volkes, seitdem sind wir zerrissen"[155]. Die ständigen heftigen Auseinandersetzungen und Raufereien in der Weimarer Republik galten der unterschiedlichen Bereitschaft, mit der Niederlage und ihren Folgen zu leben. Eineinhalb Jahrzehnte wütete im Reichstag und vor den Gerichten, in Fachzeitschriften und der Massenpresse der Streit um die innenpolitische Verantwortung für den Ausgang eines titanischen, hoffnungslosen, ruinösen vierjährigen Kampfes[156]. „Wir wollten die Binde nicht von den Augen nehmen", erinnerte sich Ludwig Dehio. „... Wir grübelten über die Niederlage nach, um sie uns als ungerechtfertigt zu erweisen, nicht um sie als berechtigt zu verstehen"[157]. Ludendorff hatte Deutschlands letzte Reserven an Menschen und Material in eine Totaloffensive geworfen, um Paris trotz der stetig anwachsenden Übermacht des Gegners einzunehmen. Hinterher ging Ludendorff den Deutschen beim Leugnen der einfachen Lektion des Krieges voran: daß er nicht zu gewinnen war – daß er selbst dann nicht zu gewinnen gewesen wäre, wenn man Paris eingenommen hätte[158]. Wie Arthur Rosenberg dazu 1927 treffend bemerkte: „Diese ungeheure Tragödie, die sich 1918 abgespielt hat, wird durch das oberflächliche Gerede von Dolchstoßgeschichten usw. vollkommen verwischt“[159]. Die Politik von Weimar verzehrte sich im Unwillen über die Entrechtung und Verpflichtungen, die Deutschland auferlegt worden waren, besonders über die Abrüstung und die Reparationen. Dann rüstete Hitler Deutschland zum Preis der unbezahlten Reparationen wieder auf.

Direkte Beweise für die traumatische Wirkung der deutschen Niederlage muß es in Hülle und Fülle geben, denn man findet kaum eine objektive, authentische Darstellung des Ereignisses, in der es nicht als traumatisch geschildert wird. Nach Ansicht eines Historikers „erholten sich die Deutschen nie von dem Schock, den die Offenbarung hervorrief, weiteres Kämpfen sei hoffnungslos“[160]. Andere Historiker schreiben von einem „nie verwundenen Schlag“, einer „unverständlichen, tiefen Schmach“, „enormen psychologischen Folgen“ und dergleichen[161]. Ihre Erkenntnisse schließen sich den Erinnerungen einzelner Beteiligter an, die von „dem lähmenden Entsetzen“ oder „einer wahren Panik“ oder „dem furchtbaren moralischen Zusammenbruch“ sprechen, der „ so katastrophal“ wirkte und „so verhängnisvolle Folgen“ zeitigte[162]. Ein besonders beredtes Memento der Niederlage ist folgender Tagebucheintrag eines deutschen Matrosen vom 3. Oktober 1918: „Sozusagen über Nacht haben wir demnach den Krieg verloren. Wie stets in solchen Fällen blieb das deutsche Volk über die Ereignisse da drunten völlig im Dunkeln und nun ist mit einem Male der Krach da, und vollständige Mutlosigkeit legt sich wie ein Alp auf die Gemüter der Besten. Ein bestimmtes Gefühl aber“ – und jetzt kommt der traumatische Haken – „lehrt mich an den vollständigen Zusammenbruch unserer Hoffnungen nicht zu glauben“[163]. Eindrucksvolle Zeugnisse wurden von manch einem moralischen Opfer des Zusammenbruchs abgelegt. So Franz Schauwecker: „Auf einen Schlag war die Wirkung der ungeheuerlichsten Beanspruchungen durchgebrochen. Plötzlich war alles umsonst gewesen. Die Welt erschien sinnlos"[164]. Ernst Jünger fühlte sich „anfällig" und entwickelte „Symptome, die sich wie bei einem chronischen Leiden bald stärker, bald schwächer bemerkbar machten, doch nie völlig ausblieben. Dazu gehörte ein Gefühl der Beengung, des Umschnürtseins, das sich bald als das des Delinquenten, bald als das des Umzingelten darstellte, und auch als das des Bauern, der sich durch raffinierte Advokaten heineingelegt glaubt. Stalingrad", fügt Jünger weiter hinzu, „war eher eine Bestätigung für mich. So fällt sich der Niederschlag aus einer trüben Lösung aus"[165]. Aber schloß der nationale traumatische Effekt einen Ernst Jünger ein, während beispielsweise ein Bertold Brecht sich von ihm ausschloß? Der Effekt ist nicht mit der Reaktion der einzelnen Deutschen auf die Niederlage gleichzusetzen, aber die Deutschen müssen ihn im einzelnen gefühlt haben. Vielleicht kann man hier C. G. Jung Glauben schenken. „Ich hätte den Aufstieg der Nazis durch Beobachtung meiner deutschen Patienten vorhersagen können", behauptete Jung im hohen Alter. „Sie hatten Träume, in denen die ganze Sache antizipiert wurde, und zwar recht detailliert. Und ich war absolut sicher – in den Jahren vor Hitler, schon ehe Hitler kam; ich könnte noch das Jahr sagen, es war 1919 –, ich war sicher, daß in Deutschland etwas Bedrohliches in der Luft lag, etwas sehr Großes, sehr Katastrophales. Ich wußte es nur durch die Beobachtung des Unbewußten"[166].

Das deutsche Trauma von der Niederlage wurde durch seine Ursächlichkeit der expansionistischen Politik Hitlers aufgespürt. In der direkten Beweisführung konnten allerdings keine großen Fortschritte gemacht werden. Und die Suche nach spezifischen Zeichen seines Wirkens hat es aus seinem historischen Brennpunkt gerückt. Zu untersuchen ist noch zweierlei: seine Wechselwirkung mit Hitlers eigenem Trauma hinter seiner Politik und danach Hitlers Einfluß auf sein traumatisiertes Publikum. Zunächst muß aber die historische Perspektive einigermaßen wiederhergestellt werden.

Das Deutschland, das 1918 traumatisiert wurde, war vier Jahre lang blockiert und belagert worden, während es gleichzeitig außerhalb seiner Grenzen kämpfte. Wie verschiedenartig und unklar die Absichten der Deutschen auch immer waren, die Logik ihres Kampfes bestand darin, die feindliche Umklammerung zu durchbrechen, was zwangsläufig auf eine Beherrschung des Kontinents hinauslief. Im Osten wurde das Spiel Ende 1917 mit Hilfe von Subsidien an die Bolschewiken gewonnen. Doch im Westen hatten die Alliierten eine eindeutige gewichtige Überlegenheit, die ständig stieg. Die große – und einzige – Chance der Deutschen bestand zu jenem Zeitpunkt darin, sich um einen Teilsieg zu bemühen, indem sie im Westen nachgeben und sich dafür die alliierte Anerkennung ihrer Vorherrschaft im Osten einhandeln würden. Ludendorff wollte jedoch nichts davon hören, Belgien zu evakuieren, von einem Verzicht auf Elsaß-Lothringen ganz zu schweigen. Statt dessen befahl er eine ruinöse Offensive[167]. Als sich diese Offensive in einen Rückzug verwandelte, waren die Deutschen entmutigt. Aber verwundbar fühlten sie sich erst, als Ludendorff seine niederschmetternde Erklärung abgab, das Spiel sei verloren. Gleich danach rief er ein parlamentarisches Regime ins Leben, das um einen Waffenstillstand nachsuchen sollte. Der Waffenstillstand wurde gerade unterzeichnet, als ein plötzlicher Volksaufstand, beseelt von einer Mischung aus naivem, wirklichkeitsfremdem Leninismus und Wilsonismus, die kaiserliche Ordnung hinwegfegte. Sobald dieser flüchtige revolutionäre Impuls verpufft war, wurde eine demokratische Musterrepublik konstituiert. Der harte Frieden, den die Sieger dem Land aufzwangen, diskreditierte die Republik umgehend in der deutschen Öffentlichkeit: das zeigt, welchen Kredit man ihr eingeräumt hatte. Sie überlebte schlecht und recht, solange Deutschland sich um Zugeständnisse der Sieger bemühte. Auch so wurde sie in der Praxis autoritär, als der Reichspräsident fast drei Jahre vor Hitlers Machtübernahme begann, fortlaufend mit Notverordnungen zu regieren. Der damalige Präsident war Hindenburg, in Ludendorffs großer Zeit Chef des Feldheeres, ein seniles Symbol der unannehmbar verlorenen Sache.

Als die Deutschen sich mit ihrer Niederlage auseinandersetzten, ignorierten sie deren einfache Lehre: daß sie sich übernommen hatten. Die östliche Eroberung von 1917–1918 wurde verleugnet oder weggedeutet und dann vergessen, zumindest was die schwindelerregenden Expansionsperspektiven betraf, die sie eröffnet hatte. Sie wurde zunächst sogar aus dem Arbeitsgebiet des Reichstags-Untersuchungsausschusses für Kriegsschuldfragen verbannt. „Hier klafft in der Arbeit des Gesamtausschusses ersichtlich eine Lücke", gab ein Unterausschuß-Vorsitzender im sechsten Jahr der Beratungen zu bedenken. Eduard Bernstein fügte hinzu: „Es ist gefährlich, wenn wichtige Tatsachen nicht erwähnt werden"[168]. Diese wurden schließlich dahingehend erwähnt, die Unterwerfung Osteuropas habe nicht nur Truppen gebunden, sondern auch den Geist der Friedensresolution verletzt, die der Reichstag im Sommer 1917 gefaßt hatte, als der Krieg in eine Sackgasse geraten zu sein schien. Einige Mitglieder des Unterausschusses machten auch die Osteroberung neben dem Annexionismus im Westen für das Ausbleiben einer Kompromißregelung verantwortlich. Alle betrachteten den 1914 begonnenen deutschen Kampf als eigentlich defensiv und den Expansionismus als Abirrung[169].

Jener Mehrparteien-Unterausschuß lehnte einstimmig den „Dolchstoß" ab. Die Ablehnung erlaubt jedoch einen Blick auf eben das nationale Leiden, aus dem die Legende entstanden war: Gegen dieses Leiden konnten Informationen und Einsichten wenig helfen. Um den Schluß der Gesamtfeststellung des Unterausschusses zu zitieren: „Nur im wechselseitigen Zusammenwirken zahlreicher Ursachen . . . kann die Schuld am Zusammenbruch gefunden werden"[170]. Innere Ursachen wurden impliziert, als ginge die Niederlage nicht auf die Macht des Gegners, sondern auf ein nationales Versagen zurück – eine Implikation, die schon aus der Tatsache einer so langen und intensiven Erforschung der „Ursachen des deutschen Zusammenbruchs im Jahr 1918" hervorgeht. Es ging nämlich nicht um den Grund für die Niederlage, sondern um die Verantwortung dafür – oder gar „Schuld"[171]. Und die Niederlage hieß „Zusammenbruch", da gleichzeitig die Revolution gemeint war. Dieser Doppelsinn half der Implikation eines gemeinsamen inneren Versagens, hinter der Niederlage vorbeizuschleichen[172]. Die doppelte Bedeutung war um so tückischer, als sie kein bloßer verbaler Trick war: Die Niederlage und die Revolution hingen in der historischen Realität eng miteinander zusammen. Diese Verbindung erlaubte zwar den Nationalisten, ihre Schmach der Niederlage an der Revolution auszulassen. Über den Sturz der Dynastien hinaus veränderte die Revolution Deutschland nicht sehr. Das taten vielmehr die Forderungen der Sieger, die von der kaiserlichen Waffenstillstandskommission unterschrieben wurden und sowieso unentrinnbar waren. Wie Arthur Rosenberg über Ludendorffs Einsetzung eines parlamentarischen Systems sagte: „Das war das Entscheidende, der 9. November war nur eine Dekoration“[173]. Aber Nationalgesinnte, die Revolution mit der Niederlage verwechselnd, stellten sie als einen Deutschland von antinationalen Kräften versetzten Todesstoß hin. In den Hirnen von Extremisten wurden die Revolutionäre um so leichter auf Juden und deren Handlanger reduziert, als sich ein internationales Volk noch besser für die Rolle des äußeren Feindes eignete als eine internationale Partei. In dem psychologischen Gerangel, der Niederlage zu entrinnen, verdoppelten dazu die Juden ihrerseits oft noch ihren angeborenen Internationalismus.

Die Niederlage durchdrang dieses Gerangel auf der extremen Linken wie anderswo. Der von den Berliner Spartakisten überstürzte Versuch einer Machtergreifung im Januar 1919 hätte Deutschland an die Spitze der von den Bolschewiken begonnenen Revolution gesetzt (was Lenin für eine Voraussetzung ihres Erfolges hielt) und damit die Vorherrschaft über Osteuropa in neuer Form wiedergewonnen, die Deutschland 1917–1918 mittels eben dieser Bolschewiken errungen hatte. Die leninistische Revolution scheiterte grausam in Deutschland, lange bevor sie die große Anhängerschaft gewann, die jenseits der beiden Seiten der Weimarer Koalition Schläge und Mitglieder mit den Nazis tauschte. Die Bemühungen dieser eingeengten Koalition, die deutsche Nachkriegssituation zu normalisieren, gipfelten in dem Ende 1925 in Locarno zwischen Deutschland und den europäischen Siegermächten geschlossenen Vertrag, in dem Deutschland seine 1918–1919 neugezogene Westgrenze anerkannte. Dafür blieb die Ostgrenze offen. In Locarno tat Deutschland symbolisch das, was nach der „ungeheuren Machterweiterung nach Osten" 1917–1918 „außerordentlich nahegelegen" hätte, wie ein demokratisches Mitglied des Reichstagsausschusses im selben Jahr festgestellt hatte[174]. Hitler hatte gerade angefangen, eine in der gleichen Richtung viel weitergehende Korrektur eben jener Unterlassung vorzuschlagen.

IV. Zweispurig

> Es sind neue und phantastische Träume aufgetaucht, in denen beständig Barbarossa vorkommt, der mit seinem zweischneidigen Schwert aus seinem Schlaf im Berg erwacht, um Deutschlands Feinde in die Flucht zu schlagen.
>
> Truman Smith im November 1922[1]

> Es kehret alles wieder,
> Und was geschehen soll,
> Ist schon vollendet.
>
> Friedrich Hölderlin

Die beiden politischen Bahnen Hitlers nahmen ihren Ausgang von seiner in Pasewalk halluzinierten Mission. Sie liefen nach Auschwitz bzw. Stalingrad. Seine Hauptbahn, die er zuerst einschlug, führte nach Auschwitz. Ihretwegen entwickelte er auch die andere, die „deutsche", und fuhr auf ihr am weitesten, als wäre *sie* seine Hauptlinie.

Sein halluzinierter Auftrag lautete, Deutschland durch Rückgängigmachen und Umkehren der Niederlage von 1918 auferstehen zu lassen. Die erste geplante Maßnahme war – wie er sich ausdrückte – die Entfernung des jüdischen Krebses und die Vergiftung des jüdischen Gifts. Der verborgene Sinn dieser Maßnahme war das Ungeschehenmachen und Umkehren des Todes der Mutter – des Endes einer toxischen Behandlung, zu der er ihren jüdischen Arzt 1907 aufgefordert hatte, nachdem die Operation einen sich von der Brust ausbreitenden Krebs nicht hatte aufhalten können. Seine Mission, eine vollendete Tatsache ungeschehen zu machen und umzukehren, war von Anfang an unrealistisch. Unrealistisch war auch jene erste Maßnahme, die sich um eine Verschiebung der Schuld an der Niederlage von 1918 entsprechend seiner Verschiebung der Schuld am Tod der Mutter drehte. Aber im tiefsten Innern täuschte er sich nie. Die Entfernung des jüdischen Krebses und die Vergiftung des jüdischen Gifts würden – in seinem unbewußten Bezugsrahmen – praktisch auf eine Wiederholung und nicht auf eine Korrektur seiner traumatischen Erfahrung von 1907 hinauslaufen. Ein innerer Zwang, diese Erfahrung zu wiederholen, war eine irdische Quelle des von ihm empfangenen überirdischen Auftrags.

Dieser Auftrag diente ihm später auch dazu, das entsprechende Bedürfnis Deutschlands – das kaschierte Nachvollziehen der traumatischen Ereignisse von 1914–1918 – zu befriedigen. Seine erste politische Botschaft war aber mehr auf ein vorangehendes deutsches Bedürfnis für unbewußtes Leugnen abgestimmt, weil sie die Schuld an der Niederlage für Deutsche gehaltenen Nicht-Deutschen zuschob. Diese Beschuldigung der Juden kam von ihm und brachte ihn in die Politik. Er fühlte sie nicht aus seinen Zuhörermassen heraus, obgleich er sie ihnen fortwährend anpaßte. Und er blieb selbst dann noch dabei, als er von seinen Zuhörermassen 1921–1922 bereits eine neue Politik bezogen hatte, die dem nationalen Bedürfnis zum Nachvollziehen entgegenkam. Er ging, kurz gesagt, auf eigene Rechnung übereinstimmend mit seiner Mission auf das Judentum los. Es war die gleiche Übereinstimmung wie damals, als er sich an der Brust seiner Mutter gesättigt und übersättigt hatte, während er ihre Bemühungen unterstützte, den traumatischen Verlust ihrer drei vor seiner Geburt gestorbenen Kinder zu absorbieren[2]. Der stumme Befehl seiner stillenden Mutter, ihr über ihren Verlust hinwegzuhelfen und ihr dann noch einmal durch ihn hindurchzuhelfen, war das Original seiner Mission. Die spezifischen Bedingungen dieses Auftrags – Deutschlands Niederlage ungeschehen zu machen und umzukehren – deckten sich zwar mit seinem traumatischen Anliegen, doch nicht mit ihrem[3]. Aber die Vorsehung, die ihm diese Mission übertrug, war offensichtlich seine ihn pflegende Mutter: die von ihm autorisierte Version läßt ihn den Auftrag sogar in den Armen einer mütterlichen Krankenpflegerin bekommen[4]. Und der Auftrag ließ den Weg zu einem zweiten Erfüllungsmodus zu, der zu seinem Erleben der stillenden und nicht der sterbenden Mutter paßte.

Dieser Modus war seine Kriegspolitik, vermittelt durch seine Botschaft an Deutschland, mehr Nährboden für mehr Nachkommen zu gewinnen. Er spürte Deutschlands traumatische Ziele und diente ihnen mit dieser Politik, um sie auf seine eigenen traumatischen Ziele hinzutrimmen, ähnlich wie er es für sich benutzt hatte, von seiner stillenden Mutter für ihr traumatisches Nachvollziehen benutzt zu werden. Seine beherrschende Motivation gegenüber Deutschland war die des traumatisierten Sohnes, nicht die des saugenden Lieblings: Seine Judenpolitik kam an erster Stelle. Sein Stillkomplex lag jedoch seinem Nutzen für Deutschland zugrunde, der in seiner Kriegspolitik begründet war; und seine Judenpolitik konnte er nur dann durchsetzen, wenn er seine Kriegspolitik durchsetzen konnte. So gab er der deutschen Politik von der Festung Landsberg bis zum Berliner Bunker – fast vom Anfang bis fast zum Ende – höchste Werbewirkung. Und er formulierte sie ausschließlich nach den traumatischen Bedürfnissen der Deutschen, selbst wenn seine Säuglingslibido ihr nebst der speziellen Rhetorik eine persönliche Triebkraft verlieh.

In Hitlers Antisemitismus entlud sich also sein traumatischer Drang, der demjenigen Deutschlands angepaßt wurde, in seinen Expansionismus Deutschlands traumatischer Drang, der mit seiner Säuglingslibido getränkt war. Die beiden Politiken zugrunde liegenden Prämissen – Deutschlands jüdischer Krebs und jüdisches Gift einerseits, der 1917–1918 von Deutschland eroberte und wieder verlorene Nährboden andererseits – waren so verschieden wie die Triebkräfte dahinter. Er koordinierte die beiden allmählich in der Theorie und später auch in der Praxis. Psychologisch aber blieben sie ziemlich getrennt: Nur wenige Säuglingsmotive gelangten in seine Judenpolitik, nur wenige 1907-Motive in sein Weltmachtprogramm[5]. Und doch führte er die Koordinierung eher für sich selbst als für sein Publikum durch, denn er hielt ihre Kulminationspunkte geheim: sein Buch von 1928 und später den Parallelismus zwischen Barbarossa und Endlösung. In der Praxis ergänzte sein programmierter Fehlgriff nach der Weltmacht seine Absichten mit den Juden und Deutschland bereits vor jedweder Koordinierung. Nur unter Kriegsbedingungen konnten Deutschlands Juden abtransportiert und liquidiert werden. Die Verfolgung der Juden außerhalb Deutschlands setzte militärische Aktionen außerhalb Deutschlands voraus. Und Mutter Deutschland konnte nur durch eine neue, bis zum bitteren Ende getriebene Niederlage vernichtet werden, wie sie *Mein Kampf* bereits vorsah: „Deutschland wird entweder Weltmacht oder überhaupt nicht sein"[6]. Er hätte zumindest den Zusammenfluß seiner beiden Kurse in Richtung Moskau publik machen können, hielt jedoch seine Seite des Moskauer Laufs bis zum Barbarossa-Befehl geheim. Um seine beiden Kurse theoretisch zu koordinieren, brauchte er auf jeden Fall nicht nur einen Zusammenfluß, sondern eine doktrinäre Quelle, der sie gemeinsam entfließen würden.

Er wollte eine solche einheitliche Doktrin entwickeln, bevor er jenen zweiten Kurs während seiner Putschhaft absteckte – womöglich schon ehe er sie Ende Dezember 1922 gegenüber Cunos Vertrautem privat andeutete, in den siebzehn Monaten also, die er brauchte, um den Nährboden, den Deutschland in Brest-Litowsk gewonnen und in Compiègne verloren hatte, in die Zukunft zu projizieren[7]. Diese Suche nach einer einheitlichen Doktrin ist aus seinem Entwurf für ein ungeschriebenes Werk mit dem Titel „I. Band *Die germanische Revolution*" herauszulesen[8]. Der Entwurf geht zweifellos dem Putsch und *Mein Kampf* voraus, wie sich noch herausstellen wird. Er kann nicht vor August 1920 entstanden sein, als die Naziflagge, die Hitlers Entwurf für ein Titelbild beherrschte, geschaffen wurde[9]. Außerdem entfernt er sich begrifflich zu weit von seiner als Manuskript erhaltenen Rede über die Juden vom 13. August 1920 (die das neue Emblem erwähnt[10]), um aus demselben Zeitraum zu stammen. Diese Rede stellte die Arier als einzige Staatengründer der Geschichte hin und die Juden als Nomaden von alters her, deren Eigenschaften das Gegenteil von Arbeitssinn, Rassenreinheit und Kunstfertigkeit seien, die eine Staatsgründung erfordere (als Gegenteil von „Rassenreinheit" nannte er „Inzucht")[11]. Der Entwurf stellte dieselben ewigen

Widersacher auf: „Der Jude Der Arier“ und „Deutschland Ein Antipode der Juden“[12] und abermals „2 Rassen. Arier : Jude.“ Nur in der Anmerkung: „2 Menschenarten – Schaffende und Drohnen – Erbauer u. Zerstörer – Gotteskinder und Menschen“ wurde die Antithese präzisiert. (Außer dem letzten rätselhaften Gegensatzpaar alles Hitlersche Standardepitheta für Arier und Juden.) Nomadentum und Kunstfertigkeit fehlten – was für Nomadentum bezeichnender ist, denn spätestens 1924 fand Hitler heraus, daß nicht der Jude, sondern der Arier ein Nomade gewesen war in der Bedeutung von Arbeiter, der seinen Lebensraum mit sich herumträgt[13]. Der Akzent lag jedoch auf der Rassenreinheit. „Rassengrundgesetz... Erste Völkergeschichte unter klarer Verständlichmachung des (Zugrundelegung des) Rassengesetzes... Rassenreinheit Höchstes Grundgesetz.“ Und diesmal verkörperten die Juden die Rassenreinheit und gewannen den Ariern eindeutig den Vorteil ab. „Bibel : Erbsünde – Eine entsetzliche Tatsache – Ihre Folgen Unglück für immer Die Bibel lehrt 2. Tatsachen : I.) Alle Völker der Bibel (kleinasiatisch-mesopotamisch-palästinensisch-ägyptischer Kulturbereich) sind an ihr (Das h. Rassenmischung) zugrunde gegangen Ein Volk nicht: Die Juden. Warum? Rassenreinheit. Nicht Kriege vernichten Rassen nur die Erbsünde – Die Blutvergiftung allein[14] II. Alle Völker hatten eigene Staaten – Ein Volk nicht Die Juden. Also: Die anderen Völker (Arier) hatten eigene ‚Staaten‘ und konnten sich nicht erhalten Der Jude hatte keinen eigenen Staat und erhält sich dennoch. Nur auf den ersten Blick unfaßbar – warum?“[15]. Die Frage blieb in der Luft hängen.

In *„Die germanische Revolution“* suchte Hitler nach historischen Gesetzen, die für die Juden ebenso wie für die übrige Menschheit gelten und ständigen Kampf zwischen den Völkern aufzeigen sollten, Gesetze, aus denen sich Antisemitismus und sein Expansionismus als doppelte Notwendigkeit ergeben würden. Bis zu seiner Rede „Arbeiter und Friedensverträge“ (Schwesterrede zu der vom 31. März 1921 über „Grund und Boden“) lauteten aber seine einzigen Verallgemeinerungen über das menschliche Geschick, daß Recht ohne Macht wertlos[16] und daß menschliche Solidarität gegen die Natur sei[17]: keine dieser Thesen bot Deutschland ausreichenden Grund für die Entfernung der Juden und die Eroberung von Land. Und bis zu der genannten Rede schloß er die Juden ein einziges Mal in ein universelles Lebensgesetz ein, und auch das nur konzessiv und partiell, als er am 13. August 1920 über den Juden im Mittelalter bemerkte: „Auch er hatte allmählich einen Existenzkampf zu führen gegen die immer mehr erwachenden und unmutig werdenden Völker“[18]. (Er hatte erst ein paar Wochen vorher angefangen, die Begriffe „Selbstunterhaltungstrieb“ und „Kampf um seine Existenz“ zu gebrauchen[19].) In der Rede „Arbeiter und Friedensverträge“ nahm er dieses darwinistische Konzept auf für einen ersten, falschen Start in derselben theoretischen Richtung wie *„Die germanische Revolution“*. In seinen Anmerkungen für die Rede steht: „Der Kampf um die eigene Existenz ist berechtigt. Existenz des einzelnen aber zwingt zu politischer Macht der Nation[20]. Er stellte das Individuum also vor die Nation, was seinem Begriff von Völkern als Substanz der Geschichte zuwiderlief[21]. Er muß in Handbüchern für politische Theorie nach einem Ausgangspunkt herumgesucht haben. *„Die germanische Revolution“* bedeutet einen Fortschritt in Richtung auf eine Verschmelzung von individuellem und nationalem Zwang: „Die Natur ist unerbittlich gerade, das heißt: Sieg des Stärkeren weil ihm zufolge seiner Kraft oder seines Willens mehr Rechte auf den Sieg zukommen. Vorrecht der Kraft als Grundlage der gesamten Natur Vorraussetzung zum Bestand der Welt. Der geniale die Natur erkennende Mensch sucht nicht diese Grundlage, die auch die Ursache seiner eigenen Vorstellung auf dieser Welt ist zu verlassen, sondern stellt auch sein Handeln in den Rahmen dieses Gesetztes [*sic*].“ Im übrigen ist in diesem Entwurf für eine „monumentale Geschichte der Menschheit“ nur von Rassen, Völkern und Nationen die Rede (für Hitler austauschbare Begriffe).

Die wenigen Texte Hitlers, die mit bestimmten Abschnitten der *„Germanischen Revolution“* in Zusammenhang stehen und vor dem Putsch entstanden, stammen alle aus dem Beginn des Jahres 1923. An jenem 3. Januar bezeichnete er seine Partei als „Trägerin einer deutschen germanischen Revolution“ – ein verbales Äquivalent für seinen Titelbildentwurf[22]. Einige Worte weiter nahm er seine schließliche Vereinigung seines Drangs gegen die Juden mit seinem Drang nach Weltmacht vorweg: „Wenn dereinst am deutschen Wesen die Welt genesen soll, so kann das nur den Sinn haben: Deutschland muß und wird im Kampf gegen den Golddrachen Juda der Sieger sein." Am 13. April wiederholte er seine alte Meinung, in der Weltgeschichte wie anderswo entscheide die Macht über das Recht, und fügte hinzu: „Die ganze Natur ist ein gewaltiges Ringen zwischen Kraft und Schwäche, ein ewiger Sieg des Starken über den Schwachen. Fäulnis wäre die ganze Natur, wenn es anders wäre. Zur Fäulnis werden die Staaten, die gegen dieses Elementargesetz sündigen" – ein Hieb gegen die Weimarer Republik[23]. Innerhalb einer Stunde nannte er außerdem das Judentum eine „Rasse, die im Grunde allen Nationalstaaten todfeindlich gesinnt ist!"[24]. Hierher etwa gehört chronologisch *„Die germanische Revolution"* in Hitlers Schritt zu dem theoretischen Schema, das er nach dem Putsch entwickelte und 1928 vollendete. Am nächstfolgenden 3. Mai wiederholte er einen alten Schritt auf das Schema zu, indem er das Judentum als Bedrohung für alle Völker zugleich hinstellte. Er drängte auf Emanzipation von Juda und erklärte: „Denn das ist letzten Endes die Frage der Wiedergenesung der Völker"[25].

In der fertigen logischen Grundlage seiner Politik spielten nur noch Völker eine Rolle: Was für eine Nation gut war, war für jeden ihrer Angehörigen gut. Diese in *Mein Kampf* ausgearbeitete Grundlage verfeinerte Hitler in seinem unvollendeten Buch von 1928, das er anschließend für den Rest seiner Tage in ein Safe schließen ließ[26]. Sie lautet etwa folgendermaßen: Die Geschichte ist ein dauernder Kampf der Völker um Nährboden. Ein Volk kann nur auf Kosten eines anderen wachsen. Will es andere nicht zur Beute machen, dann stagniert es und fällt den anderen zur Beute. Nur die Juden leben nicht von eigenem Land; sie leben vielmehr von anderen Völkern, entkräften sie zunehmend und gefährden dadurch die gesamte Menschheit, sie selbst eingeschlossen. Juden zu töten und Land zu erobern, ist demnach eine doppelte Pflicht. Unklar war, warum ein Volk seine Juden töten sollte, wo ihm doch ihre Vertreibung in andere Länder die Expansion erleichtern würde. Und Hitler mißachtete sein eigenes Schema mit der Welteroberung, die er Deutschland zugedacht hatte („Schließlich wird das tüchtigste Volk die Erde beherrschen“[27]): Damit würde die Geschichte zum Stillstand kommen. Ins Schema paßten aber unversehrt seine demographischen Prämissen vom 31. Mai 1921 für Deutschlands Ostexpansion sowie alle seine alten Vorwürfe gegen die Juden mit Ausnahme des Nomadentums. Es war somit ziemlich konsequent.

In dieser theoretischen Perspektive zeichnete sich die Politik als fortwährender Kampf um die Anpassung des Staatsgebiets an die Bevölkerungszahl in einer globalen Mangelwirtschaft ab. Staatskunst war dementsprechend die Kunst, den Lebenskampf eines Volkes zu führen[28] – die Erfüllung jener „erhabensten Mission, nämlich die Mutter alles Lebens zu beschirmen und zu beschützen“[29]. Diese Formulierung verrät den eigentlichen Sinn der Hitlerschen Synthese. Das Judentum macht die Völker unfähig für ihren Lebenskampf um die Expansion: das war die Verallgemeinerung seiner Version der deutschen Erfahrung im Ersten Weltkrieg. Die Verallgemeinerung war mit seiner traumatischen Wut von 1907 geladen, bis auf „um die Expansion“: diese war die traumatische Eingabe Deutschlands. Unter der Querverbindung seiner beiden politischen Bahnen, die sie im Gleichgewicht hielt, gab er dem eigenen Trauma und damit dem antisemitischen Kurs das Übergewicht. Doch war die Verbindung sauber ausgearbeitet, komplett mit einer neuen, perfektionierten Trias antithetischer Eigenschaften, die den Arier dem Juden gegenüberstellte: das nationale Rückgrat und Gefühl des Ariers, seine Führer- und Gefolgschaftsqualitäten und sein „gesunder natürlicher Selbsterhaltungstrieb“ im Gegensatz zum jüdischen Internationalismus, Egalitarismus und Pazifismus[30]. Was den dritten Punkt betraf, so landeten die Juden wieder dort, wo sie 1920 angetreten waren, nicht ganz innerhalb und nicht ganz außerhalb vom universalen Lebensgesetz – dem Gesetz des Dschungels, das Hitler ratifizierte.

Die dreifache Antithese zwischen dem Juden und dem Arier ging auch in Hitlers Reden der späten zwanziger Jahre ein. Sie lief auf eine Vereinigung seiner jüdischen und expansionistischen Politik mit dem Argument hinaus, die Entfernung des Juden würde die nationale Einheit wiederherstellen und dadurch die deutsche Expansion gewährleisten[31]. Er trug die Antithese sogar in seine Rhetorik der dreißiger Jahre mitsamt der Mittel-Zweck-Vereinigung seines Antisemitismus und Expansionismus; nur ersetzte er dabei das Judentum durch dessen Instrumente, gewöhnlich den Marxismus oder die Demokratie[32]. Die Antithese intensivierte die Mittel-Zweck-Beziehung, deren Bindeglied die germanische Kraft war[33]. Beide paßten zu der militärischen Stimmung, die um 1930 über Deutschland kam[34]. Insofern aber der Ruf, das Judentum um Deutschlands Expansion willen oder, in der Variante der frühen dreißiger Jahre, das System und den Geist von Weimar um der militärischen Bereitschaft Deutschlands willen auszurotten, von Hitler kam, war er doppelt irreführend, denn er beschränkte die Ausrottung auf Deutschland und stellte das militärisch-expansionistische Ziel als entscheidend für beide dar. In einer als Broschüre veröffentlichten Rede vom Januar 1932 ließ Hitler die drei arischen Tugenden als typische Naziwerte figurieren, die den gegnerischen Untugenden bei einem Entscheidungskampf um die Kontrolle Deutschlands entgegenstünden. Für den „unerbittlichen Entschluß" der Nationalsozialisten, „den Marxismus bis zur letzten Wurzel in Deutschland auszurotten", gab er einen einzigen, beharrlichen Grund an: „Mit dem heutigen Volkskörper kann man keine praktische Außenpolitik mehr treiben... Wesentlich ist die politische Willensbildung der gesamten Nation, sie ist der Ausgangspunkt für politische Aktionen [im Ausland]"[35]. Am 4. Dezember 1932 nannte er einem Offizier der Reichswehr die ersten Maßnahmen, die notwendig seien, um Deutschland zu solchen politischen Aktionen zu befähigen: „1. Überwindung des Marxismus und seiner Folgeerscheinungen bis zu ihrer vollständigen Ausrottung. Herstellung einer neuen geistigen und willensmäßigen Einheit des Volkes. 2. Allgemeine seelische, sittliche und moralische Aufrüstung der Nation auf dem Boden dieser neuen weltanschaulichen Einheit. 3. Technische Aufrüstung. 4. Organisatorische Erfassung der Volkskraft für den

Zweck der Landesverteidigung. 5. Erreichung der rechtlichen Anerkennung des bereits herbeigeführten, neuen Zustandes durch die übrige Welt"[36]. Vier Tage nach seiner Amtsübernahme erweiterte er diese kurze Liste in einem Gespräch mit Deutschlands höchsten Militärs (wie einer der anwesenden Generäle notierte): „Ziel der Gesamtpolitik allein: Wiedergewinnung der politischen Macht. ... Im Innern. Völlige Umkehrung der gegenwärt. innenpol. Zustände in D. Keine Duldung der Betätigung irgendeiner Gesinnung, die dem Ziel entgegensteht (Pazifismus!). Wer sich nicht bekehren läßt, muß gebeugt werden. Ausrottung des Marxismus mit Stumpf und Stiel. Einstellung der Jugend u. des ganzen Volkes auf den Gedanken, daß nur d. Kampf uns retten kann u. diesem Gedanken gegenüber alles zurückzutreten hat. (Verwirklicht in d. Millionen d. Nazi-Beweg. Sie wird wachsen.) Ertüchtigung der Jugend u. Stärkung des Wehrwillens mit allen Mitteln. Todesstrafe für Landes- u. Volksverrat. Straffste autoritäre Staatsführung. Beseitigung des Krebsschadens der Demokratie! ... Aufbau der Wehrmacht wichtigste Voraussetzung für Erreichung des Zieles: Wiedererringung der pol. Macht." Sobald dieses Ziel erreicht sei, schloß Hitler, werde die Expansion beginnen[37]. Die vorgeschlagene Ausrottung war zwar von den Juden weg auf deren institutionelle und intellektuelle Missetaten übertragen, beschränkte sich aber nichtsdestoweniger auf Deutschland als erster Schritt auf dem Weg zu einem neuen Spiel um die Macht. Hitler handelte alsbald seinem eigenen Vorschlag gemäß, von der „Umkehrung der gegenwärtigen innenpolitischen Zustände in Deutschland" an bis zur Aufrüstung für die deutsche Expansion. Und das Judentum wurde nicht vorher ausgelöscht, sondern zwischenzeitlich aussortiert. Die Militärs selbst wurden insgesamt und zunehmend getäuscht, und zwar bis zum entscheidenden Augenblick. „In der Vorbereitung und während der Anfangsphase der Realisierung des Angriffs gegen die Sowjetunion 1941... erreichte die Kooperation zwischen Hitler und der militärischen Führung ein Höchstmaß an Übereinstimmung. Von dem vermeintlichen Konsens in den Zielen zwischen ihnen und Hitler ausgehend, hatten die meisten höheren

Offiziere nicht erfaßt, daß der Militarismus... nur eine dienende Funktion im Rahmen der die Gesamtpolitik bestimmenden radikalen universal-antisemitischen Rassendoktrin einnahm, die nun, 1941, in vollem Ausmaß in die Realität umgesetzt werden sollte"[38]. Das war innerhalb und außerhalb der Armee um so schwerer zu begreifen, als Hitler seine Prioritäten vorher nicht bekanntgab. Eine die Regel bestätigende Ausnahme wurde für den italienischen Botschafter gemacht, dem ein zorniger Hitler am 21. März 1933 als Reaktion auf Mussolinis Einwände gegen einen bevorstehenden Boykott jüdischer Firmen erklärte: „Ich weiß nicht, ob man meinen Namen in zwei- oder dreihundert Jahren für all das hochhalten wird, was ich leidenschaftlich für mein Volk zu tun hoffe, aber eines weiß ich mit absoluter Gewißheit: daß man in fünf- oder sechshundert Jahren überall den Namen dessen preisen wird, der die Welt ein für allemal von der jüdischen Pest befreit haben wird"[39].

Indem sie die Vernichtung des Judentums als weltweite, mit dem Kampf um Nährboden einhergehende Notwendigkeit herausstellte, war Hitlers geheime Logik von 1928 ehrlicher gewesen, als seine oratorische Mittel-Zweck-Verbindung beider. Diese Verbindung setzte jedoch das Mittel zeitlich an die erste Stelle, und das war mehr als bloßer Vorrang, da das Mittel falsch war. Trotz allem Hitlerschen Gerede konnte auf gar keinen Fall damit gerechnet werden, daß die Entfernung der Juden zur Eroberung von Land führen würde. Solches Gerede glich einer unausgesprochenen Versicherung über sein expansionistisches Programm an sich hinaus – und jenseits seiner Person, die in Deutschland zuerst durch sein Putschfiasko bekannt wurde, – daß man den Zweck nicht erreichen würde, wenn man ihm die Mittel überließ. Daß er anstelle des Judentums nur dessen Werkzeuge (Demokratie, Marxismus) als auszurottendes nationales Übel bezeichnete, besagte nur – abermals unausgesprochen –, das Judentum selbst werde erst später ausgerottet. Diese Terminverschiebung war berechnet. Da das Judentum nicht am deutschen Kriegstrauma beteiligt war, konnte Hitler beides unter der bloßen verbalen Schicht nur für einige wenige Deutsche miteinander verbinden[40]. Praktisch gab er diese Versuche nach 1928 auf, als sein politischer Stern anstieg. Statt dessen wurde das Ende der Spaltungen unter den Deutschen sein Deckthema zugleich für (seine) Entfernung des spalterischen Juden und für (ihren) Zusammenschluß zwecks Eroberung von Lebensraum[41]. Denn der Kampf – so versicherte Hitler – galt dem „deutschen Menschen, den wir wieder zusammenfügen wollen und werden zu einer unzertrennlichen Schicksalsgemeinschaft"[42]. Dies war Hitlers verkapselter Aufruf zum Massenwahn, der sich als unwiderstehlich erwies.

Die aufgeschobene Tötung der europäischen Juden sollte nunmehr mit der Invasion Rußlands beginnen[43]. Diese Synchronisierung bildete sich vor, als Hitler den Befehl zur Euthanasieaktion, Vorläuferin der Endlösung, auf den Beginn der Invasion Polens, Vorläuferin des Unternehmens Barbarossa, vordatierte[44]. Sie bildete sich wiederholt zurück, als Hitler ab 1942 wiederholt an seine düstere Todesprophezeiung für Europas Juden erinnerte und sie jedesmal auf den Beginn des Polenkriegs zurückdatierte[45]. Der Polenkrieg brachte praktisch das Ende der Judenvertreibung aus Hitlers Kontrollgebiet[46], seinen Befehl, die Juden statt dessen zu den künftigen Tötungszentren[47] zu transportieren, und spezielle Anweisungen von ihm für SS-Grausamkeiten hinter den Kampflinien[48]. Das war noch nicht sein vollständiges rassisch-ideologisches Ausrottungsprogramm, wie auch jener Krieg noch nicht sein seit langem angekündigter Kampf um Lebensraum war. Erst das Unternehmen Barbarossa machte seine Prophezeiung durchführbar, weil es das erforderliche Klima eines Krieges auf Leben und Tod schuf und praktisch ganz Europa unter seine Kontrolle brachte. Unter der Bezeichnung „Sonderaufgaben" übertrug er die ersten umfassenden Judenliquidierungen SS-Kommandos, die in einer Sperrzone hinter den Kampflinien operieren sollten[49]. Diese Barbarossa-Maßnahme blieb von seinen militärischen Befehlshabern unbeachtet, als er ihnen ihrerseits befahl, gefangengenommene kommunistische Beamte in einem ideologischen Vernichtungskrieg zu exekutieren[50]. Bei diesen Barbarossa-Präliminarien, wie schon bei seiner Rhetorik der frühen dreißiger Jahre, versteckte sich der rassische Krieg zur Hälfte hinter dem ideologischen Krieg. Dann und wann kehrte er nach dem Anlaufen des Unternehmens Barbarossa zu jener Rhetorik zurück, so beispielsweise 1944, als er seinem Ohrenarzt erklärte, er habe im Juni 1941 „den Kampf gegen den Moloch Bolschewismus aufgenommen“[51]. Daß ihm an der Tötung von Kommunisten weniger lag als an der Tötung von Juden, verriet er jedoch durch Bemerkungen, die im Oktober 1942 von einem Wehrmachtadjutanten notiert wurden: „Er wisse ja, daß man im Heer die gegebenen Befehle, wie z. B. den ‚Kommissar‘-Befehl, gar nicht oder nur zögernd befolgt habe... Wenn er seine SS nicht hätte, was wäre dann noch alles unterblieben“[52]. Die in die Sowjetunion einfallende Armee schirmte die Tötungsaktion hinter den Linien ab[53]: Hier diente der Landraub wie in Hitlers Rhetorik der späten zwanziger Jahre als Fassade für den Judenmord, nur diesmal buchstäblich. Am 18. Februar 1943, schilderte Goebbels das Arrangement in Umkehrung, während er zum totalen Krieg aufrief: „Hinter den vorstürmenden Sowjetdivisionen sehen wir schon die jüdischen Liquidationskommandos...“[54] Der Kampf schirmte die Judentötungen auch dadurch ab, daß man sie mit Partisanenhinrichtungen unter einen Hut bringen konnte[55]. Außerdem zwang er das Militär, in die andere Richtung zu schauen.

Der Krieg schirmte die Morde nicht weniger ab, nachdem man sie 1942 in die Todeslager verlegt hatte. Die vorbereitenden Deportationen wurden der Wehrmacht mit der Erklärung präsentiert, sie erfolgten in militärischem Interesse. So erklärte Hitler dem deutschen Militärattaché in Budapest im Oktober 1942: „Alle Juden müssen aus dem [tschechischen] Protektorat entfernt werden... Es ist dies augenblicklich nur wegen des großen Bedarfs des Militärs an Transportmitteln nicht durchführbar. Mit den Protektoratsjuden sollen gleichzeitig alle Juden aus Berlin und Wien verschwinden. Die Juden sind überall die Leitung, auf der alle Nachrichten des Feindes mit Windeseile in alle Verästelungen des Volkes dringen“[56]. Aber beginnend im Winter 1943–1944 wies Himmler die Generale und Admirale sowie alle hohen Staatsbeamten und Parteifunktionäre auf die vorrangige Notwendigkeit hin, das Judentum bis zum letzten Säugling auszurotten[57]. Bei einer dieser Gelegenheiten rühmte er besonders Rüstungsminister Albert Speer, der sich diesem höheren Interesse gefügt habe, obgleich er die restlichen jüdischen Arbeitskräfte dringend benötigt hätte[58]. Die Todesfabriken zogen aber außer den jüdischen Arbeitern noch andere lebenswichtige Ressourcen, vor allem Transportmittel, von Kriegszwecken ab und beschleunigten damit die Katastrophe, die Hitler seit langem am Ende seiner eigenen wie auch der deutschen traumatischen Bahn vorausgesehen hatte[59].

So zeigte sich Hitlers Expansionismus in dem Augenblick als Werkzeug seines Antisemitismus, in dem beide zugleich in volle Aktion traten[60]: Seine rhetorische Umkehrung von Mittel und Zweck wurde in der Praxis richtiggestellt. Scheinbar blieb die Vergrößerung der deutschen Macht jedoch die ganze Zeit das Ziel, das Hitler mit der Ausschaltung des jüdischen Einflusses auf Deutschland und dann mit der Ausschaltung des Judentums selbst verfolgte. So oder so liefen die beiden Gleise in seiner psychischen Landschaft in weiter Entfernung voneinander. Auf dem jüdischen Gleis galt das Axiom, daß die Juden einen neuen Weltkrieg verursachen würden und es dann auch taten. Aber auf dem deutschen Gleis war dieser Krieg ausdrücklich, sogar demonstrativ der seine. Sein Krieg war es vor allem bei seinen Lagebesprechungen mit politischen und militärischen Mitarbeitern. Kaum hatte er am 30. Januar 1939 prophezeit, ein neuer, von den Juden entfesselter Krieg würde das Ende des Judentums in Europa bedeuten[61], als er vor Befehlshabern der Wehrmacht erklärte, er müsse bald Krieg führen, weil er alt werde und die „anderen" aufrüsten[62]. Hier diente sein Antisemitismus einmal als Fassade für seinen Expansionismus.

Hitler warf sein altes Mittel-Zweck-Rezept nicht über Bord, als er das Unternehmen Barbarossa in Gang setzte. Trotzdem signalisierte das Unternehmen ein Übergewicht des ideologischen Stils, bis dahin rezessiv, über seinen machtpolitischen Stil, vorher dominierend[63]. Auf dem deutschen Kurs war sein Stil immer machiavellistisch und im eigenen rassischen Kurs fanatisch[64]. Zugegeben, vor 1941 gab er seiner rassistischen Politik einen Anstrich von durch Schlauheit unterstütztem Pragmatismus. Am 29. April 1937 rechtfertigte er vor NS-Gauleitern eine taktische Verlangsamung seiner Schritte gegen die Juden: „Ich will ja nicht gleich einen Gegner mit Gewalt zum Kampf fordern, ich sage nicht: ‚Kampf', weil ich kämpfen will, sondern ich sage: ‚Ich will dich vernichten! Und jetzt *Klugheit, hilf mir, dich so in die Ecke hineinzumanövrieren, daß du zu keinem Stoß kommst, und dann kriegst du den Stoß ins Herz hinein.*' Das ist es!" Doch dieser machiavellistische Wortschwall brach in einem aufschlußreichen Crescendo der Wut aus ihm hervor[65]. Der Umschwung seines dominierenden Stils vom Machiavellismus zum Fanatismus, der zu Beginn seines eigentlichen Kriegs im Frühjahr 1941 eintrat, wurde übrigens in einem Abschnitt von *Mein Kampf* antizipiert, in dem es um die Arbeiter ging, die dem Marxismus in den Augusttagen 1914 um der nationalen Sache willen abgeschworen hatten: „Nun wäre aber der Zeitpunkt gekommen gewesen, gegen die ganze betrügerische Genossenschaft dieser jüdischen Volksvergifter vorzugehen. Jetzt mußte ihnen kurzerhand der Prozeß gemacht werden, ohne die geringste Rücksicht auf etwa einsetzendes Geschrei oder Gejammer... Man mußte rücksichtslos die gesamten militärischen Machtmittel einsetzen zur Ausrottung dieser Pestilenz"[66]. Schon in jener umgedrehten Prophezeiung beginnt die Endaktion gegen die Juden pünktlich mit Deutschlands Existenzkampf. Und der Fanatismus („ohne die geringste Rücksicht...") gewinnt die Oberhand, indem diese Aktion absolute Priorität über den militärischen Kampf fordert, der sie deckt („die gesamten militärischen Machtmittel..."). Scheinbar ist sie diesem förderlich, doch bei näherem Hinsehen ist sie ihm hinderlich (wiederum: „ohne die geringste Rücksicht... die gesamten militärischen Machtmittel...").

Mit diesem Umschwung in Hitlers vorherrschendem Stil änderte sich auch der Stil seiner Staatsführung, während die bisher normalisierten Autoritätskanäle nun von willkürlichen Herrschaftsinstrumenten unterbrochen wurden[67]. Seine auf einem persönlichen Befehl und nicht etwa auf einem Gesetz basierende Euthanasieaktion war auch in dieser Beziehung ein symbolisches

Vorzeichen[68]. Seine persönlichen Befehle lagen eher auf der rassisch-ideologischen als auf der machtpolitischen Linie. In der Praxis – wie früher in der Theorie – verband er die beiden Linien, ohne sie jemals zusammenzuschließen. Als seine beherrschende antisemitische Eingabe in das Unternehmen Barbarossa bei seinen militärischen Besprechungen im März 1941 als Antibolschewismus verkleidet ans Licht kam, kam sie außerhalb des Tätigkeitsgebiets der Militärs. „Die Aufgaben sind so schwierig, daß man sie nicht dem Heere zumuten kann", war die erste Erwähnung Hitlers an die Armee über die kommenden „Sonderaufgaben" der SS[69]. Und als der Oberbefehlshaber des Heeres trotzdem eine militärische Verwaltung der zu erobernden Gebiete vorschlug, bezog er von Hitler verbale Prügel, die darauf hinausliefen, daß „das Heer von Politik nichts versteht"[70]. Die Generale fanden sich mit den Aktionen hinter den Linien ab; einige rechtfertigten sie gegenüber ihren Truppen in Hitlerscher Diktion; einige kooperierten sogar mit der SS, indem sie Partisanen und Juden gemeinsam zur Exekution zusammentreiben ließen[71]. Hitler betrieb sein Rassenunternehmen aber nie als Geschäft der Militärs. Mit Heydrich und Himmler hatte er von Anfang an die Sprache des Rassenkampfes, der Rassenverseuchung und der Rassenvernichtung gebraucht; vor Generalen und in der Regel auch vor Ministern, Beamten, Funktionären und ausländischen Politikern war er bis zuletzt der berechnende, wenn auch allerdings sich zunehmend verrechnende Realpolitiker. Nur selten brachte er beide Anliegen im selben Kreis vor und dann gewöhnlich eins nach dem anderen, deutlich voneinander getrennt[72]. Die doktrinäre Integration seiner beiden Moskau-Ansätze hatte seine lange Verschwiegenheit in bezug auf beide nicht überlebt. So bemerkte er bei einer Militärkonferenz hinsichtlich einer Kontroverse über die Besatzungspolitik zwischen Alfred Rosenberg, Reichsminister für die okkupierten Ostgebiete, und dem Reichskommissar Erich Koch, also dem Ideologen und dem Machtpolitiker: „Die Weltanschauungsfragen und die ordinären Tagesfragen sind... nicht so leicht auf einen Nenner zu bringen"[73]. Mit Rücksicht auf die Generale wurden hier bereits die Akzente durch seine etwas ironische Ausdruckssweise zugunsten der Machtpolitik verschoben. Dies wurden sie noch viel mehr in seinem folgenden Bericht darüber, wie Rosenberg gegen Koch den kürzeren zog, der aufs Genaueste die Fiktion vom jüdischen Parasitentum und die Konterproduktivität der Endlösung enthüllte: „Er [Koch] sagte: Ich verliere hier 500 000 Juden", erzählte Hitler. „Ich muß sie wegnehmen, weil die Juden das Element des Aufruhrs sind. Nun sind aber in seinem Gebiet die Juden tatsächlich die ganzen Handwerker gewesen"[74]. Bei politischen Essen konnte Hitler seine Doktrinen genausogut beiseiteschieben, wie er es am 24. September 1941 mit folgender Bemerkung tat: „Stalin ist einer der größten lebenden Menschen, da es ihm, allerdings auch nur durch härtesten Zwang, gelungen sei, aus dieser slawischen Kaninchenfamilie einen Staat zu schmieden. Er habe sich dazu zwangsläufig der Juden bedienen müssen, da die dünne europäisierte Schicht, die bisher den Staat getragen hat, ausgerottet war, und aus dem eigentlichen Russentum diese Kräfte nie nachwachsen werden"[75]. Das war ein kurzer Abstecher vom Bolschewismus als den Volkskörper zersetzender Judenherrschaft.

Das Übergewicht, das Hitlers Rassenpolitik mit Beginn von Barbarossa über seine Machtpolitik bekam, spiegelte sich im Hochkommen der SS über die anderen Regierungsstellen, die übrige Partei und die Streitkräfte[76]. Vor 1941 war deutsche Macht, letztlich die militärische Schlagkraft, die Daseinsberechtigung des NS-Staats, die Richtung seiner Dynamik, die rationelle Grundlage von Hitlers unrationellem Herrschaftsapparat. Die Vergrößerung dieser Macht war ein darwinistisches Unterfangen, bei dem fortwährend neue Ämter, Methoden und Führungskräfte unter Hitlers Oberbefehl mit den alten konkurrierten[77] – unter der Ebene der Streitkräfte selbst, bis Barbarossa kam. Bei der Planungssitzung vor dem Krieg für die Euthanasie rechtfertigte er diese bezeichnenderweise als Kriegssparmaßnahme[78]. Im Vergleich zur SS bildeten seine anderen mannigfachen und verfilzten Herrschaftsinstrumente gewissermaßen ein reguläres Regierungsestablishment. Die SS, die seine rassischen Werte verkörperte, entwickelte und durchsetzte[79], war sein Hauptvehikel der Gesetzlosigkeit. Ihre Funktionen waren bis zum polnischen und vor allem bis zum russischen Feldzug relativ begrenzt, solange seine Aktionen gegen die Juden noch öffentlich waren und der größte Teil Europas noch außerhalb seiner Reichweite lag. Sie erweiterten sich danach gewaltig, als gerade die SS – „für die Führungskräfte in Heer, Verwaltung und Diplomatie mehr oder minder klar erkennbar – in den Mittelpunkt des jetzt auf kontinental-europäischen ‚Großraum' abzielenden nationalsozialistischen Herrschaftssystems gerückt" wurde[80]. Doch trat die Ideologie bei Himmler selbst – von seinen Henkersknechten ganz zu schweigen – am Ende hinter die Zweckdienlichkeit zurück. Die Gleichsetzung von Bolschewismus und Judentum war für Himmler spätestens im April 1944 auseinandergefallen, denn damals suchte er Kontakt mit dem „Weltjudentum", um zur Vernichtung vorgesehene ungarische Juden gegen Lastwagen einzutauschen, die ausschließlich gegen die Rote Armee eingesetzt werden sollten. Er bemühte sich unauffällig, von den westlichen Alliierten als Hitlers präsumtiver Nachfolger anerkannt zu werden, der den Bolschewismus mit Hilfe des Weltjudentums bekämpfen würde[81]. Im September 1944 schloß er hinter Hitlers Rücken die letzten Todeslager, ehe ihre grauenvolle Aufgabe beendet war[82]. In der Nacht des 20. April 1945 verließ er Hitlers letzte Geburtstagsfeier, um einen aus Schweden eingeladenen Vertreter des Jüdischen Weltkongresses zu treffen und den Vorschlag zu machen, „die Streitaxt" zwischen Nazis und Juden zu „begraben"[83].

Was Hitler betraf, so stellte er seine Judenpolitik nach Beginn des Barbarossa-Unternehmens immer deutlicher über seine Machtpolitik[84]. Sein altes Mittel-Zweck-Rezept überlebte nur insofern, als das Mittel so weit vergrößert wurde, bis es alles einschloß. Schon 1942 behauptete er, die Eliminierung des jüdischen Bolschewismus aus Deutschland sei nicht nur eine Voraussetzung, sondern auch eine Probe für den jetzigen Krieg um Lebensraum gewesen, da der Feind damals derselbe gewesen sei. „So stehen wir nun inmitten eines Kampfes, der seinen Vorläufer schon in den inneren harten Auseinandersetzungen gefunden hat, bei denen am Ende eine einzige Macht übrigbleiben mußte, um das ganze deutsche Volk zusammenzufassen. Und nun stehen wir in diesem Kampf nach außen wieder mit der gleichen Zielsetzung"[85]. In einer Ansprache vom 28. Dezember 1944 vor einer Gruppe von Divisionskommandeuren ließ er eine neue rhetorische Integration seiner beiden politischen Zielsetzungen durchblicken. „Kämpfe, wie sie sich zur Zeit abspielen", erklärte er, „tragen in sich den Charakter von weltanschaulichen Auseinandersetzungen" und seien in dieser Hinsicht nicht mit Deutschlands staatsbildenden Kriegen des 18. Jahrhunderts zu vergleichen. Damals lag es Deutschland daran, als Großmacht anerkannt zu werden, während jetzt „das Deutsche Reich einen Weltanschauungskrieg um Sein oder Nichtsein führt, dessen Gewinn eben diese an sich bereits zahlenmäßig und wertmäßig vorhandene Großmacht endgültig stabilisieren wird, dessen Verlust das deutsche Volk zerstören und zersplittern wird"[86]. Seine Schablonierung der ideologischen Kriegsführung hatte nichts von ihrem rassistischen Charakter verloren, zumindest für Deutschland („für Deutschland" würde die Bolschewisierung „den Bestand der Substanz an sich" gefährden[87]). Aber jetzt entwickelte der Wettstreit der Völker mit Zahlen und Werten eine selbststabilisierende Tendenz. Das war nur vorläufiges Wunschdenken. Die beiden Bezugsrahmen seiner Politik trennten sich in seiner abschließenden Apologetik abermals, wobei der jüdische an erster und höchster Stelle kam. In einer Mitte Februar 1945 diktierten Denkschrift stellte Hitler seine innere Judenpolitik der dreißiger Jahre als dringende Lebensnotwendigkeit, den Krieg im Westen als jüdische Reaktion und seine Vernichtung des europäischen Judentums als Vergeltungsmaßnahme dafür hin. „Die künftige Welt wird uns dafür ewig dankbar sein", fügte er hinzu[88]. In einem weiteren Diktat stellte er den Angriff auf die Sowjetunion als durch den Krieg gegen England, seine Abhängigkeit von sowjetischen Lieferungen und die Gefahr, Stalin könnte als erster zuschlagen, erzwungen dar[89]. Sein expansionistisches Programm war vergessen. Vergessen war auch sein rassisch-ideologischer Kreuzzug, es sei denn, daß der Krieg, den er entfesselt hatte, unter umgekehrten Vorzeichen als „ein ausschließlich jüdischer Krieg" hervortrat (was für Hitler ja auch annähernd stimmte), mit seinen eigenen Zielen auf die Juden projiziert: „... sie beschlossen, in dem Kampf auf Leben und Tod, den sie gegen uns entfesselten, aufs Ganze zu gehen“[90]. Am 2. April 1945 kehrte er in einem letzten Erinnerungsdiktat zu seinem alten Mittel-Zweck-Argument zurück, um angesichts seines zerstörten Reichs zu bekräftigen, das vom Judentum gereinigte deutsche Volk würde sich auf lange Sicht durchsetzen[91]. Das Mittel hatte eine höhere Priorität denn je.

In einem gezeichneten und gegengezeichneten Testament vom 29. April 1945, dem Vorabend seines Selbstmords, rechtfertigte Hitler seine Rache an dem „eigentlichen Schuldigen an diesem mörderischen Ringen“ und schloß: „Vor allem verpflichte ich die Führung der Nation und die Gefolgschaft zur peinlichen Einhaltung der Rassengesetze und zum unbarmherzigen Widerstand gegen den Weltvergifter aller Völker, das internationale Judentum“[92]. Der andere Bezugsrahmen seiner Politik wurde in ein wenige Stunden später diktiertes Postscriptum verbannt: „Es muß weiter das Ziel sein, dem deutschen Volk Raum im Osten zu gewinnen“[93].

Hitlers Expansionismus war also seinem Vergeltungsdrang gegen den Weltvergifter untergeordnet. Doch befriedigte er mit ihm das deutsche Bedürfnis, den auf traumatische Weise verlorenen Kampf um Weltmacht neu zu erleben. Er tat es, indem er diesen deutschen Kampf erneuerte und endgültig verlor. Das war auf der traumatischen Linie entscheidend; der Rest war nur Nebeneffekt.

Er erinnerte ständig an den ersten Krieg, während er Deutschland in und durch den zweiten führte. Er erinnerte gewöhnlich daran, indem er beteuerte, der erste Krieg würde nicht wiederholt werden bzw. werde nicht wiederholt. Dabei wurde das Endergebnis in einer rhetorischen Form unterstrichen, die Goebbels schuf, als er eine kriegerische Rede Hitlers auf dem Höhepunkt der tschechischen Krise vom September 1938 mit einem Treueschwur zusammenfaßte, der in folgenden Worten gipfelte: „Niemals wird sich bei uns ein November 1918 wiederholen“[94]. „Mit einem wilden, begierigen Ausdruck in den Augen blickte Hitler zu ihm auf“

– so der damalige amerikanische Rundfunkreporter – „als ob das die Worte wären, nach denen er den ganzen Abend gesucht hätte, ohne sie recht zu finden. Er sprang hoch, holte weit mit dem rechten Arm aus und ließ ihn mit einem fanatischen Feuer in den Augen, das ich niemals vergessen werde, schwer auf den Tisch fallen und schrie mit aller Kraft seiner mächtigen Lungen: *‚Ja!'* Dann sank er erschöpft auf seinen Stuhl zurück“[95]. Am 1. September 1939 verkündete Hitler, an der polnischen Grenze werde „zurückgeschossen“, und fuhr fort: „Ein November 1918 wird sich niemals mehr in der deutschen Geschichte wiederholen!“[96] Als England zwei Tage darauf den Krieg erklärte, deklamierte er: „Das Deutschland des Jahres 1939 ist nicht mehr das Deutschland von 1914! . . . Nur die Uneinigkeit des Jahres 1918 führte zum Zusammenbruch. Wer sich daher jetzt an dieser Einigkeit versündigt, hat nichts anderes zu erwarten, als daß er als Feind der Nation vernichtet wird“[97]. Jedermann, der Zweifel an einem deutschen Sieg laut werden ließ, sollte hinfort entsprechend einer Verordnung von 1938 verhaftet werden, die für wehrkraftzersetzende Äußerungen in Kriegszeiten die Todesstrafe vorsah: Diese Bestimmungen vom 3. September 1939 zur Durchführung der Verordnung wurden in der Praxis eiligst erweitert[98]. Hitler schlug den Goebbelschen Refrain über den November 1918 in immer neuen Variationen in der Art von: „Nach außen keine Kapitulation, nach innen keine Revolution“[99] oder „Eine andere Heimat steht hinter der Front und eine andere Front steht hinter der Heimat“[100]. Er wiederholte ihn so schrill wie eh und je einige Wochen nach der anglo-amerikanischen Landung vom 6. Juni 1944 in der Normandie, als er Munitionsarbeitern entgegenschrie: „Es wird niemals zu einem Jahr 1918 kommen! Nie! Solange ich lebe und solange einer meiner Garde lebt, wird jeder, der auch nur daran denkt, vernichtet . . . Es wird sich daher ein 9. November 1918 nie mehr in der deutschen Geschichte wiederholen. Und weil dieser 9. November nicht mehr kommen wird, werden wir auch diesen Krieg gewinnen . . .“[101]

Die Bombe, die am 20. Juli 1944 in seinem ostpreußischen Hauptquartier explodierte, störte den Refrain. Im Rundfunk qualifizierte er die glücklosen Verschwörer in jener Nacht als „eine ganz kleine Gruppe . . . , die nun glaubte, wie im Jahre 1918 den Dolchstoß in den Rücken führen zu können“[102]. Bei einer militärischen Besprechung bezeichnete er die Tat elf Tage später jedoch als ein „Symptom für eine innere Kreislaufstörung, für eine innere Blutvergiftung, die bei uns stattgefunden hat“, schäumte gegen „diesen Laden da drüben, der laufend Gift ausgestreut hat“, und zeterte über „eine verfluchte, kleine Clique“, die aus „Destrukteuren und Landesverrätern“ bestehe und „rückwärts die wichtigsten Stellen“ innehabe. Womöglich seien sie für alle militärischen Rückschläge der Deutschen im Osten verantwortlich, rief er aus. Dann fügte er zusammenhanglos hinzu: „Aber selbst wenn sich das nicht so konkretisieren ließe, würde es völlig genügen, daß hier an maßgeblichster Stelle Leute sitzen, die, statt daß sie dauernd Kraft ausstrahlen und Zuversicht verbreiten und vor allen Dingen die absolute Erkenntnis vertiefen von dem schicksalsbedingten Wesen dieses Kampfes – ein Schicksalskampf, der nicht irgendwie abgelöst werden kann oder nicht weggehandelt werden kann durch irgendeine kluge politische oder taktische Geschicklichkeit, sondern daß es sich hier wirklich um eine Art Hunnenkampf handelt, bei dem man entweder steht oder fällt und stirbt, eins von beiden. Wenn an den oberen Stellen diese Gedanken nicht vorhanden sind, sondern sich diese Idioten einbilden, daß sie, weil heute die Revolution – statt wie im Jahre 1918 von Soldaten – von Generalen gemacht wird, eine bessere Situation bekämen, dann hört sich einfach überhaupt alles auf; dann muß eine Armee allmählich von oben herunter zersetzt werden. . . . Verrat . . . permanenter Verrat . . . laufender Verrat . . . Verräter . . . Verräter“[103]. Vor Militärs einen Monat später beschuldigte er immer noch die Etappenoffiziere, die Frontoffiziere mit ihrem Defätismus zu infizieren[104]. Doch in seiner Proklamation zum folgenden Jahrestag der Novemberrevolution war die Julibombe wieder nur ein fehlgeschlagener Dolchstoß[105]. Und den Frontoffizieren seiner Ardennenoffensive vom Dezember 1944 trommelte er sein altes Motiv unverändert ein: „Heute steht das ganze deutsche Volk unerschütterlich und wird auch unerschütterlich stehen. Im Jahre 1918 hat das deutsche Volk, ohne in einer Not zu sein, kapituliert"[106]. Am Neujahrestag versicherte er Wehrmacht und Nation, da er beide nach dem 20. Juli gnadenlos gesäubert habe, sei die Parole von keiner inneren oder äußeren Niederlage gültiger denn je[107]. Am 30. Januar schloß er in seiner letzten Rundfunkansprache eine neue Kapitulation mit der Erklärung aus: „Die Geschichte wiederholt sich nicht"[108]! Noch am 11. März 1945 verkündete er: „Das Jahr 1918 wird sich . . . nicht wiederholen"[109].

Acht Tage später befahl er, Deutschland im Kielwasser seiner zurückweichenden Armeen zu zerstören[110]. In seinem politischen Testament behauptete er, daß der deutsche Widerstand „durch ebenso verblendete wie charakterlose Subjekte allmählich entwertet wird"[111], und im Nachtrag noch, „Untreue und Verrat hätten die Widerstandskraft während des ganzen Krieges unterwühlt. Es wäre ihm darum nicht beschieden gewesen, sein Volk zum Sieg zu führen"[112]. Mit dieser hohlen Nachdatierung der legendären Niederlage von innen auf 1939–1945 vervollkommnete er deren Totalwiderlegung. Diesmal war die Niederlage überdies dem Volk klar zum Bewußtsein gebracht woden, und der Zusammenbruch der etablierten Ordnung war unverkennbar ihr Ergebnis.

„Kein neuer November 1918" war gewissermaßen das Motto, unter dem Hitler den gesamten Zweiten Weltkrieg führte. Sein Programm für den neuen Krieg drehte sich um Vorsichtsmaßnahmen gegen eine Wiederholung des alten: etappenweises Vorgehen (kontinental, hemisphär, global) gegen die alten Feinde, aufeinanderfolgende lokalisierte Blitzkriege in der ersten Etappe, Großbritanniens zuvor ausgehandeltes Stillhalten bei der kontinentalen Eroberung. Seine Judenpolitik propagierte er auch als Vorsichtsmaßnahme gegen die innere Vergiftung, die er für die alte Niederlage verantwortlich machte. Es waren zwei Arten von Vorsichtsmaßnahmen, die er gegen eine Wiederholung der Niederlage von 1918 traf: unwirksame Prophylaxen gegen wahre Ursachen und wirksame Prophylaxen gegen falsche Ursachen derselben. Die Entfernung der Juden und die Unterdrückung des

Defätismus, die zum zweiten Maßnahmepaket gehörten, waren nur die ersten und letzten Schritte in der Logik seiner Innenpolitik, die darin bestand, eine neue selbstzugefügte Niederlage im alten Krieg zu verhindern. Am 15. Februar 1942 zeichnete er einige dazwischenliegende Schritte für eine Gruppe junger Offiziere und Offiziersanwärter nach: „August 1914: die ganze deutsche Nation einmütig, scheinbar einmütig; man hat damals leider versäumt, die inneren Feinde zur rechten Zeit hinter Schloß und Riegel zu setzen, die große Stunde der nationalen Erhebung zu verwenden, um sofort die zu beseitigen, die ja doch in ihrem ganzen Wesen niemals Freunde dieser Erhebung sein konnten. Die Nation ist einig, und dann beginnt in vier Jahren die Nation wieder uneinig zu werden.... Und so zerfällt dieses Volk, und im gleichen Moment, in dem es zerfällt, sinkt seine Kraft nach außen.... Daher habe ich damals die Grundlagen gelegt zu einer Bewegung mit dem absolut extremen und intransigenten Ziel, Partei um Partei in Deutschland zu vernichten, alle Erscheinungen dieser Zersplitterung zu beseitigen, die Länder aufzuheben, ihre Parlamente auszulöschen, Gewerkschaften niederzubrechen, Unternehmerverbände aufzulösen; kurz und gut, dieses ganze innere Deutschland auf einen einheitlichen Nenner zu bringen. Und es gibt keinen Zweifel nun, meine jungen Offiziere, in eben dem Maße, in dem das gelang, ist die deutsche Fahne langsam von Halbmast wieder emporgestiegen, und heute weht sie wieder über Europa. Das ist das Werk dieser Entwicklung gewesen. Wir haben damit Versailles überwunden, Stück um Stück aus diesem Teufelspakt herausgeschlagen... Nur aus einem einzigen Grund, weil es uns gelungen war, langsam alle Elemente der deutschen inneren Auflösung zu beseitigen, einen einzigen gebieterischen Willen an die Spitze zu setzen; dafür Sorge zu tragen, daß durch eine einzige Organisation für alle Zukunft vermieden wird die Wiederholung einer ähnlichen Zersplitterung und damit einer Auflösung der deutschen Kraft“[113]. Zu demselben Zweck tilgte er noch vieles andere in seinem Reich aus, so zum Beispiel den kulturellen Modernismus, der das Deutschtum nach einer weitverbreiteten Ansicht unterminiert habe. Und er beseitigte nicht nur die Ursachen der legendären selbstzugefügten Niederlage, sondern traf auch Vorkehrungen gegen ein neues Täuschungsmanöver wie den legendären Trick Wilsons. Sechs Wochen nach dem ungewollten Münchener Abkommen verglich er das britische Appeasement mit der Heuchelei Wilsons und schloß: „Das deutsche Volk hat gelernt, und so ein Zusammenbruch, wie ihn Deutschland damals erlebt hat dank seiner Gutgläubigkeit, wird sich im nächsten Jahrtausend nicht mehr wiederholen“[114]! Mit jedem neuen außenpolitischen Schritt danach verminderte er seine Chancen, jemals auf eine europäische Verhandlungslösung zurückzukommen, ebenso wie er das Register seiner Untaten und Lügen verlängerte[115]. Damit erreichte er die kumulative Wirkung, auf die Wilson im Oktober 1918 hingewiesen hatte, als er erklärte, es sei unmöglich, mit den damaligen „Herren der deutschen Politik“ über einen Frieden zu verhandeln[116]. Er zog die Parallele selbst, als er am Neujahrstag 1940 behauptete: „Der jüdisch-kapitalistische Weltfeind“ – der jüdisch-bolschewistische Weltfeind war damals gerade sein Verbündeter – „kennt nur ein Ziel, es heißt: Deutschland, das deutsche Volk zu vernichten“, habe aber vorgegeben, ein anderes Ziel zu verfolgen, nämlich „die Beseitigung meiner Person, d. h. die Ausrottung des Nationalsozialismus“, bis sich herausgestellt habe, „daß das deutsche Volk auf diesen dümmsten Schwindel nach den Erfahrungen des Jahres 1918 überhaupt nicht mehr reagiert“[117]. Es war ausgesprochen Hitlers Absicht, durch die Ausrottung des Judentums sich seinen Zugang zum Westen abzuschneiden. Dem rumänischen Staatschef erklärte er im April 1943 (um die Notizen seines Dolmetschers zu zitieren), „daß man je radikaler desto besser gegen die Juden vorgehen müsse. Er . . . breche lieber alle Brücken hinter sich ab, da der jüdische Haß sowieso riesengroß sei“[118]. Und dem bulgarischen Regentschaftsrat im März 1944, er „glaube, daß man sich die möglichen Rückzugslinien selbst abschneiden müsse, dann kämpfe man viel leichter und entschlossener“[119]. Selbst bei vollem militärischen Rückzug machte er noch eine Tugend daraus, Verhandlungen auszuschließen. Im Frühsommer 1944, einige Wochen nach der anglo-amerikanischen Landung in der Normandie, versicherte er Rüstungsarbeitern: „Ich denke nicht an irgendeinen faulen Kompromiß“[120]. „Geradezu naiv!“ nannte er bei vertraulichen Besprechungen im weiteren Verlauf des Sommers die Vorstellung, Deutschland könnte sich mit England oder Rußland auf Kosten des anderen arrangieren oder sie gar gegeneinander ausspielen[121]. Sein Dolmetscher beobachtete, daß er Anregungen ausländischer Besucher, Friedensfühler auszustrecken, konsequent verwarf, daß seine Ablehnung aber im Falle Stalins „keineswegs mit der gleichen wilden, ja fast fanatischen Vehemenz ausgesprochen wurde wie im Falle der ‚Plutokraten‘“[122]. Seine letzte aufgezeichnete Weigerung, sich um ein Abkommen mit den „Plutokraten“ zu bemühen, war der ungereimte Ausruf in der Nacht vom 20. auf den 21. April 1945: „Ich mache keine Politik mehr“[123]. Seine Bemühung, einem neuen jüdisch-kapitalistischen Schwindel vorzubeugen, hatte dazu beigetragen, ihn von der Annäherung an England abzuhalten, die sein Programm für eine Korrektur des Ersten Weltkriegs eben forderte. So konnte er nur hoffen, daß der beabsichtigte Pakt mit England sich von selbst materialisieren würde – oder zuletzt, als er alle Brücken hinter sich abgebrochen hatte, daß es zu einem Zusammenstoß zwischen den Sowjets und dem Westen kommen würde, „wenn Deutschland standhaft bliebe“[124]. So dienten die Dolchstoß- und Wilson-Legenden der Wiederholung ebenso gut wie der Leugnung der Niederlage von 1918, denn sie zeigten Sicherheitsvorkehrungen gegen diese, die illusionär und schlimmer waren.

Beharrliches Leugnen, daß eine Erfahrung wiederholt werden würde, und vielfache Vorkehrungen gegen ihre Wiederholung: das zeigt ein unbewußt in Gang gesetztes Nachvollziehen an. Aber wie spiegelte die zweite Erfahrung die erste in der äußeren Erscheinung wider? Die Hauptelemente beider waren die gleichen (nämlich die wichtigsten betroffenen Nationen und Gebiete), was bei einem traumatisierten Individuum gewöhnlich nicht vorkommt[125]. Sie konnten übrigens kaum sehr unterschiedlich sein, sobald das Ereignis direkt als neuer Weltkrieg dupliziert wurde, was aber vermutlich nicht nötig war. Es hätte in einem anderen Handlungsbereich nachvollzogen werden können, wie Hitlers eigenes Trauma, oder zumindest durch ein symbolisches Äquivalent, wie das Trauma seiner Mutter. Wie die Dinge lagen, spiegelte der zweite Krieg den ersten um so intensiver wider. Er tat es aber mit Umsetzungen, die beim unbewußten Nachvollziehen routinemäßig sind und dazu dienen, es unbewußt zu halten, indem sie die zweite Erfahrung nach außen hin von der ersten distanzieren. Die wichtigsten Umsetzungen finden in Form von Umkehrungen statt, wie es dem vergeblichen Bemühen, das traumatische Ergebnis umzukehren, zukommt. Daher wurde Rußland bei der Vorbereitung und am Anfang des Unternehmens Barbarossa in militärischer Hinsicht ebenso unterschätzt, wie es 1914 überschätzt worden war[126]. Desgleichen war Hitlers beabsichtigter k.-o.-Feldzug in Rußland nach dem Fall Frankreichs – eben Barbarossa – eine Umkehrung von Ludendorffs k.-o.-Feldzug in Frankreich nach dem Fall Rußlands. Gleichzeitig spiegelte Barbarossa die deutsche Westoffensive von 1914 wider, die ebenso darauf abzielte, einen Zweifrontenkrieg dadurch zu vermeiden, daß der Feind auf der einen Seite geschlagen werden sollte, ehe auf der anderen Seite eine echte Bedrohung zu erwarten war – und die ebenso stecken blieb. (Darin wurde Barbarossa – bis auf das Steckenbleiben – vom Polenfeldzug vorangekündigt und schon früher vom tschechischen Krieg, dessen das britische Appeasement Hitler im September 1938 beraubt hatte[127].) Hitlers Theorie und Praxis des Blitzkriegs, die beim Barbarossaunternehmen scheiterten, kehrten Ludendorffs Theorie und Praxis des totalen Kriegs um[128]. Selbst Ludendorffs Panik vom 29. September 1918 wurde umgekehrt. Ludendorff hatte sich an jenem Punkt, sechs Monate nach Beginn seiner Alles-oder-Nichts-Kampagne im Westen, seiner politischen Macht entledigt und nach einem Waffenstillstand gerufen. Hitler sah die unvermeidliche Niederlage sechs Monate nach Beginn des Unternehmens Barbarossa voraus, worauf er strikten Befehl erließ, in Rußland nicht zurückzuweichen, und persönlich das Oberkommando des Heeres übernahm. Dann wiederholte er den angeblichen Verrat der Zivilregierung von 1918 am Heer, indem er auf entgegengesetzte Weise über die Siegesaussichten log – bis er noch kurz vor zwölf darauf beharrte, der Sieg sei nur eine Sache der besseren Nerven[129].

Verwandt mit den Umkehrungen waren die vergeblichen Korrekturen, die Hitler nach dem Muster seines Etappenplans zur Expansion vornahm. Bemerkenswert unter dieser Rubrik sind seine Bündnisse mit Deutschlands alten Feinden. Das mit Italien war das erste, das geplant (1920) und ebenso geschlossen (1936) wurde. Es brachte ihm keine Hilfe gegen Frankreich, Sorgen auf dem Balkan und ein „Unsicherheitsgefühl" in Afrika und Rußland, das ihn nicht schlafen ließ[130] – begründeterweise. Der Abfall Italiens im September 1943 erlöste ihn[131]. Ähnlich schlugen seine zwei japanischen Abkommen (1936, 1940) fehl: statt England einzuschüchtern, trugen sie dazu bei, die USA in den Krieg gegen ihn hineinzuziehen[132]. Seine einzige Umkehrung einer bedeutsamen Partnerschaft des Ersten Weltkriegs, nämlich der Stalin-Pakt vom 23. August 1939, wurde selbst durch das Unternehmen Barbarossa umgekehrt. Im Februar 1940 wies er auf Seitenwechsel Italiens, Rußlands und Japans hin und prahlte: „Die Lage hat sich heute auf vielen Gebieten wesentlich gegenüber dem Jahre 1914 geändert"[133]. Im Februar 1942, nachdem er Rußland überfallen und Amerika den Krieg erklärt hatte, besann er sich anders: „So hat uns das Schicksal bestimmt, gegen die gleiche Koalition anzutreten, die schon einmal gegen uns gefochten hat"[134]. Eine angebliche Korrektur, die keine war, stellte der auf Autarkie abzielende Vierjahresplan von 1936 dar: Er forderte Expansion[135]. Abermals wurden keine Vorkehrungen für einen langen Krieg getroffen, abermals aus dem Grund, Deutschland könne sich keinen langen Krieg leisten – der einzig mögliche Sieg sei ein schneller[136]. „Es wird heute manchesmal versucht, die Dinge etwa so hinzustellen, als ob Deutschland im Jahr 1914 mit wohlvorbereiteten Rohstoffmengen in den Krieg gezogen wäre. Dies ist eine Lüge"; so Hitlers Memorandum über seinen Vierjahresplan[137]. Hitler verordnete daraufhin zwar eine Abweichung vom Ersten Weltkrieg: Investitionen in die gegenwärtige, statt in die Steigerung der künftigen Waffenproduktion, und zwar mit minimaler wirtschaftlicher Kontrolle. Das war Blitzkriegswirtschaft. Sobald das Unternehmen Barbarossa gescheitert war, lenkte er Deutschland dennoch in eine zentralisierte, auf eine Maximierung der Produktionskapazitäten gerichtete Kriegsökonomie, die nach dem Muster koordiniert wurde, das Walther Rathenau, jene verpreußte Personifizierung des jüdisch-kapitalistischen Weltfeinds, bei der ersten Runde entwickelt hatte[138].

Als der Zweite Weltkrieg immer mehr in seinen Prototyp zurückfiel, machte Hitler mit. Im Dezember 1942, kurz vor der Einkesselung der 6. deutschen Armee bei Stalingrad, rechtfertigte er vor seinen Generalen seinen Dauerbefehl, keinen Fußbreit russischen Bodens preiszugeben[139], mit dem Hinweis, der deutsche Rückzug nach dem „Marne-Blödsinn" vom September 1914 habe die Gefahr einer Massenflucht heraufbeschworen[140]. Nach jenem Marne-Rückzug hatte die deutsche Offensive in Flandern wieder für einige Wochen eingesetzt, wobei Hitlers Regiment in vorderster Linie gestanden hatte. In jenem Winter hatte Hitler einem Korrespondenten gesagt: „Seitdem habe ich so darf ich sagen wohl jeden Tag mein Leben aufs Spiel gesetzt und dem Tod ins Auge gesehen", und einem anderen: „Wie durch ein Wunder bleibe ich gesund und heil"[141]. „Dann begann der Stellungskrieg", erinnert sich später Fritz Wiedemann. „Da man im Winter 1914/15 davon träumte, im kommenden Frühjahr die Offensive dort wieder aufnehmen zu können, wo sie im Schlamm der Herbstregen steckengeblieben war, galt damals der Grundsatz, daß einmal erobertes Gelände fest in unserer Hand zu bleiben hatte. So verlief die Linie der immer mehr im Schlamm versinkenden Schützengräben dort, wo der Angriff zum Stehen gekommen war. Wir lagen in diesen Monaten südlich von Lille, westlich eines Höhenzuges mit der Ortschaft Fromelles[142]. Für den Ausbau einer Stellung war das flache Gelände denkbar ungünstig. Als die Winterregen einsetzten, liefen die Gräben voll, so daß die Brustwehr überirdisch mit Sandsäcken angelegt werden mußte. Es gab Zeiten, in denen für die Kompanien das Wasser zum ärgeren Feind als der gegenüberliegende Engländer wurde. Am vernünftigsten wäre es gewesen, die vordere Linie einige Kilometer zurück auf das trockene Höhengelände zu verlegen. Wir haben auch dahingehend Anträge gestellt. Sie wurden jedoch von der Obersten Heeresleitung immer mit der Begründung abgelehnt, daß einmal erobertes Gebiet nicht wieder verlorengehen durfte. Und somit wurde jeder Grabenvorsprung, den eine vorwärtsstürmende Gruppe erreicht hatte, unter unsinnigsten Verlusten gehalten. Es ist kein Zweifel, daß Hitler aus diesen, schon damals falschen Ansichten, sich den Grundsatz zu eigen gemacht hat: Es wird unter keinen Umständen freiwillig zurückgegangen. Er hat diesen taktischen Grundsatz dann auch auf die Strategie übertragen und damit unter anderem das Schicksal der 6. Armee in Stalingrad herbeigeführt"[143]. Trotzdem scheint Hitler einem Brief zufolge, den er im Winter 1914/15 über denselben Grabenvorsprung schrieb, unabhängig von der Obersten Heeresleitung zu diesem Prinzip gekommen zu sein: „Durch den ewigen Regen (wir haben keinen Winter), die Nähe des Meeres, und die tiefe Lage des Geländes, gleichen die Wiesen und Felder grundlosen Morästen, während die Straßen mit fußtiefem Schlamm bedeckt sind. Durch diese Sümpfe ziehen sich die Schützengräben unserer Infanterie, ein Gewirr von Unterständen, Schützengräben mit Schießscharten, Laufgräben, Drahtverhauen, Wolfsgruben, Flatterminen, kurz eine fast uneinnehmbare Stellung.... Erst wurde der Ort von unseren Truppen erstürmt. Die Engländer wehrten sich verzweifelt. . . . erst als der Ort mit dem gewaltigen Kloster in Flammen aufging, gelang unseren Regimentern unter Strömen von Blut der Sturm. Nun feuern die Franzosen in den Trümmerort. Tag für Tag seit zwei Monaten zittert hier Luft und Erde unter dem Heulen und Krachen der Granaten, dem Platzen der Schrapfnelle. . . . Aber aus dem Ort bringt uns kein Tod und kein Teufel mehr hinaus. Hier werden wir aushalten solange bis Hindenburg Rußland mürbe gemacht hat. Dann kommt die Abrechnung"[144]. Etwa achtundzwanzig Jahre später erklärte er seinem Stabschef: „Ich habe mir, im großen gesehen, eines überlegt, Zeitzler. Wir dürfen unter keinen Umständen das erst aufgeben"[145]. „Das" war die deutsche Stellung in Stalingrad.

Bei einer Ansprache vor dem Offiziersnachwuchs im Mai 1942 verband Hitler den zweiten Krieg in einer höheren historischen Kontinuität mit dem ersten und erklärte dann: „Auch mir ist dieser Kampf bekannt. Über 4 Jahre lang habe ich ihn mitgemacht"[146]. Seine Identifizierung der beiden Kriege kulminierte in seiner durch Ludendorffs Westoffensive von 1918 inspirierten, ebenfalls die letzte Karte ausspielenden Ardennenoffensive vom Dezember 1944. Hitler trieb die Übereinstimmung auf die Spitze, indem er im Vorstadium der Offensive Deutschlands östliche Verteidigungslinien schwächte[147] und auf ihrem Höhepunkt praktisch die Rote Armee vergaß. Mittendrin, während er die bisherigen Schwierigkeiten des Unternehmens vor Divisionskommandeuren darlegte, ließ er dessen Aussichtslosigkeit mit einer unbedachten Äußerung durchblicken: „Trotzdem hat die Situation einen Augenblick fast die Hoffnung gegeben, daß man durchstehen kann"[148]. Er fügte hinzu: „Hier muß das Jahr 1918 uns eine Warnung sein. Im Jahre 1918 sind die Pausen zwischen den einzelnen Angriffen viel zu lang gewesen"[149]. Am nächsten Tag bemerkte er bei einer militärischen Besprechung: „Mir ist gerade etwas eingefallen, weil die Leute immer jammern, daß sie den Ersatz zu spät bekommen. Wir sind für die zweite Offensive im Jahre 1918 am 25. [Mai] abends abmarschiert. Am 26. übernachteten wir in einem Wald ..."[150] Von da ab lagen den Planungen des Strategen für 1944–1945 die Erfahrungen des Infanteristen von 1914–1918 zugrunde – mit Pferden und Fahrrädern, mit *Artillerierationierung,* mit dem Transport von Zehn- und Fünfzehn-Zentimeter-Haubitzen in jeweils zwei Ladungen[151].

Hitler befuhr seine beiden politischen Bahnen gleichzeitig ohne Zwischenhalt bis zu ihrem gemeinsamen Endpunkt. Nichts konnte ihn auf eine Nebenbahn bringen, noch nicht einmal ein weiteres Trauma. Und ein solches zog er sich relativ früh zu: am Mittag des 9. November 1923, als er mit seinem Putsch unter Beschuß zusammenbrach. Der Gefängnisarzt diagnostizierte „Eine Luxation der linken Schulter mit Bruch des Oberarmkopfes und einer nachfolgenden sehr schmerzhaften traumatischen Neurose"[152] und präzisierte noch, daß die „Schmerzen im verletzten Arm ... auf eine traumatische Nervenreizung zurückzuführen sind"[153]. Daraus resultierte ein Zittern des linken Arms, das mit den Jahren abklang. Das nervöse Leiden – er nannte es selbst „mein

Nervenleiden" – kehrte zurück, als das Unternehmen Barbarossa zum Stehen kam, was, wie er wußte, die Niederlage bedeutete[154]. Das Zittern kehrte bei der Katastrophe von Stalingrad zurück und ergriff auch das Bein durch Assoziation mit seiner Granatsplitterverwundung von 1916 im linken Oberschenkel[155]. Es verschlimmerte sich laufend, bis es durch die Explosion der Stauffenberg-Bombe für einige Wochen zum Stillstand kam[156]. Was das psychologische Trauma betrifft, so hatte er es inzwischen durch die Blutsäuberung vom 30. Juni 1934 gesäubert.

Der traumatische Putsch war mit der Spannung geladen, die sich zwischen Bayern und Berlin anstaute, als Stresemann in den letzten Septembertagen 1923 den passiven Widerstand gegen die französische Ruhrbesetzung beendete. Bayern ernannte daraufhin einen Ministerpräsidenten mit diktatorischen Vollmachten, Gustav von Kahr, um Berlin herauszufordern und zugleich die lokalen paramilitärischen Verbände, darunter Hitlers SA, in Schranken zu halten. Der bayerische Reichswehrkommandant und der bayerische Polizeichef schlossen sich Kahrs Widerstand gegen das Reichskommando in Berlin an, als dieses versuchte, den nationalen Notstand in Bayern durchzusetzen. Sich zu einer Machtprobe mit Berlin aufraffend, sondierten die drei starken Männer Bayerns die politischen Formationen in ihrem Land für eventuelle Unterstützung. Hitler wollte keine Unterstützung außer in gleichwertiger Partnerschaft geben, die zur Führerschaft zu werden drohte[157]. Als sich die zögernden Triumvirn am Abend des 8. November 1923 mit den Münchener Notabeln im Bürgerbräukeller versammelten, um die Eisnersche Revolution an ihrem fünften Jahrestag verächtlich zu machen, platzte Hitler herein, um eine nationale Revolution zu proklamieren – mit gezogenem Revolver und mit Lastwagenladungen von Elite-Männern der SA („Stoßtrupp Hitler") vor dem Lokal. Die Triumvirn machten mit, nachdem Ludendorff Hitlers Ruf gefolgt war, sich ihm anzuschließen; sie verleugneten die nationale Revolution, nachdem Ludendorff sie hatte gehen lassen. Am nächsten Morgen marschierten Hitler und Ludendorff mit ihren Anhängern dem Stadtzentrum zu in der schwachen Hoffnung, Reichswehr und Landwehr mitzureißen. Auf dem Odeonsplatz wurde der Demonstrationszug von der Landwehr unter Beschuß zerstreut. Hitler gab später zu Protokoll: „Ich hielt es für Reichswehr infolge der Stahlhelme ...“[158] Diese Verwechslung war allgemein[159]. Hitlers standhaftester Komplize in der Reichswehr war sein Duzfreund Ernst Röhm gewesen. Röhm hatte das Gebäude des Wehrkreiskommandos gerade jenseits des Odeonsplatzes mit den eigenen bewaffneten Getreuen eingenommen und gehalten, zu denen auch Fahnenträger Heinrich Himmler gehörte[160]. Hitlers und Ludendorffs Marschkolonnen wollten zu Röhms belagertem Stützpunkt ziehen[161].

Der Putschgeist lebte nach 1923 in der SA weiter, selbst als Hitler nun in der ständigen Furcht vor einem Zusammenstoß zwischen SA und Reichswehr einen neuen legalen Kurs steuerte. Röhm befehligte die SA während Hitlers Festungshaft und dann wieder nach dem jähen Ansteigen der NSDAP bei den Wahlen von 1930. Nach Hitlers Machtübernahme von 1933 strebte die SA, vor allem Röhm, eine „zweite Revolution“ an, wodurch sie an die Stelle der Reichswehr treten würde[162]. Hitler ließ die Spannung zwischen den rivalisierenden Armeen steigen. Als man ihn einmal darüber unterrichtete, daß Röhm bei geheimen SA-Versammlungen von Aufstand sprach, erklärte er, „die Zeit sei zum Eingreifen noch nicht reif. Er wolle für sein Einschreiten den geeigneten Zeitpunkt abwarten“[163]. Dann ließ er die obersten SA-Führer in Bad Wiessee zusammenkommen, wo sie ihn am 30. Juni 1934 um 9 Uhr erwarten sollten. Röhm nahm an, Hitler wolle ihre Differenzen ausbügeln[164]. Hitler traf jedoch über zwei Stunden früher mit einer Lastwagenladung von Himmlers SS-Männern ein – sie waren aus Berlin über Landsberg gekommen, er von Bonn aus über den Münchener Odeonsplatz[165]. Mit gezogenem Revolver verhaftete er Röhm und bezeichnete ihn als Verräter[166] – die Beschuldigung, die er gegen die bayerische Regierung bei seinem Putschprozess zurückgeschleudert hatte. Der SA in München erklärte er später ergänzend, Röhm sei von den Franzosen bezahlt worden, was man in den Putschtagen über ihn selbst verbreitet hatte[167]. Achtundvierzig Stunden lang massakrierte die SS zahllose SA-Männer mitsamt einigen Außenstehenden, darunter den alten Kahr, aus der Vergessenheit gezerrt, um in Stücke gehackt und in einen Sumpf geworfen zu werden[168]. Hitler ließ Röhm in dessen Gefängnis aus der Putschzeit, in München-Stadelheim, einsperren und gab Befehl, ihn zu erschießen, falls er sich nicht selbst erschießen würde – was er nicht tat. Hitler weigerte sich, gegen Röhm gerichtlich vorzugehen, weil man ihn selbst nach dem Putsch beinahe freigesprochen hätte. „Und vielleicht wäre ich sogar ganz frei ausgegangen", sagte er 1934 Hans Frank, damals bayerischer Justizminister. „Das ist doch eine direkte Staatsgefahr"[169].

Hitler rechtfertigte das Röhm-Blutbad mit der Fiktion, die Opfer hätten gegen ihn geputscht[170]. Denn er hatte dadurch seinen eigenen, wirklichen Putsch mit neugeordnetem Mosaik nachvollzogen. Beim „Röhmputsch" nahm er den Platz ein, den Kahr 1923 eingenommen hatte. Wie vor ihm Kahr, so wurde er von der lokalen Reichswehr unterstützt. Die SS, ein Ableger der SA, ersetzte die SA-Elite, die vor dem Bürgerbräukeller für ihn Wache gestanden hatte[171]. Röhm spielte die Rolle des Putschisten, der er selbst gewesen war. Später beschimpfte Hitler Männer wie Röhm als ewige Aufrührer[172], nur um 1936 anläßlich der Jahresfeier des Bürgerbräuputsches („der weihevollste Tag des nationalsozialistischen Feierjahrs"[173]) zu bemerken: „Ich kann es ganz ruhig eingestehen, daß ich von 1919 bis 1923 an nichts dachte als an einen Staatsstreich"[174]. Hinter Röhms unbenutztem Selbstmordrevolver stand der Revolver, den Hitler bei seiner Festnahme im Jahr 1923 ausgeliefert hatte[175]. Die anderen Entsprechungen liegen auf der Hand: Reichswehr, SA, Odeonsplatz, Landsberg, Stadelheim, Verräter, von Frankreich bezahlt, gezogener Revolver. Das Fazit bestand darin, daß die SA nicht die Reichswehr ablöste. Dem ist aber hinzuzufügen, daß später Hitler „sich häufig darüber beklagte, daß die Armee kein Volksheer sei, wobei er fast dieselben Begriffe benutzte wie seinerzeit Röhm"[176].

Hitlers Pose der revolutionären Legalität gegenüber Röhm, seinem Putsch-Double, erinnert daran, daß sein legaler Weg zur Macht gleichzeitig eine Neuauflage seines alten Putsches war: Er kehrte das alte Mittel zum selben Zweck um. Das heißt, der

Nach-Putsch-Hitler benutzte das Weimarer System zu dem erklärten Ziel, es zu vernichten. Bei dem Eid, den er im September 1930 vor dem Leipziger Reichsgericht ablegte, gestand er zu, seine Machtübernahme werde zwar legal sein, doch anschließend „werden auch *Köpfe rollen*“[177]. Jene legale Machtübernahme korrigierte den traumatischen Putsch, den er dann mit dem „Röhmputsch“ wiederholte und vollendete.

Hitler rechtfertigte vor den Deutschen das Röhm-Blutbad mit einem Hinweis auf aus dem nationalen Fleisch auszubrennende Geschwüre[178]. Also hatte er sein Putschtrauma durch das Röhm-Blutbad abreagiert[179], um dieses dann seinem Blochtrauma anzupassen. Mit dem Putsch selbst hatte er aber sein Gastrauma nachvollzogen. Vor dem Putsch hatte er nämlich immer wieder seinen politischen Kampf mit seinem Kriegsdienst an der Front gleichgesetzt, und als der spätere Kampf ebenfalls vier Jahre und einige Wochen gedauert hatte, wurde er mit mehreren Waffenbrüdern erneut verwundet und unter Beschuß abtransportiert, während die nationale Sache in seinen Augen abermals verraten wurde. In späteren Jahren, den Kreis schließend, führte er seine Magenbeschwerden, die auf der Kombination seines Gastraumas mit den Todesqualen seiner Mutter beruhten, auf das Röhm-Blutbad zurück[180]. Könnte eine psychische Ökonomie straffer sein?

V. Führer und Geführte

Denn das Wesentliche wird stets sein die *innerliche* Übereinstimmung zwischen Führer und Masse.

Adolf Hitler am 27. Oktober 1928[1]

Von Hitler meinte er, er selbst sei nichts; nichts weiter als ein Medium, durch das die Bewegung wirke. Andrerseits sagte er aber auch, daß nur Hitler die Bewegung im Zaume halte.

Harry Kessler, Paris, 6. Juli 1933 (nach einem Gespräch mit Hermann Keyserlingk)[2]

Vor dem 1918 traumatisierten Deutschland legitimierte Hitler sich als Führer, indem er Ludendorff ablöste und übertraf. Hier diente der Putsch als Drehpunkt. Vorher hatte Hitler vor Ludendorff, der Deutschlands völkische Bewegung überragte, gebukkelt[3]. Aber im Bürgerbräukeller nahm Hitler die Fäden in die Hand; Ludendorff unterstellte sich ihm bei der „nationalen Revolution" als künftiger „Reichsverweser" (was immer das bedeuten sollte) und Oberhaupt einer Volksarmee[4]. Dann drängte Hitler bei ihrem Prozeß Ludendorff in den Schatten, indem er die volle Verantwortung für ihre Aktion übernahm; das Gericht bestätigte ihn, indem es ihn verurteilte, während es Ludendorff freisprach. Politisch räumte er ihn im Frühling 1925 aus dem Weg, indem er ihn bei der Wahl des Reichspräsidenten gegen Hindenburg antreten ließ: Ludendorff erreichte ganze 1,1 Prozent der Wählerstimmen[5]. Und je mehr Hitler Ludendorff anschließend verdrängte, desto feindlicher wurde dieser. Mit dieser Feindseligkeit verschärfte sich auch Ludendorffs Blick für die historische

Rolle seines Nachfolgers, wie aus der persönlichen Botschaft hervorgeht, die er am 30. Januar 1933 an seinen ehemaligen, ihm längst entfremdeten Kriegspartner Hindenburg schickte: „Sie haben durch die Ernennung Hitlers zum Reichskanzler unser heiliges deutsches Vaterland einem der größten Demagogen aller Zeiten ausgeliefert. Ich prophezeie Ihnen feierlich, daß dieser unselige Mann unser Reich in den Abgrund stürzen und unsere Nation in unfaßbares Elend bringen wird“[6]. Um jene unheilige Auslieferung zu besiegeln, bemühte sich Hitler um eine Aussöhnung mit Ludendorff. Er erreichte sie im März 1937[7], und Ludendorff antwortete auf sein Telegramm zum damaligen Jahrestag ihres Putsches: „Auch meine Gedanken gelten heute mehr als je unserem damaligen gemeinsamen Einsatz für Deutschlands Erhebung. Meine besten Wünsche geleiten Ihr erfolgreiches Wirken für unseres Volkes Aufstieg“[8]. Sechs Wochen später war Ludendorff tot, und Hitler erklärte in einem Nachruf: „Mit seinem Namen verbindet sich für alle kommenden Zeiten der größte Heldenkampf des deutschen Volkes“[9]. Zwischen Telegramm und Nachruf hatte Hitler Kreis- und Gauamtsleitern in geheimen Sitzungen mitgeteilt, Deutschland habe 1918 „jene Tatkraft der Führung“ gefehlt, die nötig gewesen wäre, um Europa zu halten[10]. Er vervollständigte diesen Gedanken ein Jahr später einem südafrikanischen Besucher gegenüber: „Hätte während des Krieges ein Adolf Hitler an der Spitze Deutschlands gestanden, so wäre der Krieg nicht verloren gewesen“[11].

Die Kontinuität zwischen Ludendorff und Hitler war im kriegerisch-räuberischen Bereich am deutlichsten. Hitler übertraf Ludendorffs Auffassung, das Friedenschließen bestehe darin, dem Gegner seinen Willen aufzuzwingen, Ludendorffs Suche nach mehr Boden zur Ernährung und Fortpflanzung für künftige Kriege, seine strikte taktische Regel, „keinen Fußbreit Boden ohne zähen Kampf aufzugeben“[12], seinen operativen Grundsatz des Alles oder Nichts, Erobern oder Untergehen, sogar seine Hoffnung, aus der endgültigen Umklammerung durch einen Glücksfall befreit zu werden, wie er Friedrich dem Großen im Siebenjährigen Krieg zuteil geworden war[13]. Eine Betrachtung von

Ludendorff als Kriegsherrn ist eine Vorbetrachtung von Hitler als Kriegsherrn. ‚Für Ludendorff', lautet ein neuerer Rückblick, „konnte und durfte der Erste Weltkrieg nicht mit einem Kompromiß, sondern nur mit Sieg oder Niederlage enden.“ Und bei seiner Westoffensive setzte Ludendorff „derart auf eine Karte, daß die OHL nicht einmal den rechtzeitigen Ausbau einer großen Stellung etwa in der Linie Antwerpen – Namur – Sedan – Metz angeordnet hat . . . Es ist . . . ein Kennzeichen der ostpolitischen Vorstellungen Ludendorffs, daß ihnen überhaupt kein einheitlicher Plan zugrunde lag . . . Trotzdem war besonders Ludendorffs Ukraine-, Krim- und Kaukasuspolitik so maßlos, daß die Analogie zum ‚nationalsozialistischen Amoklauf‘ unbestreitbar ist“[14]. Ein anderer Historiker unterstreicht Ludendorffs „Auffassung, daß nur Expansion vollkommene militärische Sicherheit bringen könne und daß ohne vollkommene militärische Sicherheit Deutschland nicht werde bestehen und sich entfalten können“, und bemerkt dazu: „Aber diese Auffassung war nicht aus einer rationalen Analyse der politischen Wirklichkeit gewonnen, sie war Stück eines vorgegebenen, nicht rational begründeten politischen Weltbildes, welches die Interessengegensätze zwischen den Völkern so sehr verabsolutierte, daß Siegen und Überleben eins wurden“[15]. Hier war die typisch wilhelminische Auffassung aufs Äußerste intensiviert, der Gipfel der überheblichen Machtpolitik: reine und daher unrealistische Realpolitik[16]. „Ich meine, da sollte Deutschland ruhig das erstreben, was es bedarf zum Leben“, lautete Ludendorffs Globalregel für Annexionen nach allen Seiten[17]. Bloße Verträge mit künftigen deutschen Satelliten scheuend, verordnete er beispielsweise für Belgien: „Auch hier nur reale Macht! Diese müssen wir haben. Alles andere ist Blendwerk“[18]. Hitler ideologisierte lieber, doch eben jener machtpolitische Bezugsrahmen des Krieges, den er später neu kämpfte, wurde ihm zur zweiten Natur, nachdem er ihn am 31. Mai 1921 übernommen hatte, um den Verlust von Ludendorffs östlichen Eroberungen zu beklagen[19].

Während Hitler, beginnend mit dem Putschprozeß, Ludendorffs Nachfolge antrat, arbeitete er sein Programm zur deutschen

Expansion aus und paßte ihm seinen Antisemitismus zum deutschen Hausgebrauch an. Um diese Kongruenz zu erreichen, verallgemeinerte er seinen Haß auf die Juden zu einem ethnischen Imperialismus, der den 1917/18 in Osteuropa praktizierten Deutschen Suprematismus fortsetzte. Dieser Suprematismus wurde dadurch stärker radikalisiert als die anderen Originale des Ersten Weltkriegs, vielleicht mit Ausnahme der militärischen Aggression. Die Unterwerfung der Nichtdeutschen in eroberten Ostgebieten kehrte unter Hitler als Beraubung, Degradierung, Ausrottung wieder. Außerdem wurde Deutschland selbst germanisiert, als Hitler anläßlich der polnischen Eroberung befahl, die deutschen Juden in ein „Generalgouvernement" in Polen (ebenfalls nach einem Ludendorff-Original[20]) zu deportieren, bis Schlimmeres geschah. Das Martyrium der Juden trug dazu bei, das moralische Verdikt von 1918 bei der zweiten Runde zu bekräftigen. Und es spielte eine zentrale Rolle in Hitlers System falscher Korrekturen der Niederlage von 1918, die geeignet waren, die Deutschen höchstens auf bewußter Ebene zu täuschen. Sobald Hitler seinen Judenhaß seiner Kriegstreiberei untergeordnet hatte, wurde dessen negative Wirkung auf die meisten Deutschen im Lauf der Jahre abgedämpft oder schwand sogar ganz. Schließlich warf man die Juden mit Ausländern, die Deutschland im Weg standen, zusammen. Die amtlichen Euphemismen – „Abtransport", „Sonderbehandlung", „Endlösung" – verschleierten Hitlers Judenaktion nur in dem Sinn, daß sie ihre krasse Härte verhüllten[21]. Diese weckte zwar das schlechte Gewissen einzelner, führte aber ebensowenig zu einer deutschen Opposition gegen Hitler wie seine Verwüstungen und Plünderungen in Polen und Rußland[22]. Die organisierte Opposition, zu der es später im hitlerisierten Deutschland kam, drehte sich um die erwartete Niederlage.

Der antisemitische Agitator lancierte sich Mitte der zwanziger Jahre als neuer, potenzierter Ludendorff, um die diktatorische Macht zu gewinnen, die er für seinen traumatischen Zweck brauchte, Deutschlands Vergifter zu vergiften, wobei Deutschland selbst erliegen sollte. Seine Führerschaft lief jedoch auf eine stillschweigende Übereinkunft hinaus, die ihm erlaubte, sein eigenes traumatisches Anliegen auf Deutschland abzustimmen. Er übernahm Ludendorffs Rolle des Kriegsverlierers um so leidenschaftlicher, als sie ihn zu seinem eigenen vergeblichen Kampf zurückführte, den er 1914–1918 für Mutter Deutschland gefochten hatte. Sein Handeln für Deutschland war das zentrale Faktum der mit der seinen zusammenfallenden deutschen Neuerfahrung von 1914–1918. Das heißt, die deutsche Nation wurde jener Neuerfahrung lediglich unterzogen, während ein Individuum die Ereignisse beim traumatischen Nachvollziehen lenken und sogar forcieren wird. Das Lenken und dadurch Enttraumatisieren einer traumatischen Erfahrung ist sogar das augenscheinliche Ziel des Nachvollziehens. Aber Hitler lenkte die Ereignisse für Deutschland. Dazu ermächtigte ihn im Gegensatz zu Ludendorff die Masse der Deutschen. Die Deutschen gaben ihm den Auftrag, ihre Niederlage von 1918 endgültig zu machen, lasen dann die Zeichen einer Wiederholung des Ersten Weltkriegs ahnungsvoll resigniert und machten das Schicksal verantwortlich[23]. Sie hoben ihn über seine beiden politischen Bahnen hinaus wie Gottvater über Beelzebub. Seine Greueltaten im ideologischen Bereich wurden bösen Helfershelfern zugeschrieben[24], und bei seinem Angriff auf Rußland schlug ihm als Opfer eines angeblichen Verrats durch den bolschewistischen Verbündeten „eine Welle des Mitgefühls und der Sympathie entgegen“[25]. Dieses Irrealitätsprinzip galt sogar höheren Orts, über das öffentliche Bewußtsein hinaus. Von den sieben Reichswehrkommandeuren, die Aufzeichnungen oder Erinnerungen über seine Lagebesprechung vom 28. Februar 1934 hinterlassen haben, erwähnten nur zwei seine Darlegungen zum Thema Lebensraum[26]. Auch seine düstere Tirade am 30. März 1941, bei der er zweihundert bis zweihundertfünfzig hohe Offiziere auf ihre Pflicht als ideologische Heckenschützen beim Unternehmen Barbarossa hinwies, verhallte praktisch ungehört[27] – nur nicht, was das innere Ohr betraf.

Der Griff, in dem Hitler Deutschland hielt, war wie ein Zauber, der stückweise zu brechen begann, als die Flut der Eroberungen umschlug, dann ganz und gar bei der endgültigen Katastrophe. Der Zauber war 1932 als „Herrschaft des kollektiven

Tieres"[28] prophezeit worden und wurde 1937 in einer Erzählung von Münster im Bann der Wiedertäufer als „Massenwahn" verdammt[29]. Genau so ein Zauber wurde später inmitten der Trümmer – und der aufgedeckten Greuel – von allen Seiten bestätigt. Ribbentrop ging bis an die Grenze, als er während seiner Haft „jeden anflehte, der in Hörweite kam ... ihm zu erklären, was bei der ‚Massenpsychose' des Hitlerismus eigentlich geschehen sei"[30]. Mit diesem Nach-Nazi-Gerede wollte man sich immer zumindest ein bißchen entschuldigen[31]. Trotzdem tauchte die Frage wiederholt auf, ob das Massenphänomen Hitlers Schöpfung war oder er sein Geschöpf, ob es eine Massenbehexung oder ein Massenanfall war. Im allgemeinen wurde es als eine Mischung von beidem in gleicher Überdosierung hingestellt. Thomas Aich argumentierte in *Massenmensch und Massenwahn* schon 1947 für eine Massenhypnose durch Hitler, einen „wechselseitigen" „Massenwahn" zwischen Hitler und seinem Publikum und einen mediumhaften Tonfall in Hitlers Stimme: „Aus ihr spricht das Kollektiv, das Irrationale der Massenseele"[32]. „Rausch" war das passende Wort: Reminiszenzen an den Rußlandfeldzug ließen sich noch 1948 unter dem Titel *Der große Rausch* vermarkten, ohne daß zu befürchten war, man könne den Hinweis mißverstehen. (Der Hinweis wurde im Buch selbst nur am Rande erläutert: „Wir waren berauscht vom Machttraum: die ganze Welt"[33].) Der Ausdruck war allzu stark für das, was sich an der Oberfläche zeigte. Der Rausch hielt nicht etwa das ganze Jahr hindurch an wie bei einer permanenten Hitler-Kundgebung[34]. Er war eher ein diffuses Gefühl der Machtbefähigung durch Hitler und der Machtlosigkeit gegen ihn. Um die fünfziger Jahre bereits war die Erinnerung daran nicht mehr lebendig[35]. Und die heutigen Deutschen ignorieren ihn im Rückblick, als sei er eine unrealistische Ablenkung von den wahren Merkmalen der Hitlerschen Zugkraft[36].

Genau so, als hätten die alten Thebaner die Lektion des Dionysos verlernt. In seinem ehrfurchtgebietenden Meisterwerk *Die Mänaden* schildert Euripides, wie Dionysos, Sohn des Zeus und einer Thebanerin, der zweifelnden Stadt seine göttlichen Kräfte beweist, indem er sie mit einer verderblichen Massenverzückung schlägt. Insbesondere die thebanischen Frauen erliegen ihr – wie die Mänaden, die Dionysos aus Phrygien gefolgt sind. Ihre Verzückung ist regressiv, eine Flucht vom häuslichen Zwang zur elementaren Vereinigung mit der Natur in umherschweifenden Banden. Bald ruhig, bald rasend säugen sie Tiere, nur um sie anschließend zu verschlingen, während sie sich singend in Harmonie wiegen.

Entfernt vergleichbares regressives Verhalten in der Menge veranlaßte Freud zu der These, das menschliche Bewußtsein sei ursprünglich innerhalb einer Menschhorde allen gemeinsam gewesen. Nach Freuds entwickelter Konzeption hielt diese ursprüngliche psychisch undifferenzierte menschliche Masse um einen Individualisierten, eigenwilligen Tyrannen zusammen, der sie mit seinem übermächtigen Blick in Bann schlug[37]. Hitler las Freuds *Massenpsychologie und Ich-Analyse* offensichtlich in seiner Putschhaft[38]. Sein späteres Beharren auf dem „Recht der Persönlichkeit" (das heißt, allein seiner Persönlichkeit) und dem „Führerprinzip"[39], zusammen mit Einheit des Geistes und Willens in seiner Gefolgschaft, deutet auf den berechneten Versuch hin, die von Freud postulierte Stammesordnung zuerst in seiner Partei und dann in seinem Reich zu reproduzieren. Aber Hitler terrorisierte weniger als sein Freudscher Prototyp. In Hans Franks Übertreibung von 1946: „Man darf nicht sagen, daß Hitler das deutsche Volk *vergewaltigte* – er *verführte* es! Es folgte ihm mit rasendem Jubel . . . Es war eine Raserei, eine Trunkenheit"[40]. Die regressive Wirkung des Hitlerismus[41] war auch keine trickreiche psychologische Manipulation nach Art des Dionysos, der seinen Widersacher – Pentheus, den unerfahrenen thebanischen Tyrannen – in die frühe Kindheit zurücklockt. Selbst Dionysos nutzte nur Impulse aus, die er bei Pentheus und besonders willfährigen Thebanern latent vorhanden fand. Auch Hitler nahm mit seinem sechsten Sinn die stummen Signale seiner Wählerschaft wahr: seine Kriegsbotschaft formulierte sie nur. Der Hitlerismus griff auf eine frühere, zwischen der Blutgier von 1914 und dem Niederlageschock von 1918 eingespannte Massenregression zurück. Und der Hitlerismus lief noch auf eine Ritualisierung hinaus wie die Verherrlichung des Versuchergottes[42].

Hitlers geheimes Einverständnis mit seinem Publikum wirkt wie die Rückverwandlung in das Gedankenteilen eines primitiven Stammesführers mit seinen Gefolgsleuten. Rudimente dieses Gedankenteilens auf der Gefolgschaftsseite sind bekannt: die Angst des Kindes, des Verbrechers oder des Sünders, seine Gedanken würden vom Vater, vom Kriminalbeamten bzw. von Gott gelesen[43]. Die Beziehung war in Hitlers Praxis wie in Freuds Theorie nicht reziprok: Hitlers innerste Gedanken als Führer waren versiegelt[44]. Hitler war trotzdem im Grunde nicht Freuds eigenwilliger Tyrann. „Die Massen müssen geführt werden", versicherte er[45], und sein Wille wurde in seiner Partei und dann in seinem Reich zum Gesetz erklärt. Aber die NS-These besagte, daß sein Wille der Volkswille war. In der juristischen Diktion jener Zeit: „Der Führer spricht und handelt nicht nur für das Volk und an seiner Stelle, sondern als Volk. In ihm gestaltet das deutsche Volk selbst sein Geschick"[46]. Gemeinsamkeit des Willens war der Mythos seiner Herrschaft, mit den geheiligten Augusttagen von 1914 als ihrem Bezugspunkt[47]. Der Mythos formte auch seine Politik, als er Deutschlands unbewußte Ziele mit seinen eigenen koppelte und dann wie seine eigenen behandelte – sie maskiert programmierte und dann das Programm, wie es sich gehörte, als eigenes ausgab. Und während er es in die Tat umsetzte, wandte er sich auch dann noch regelmäßig an die Deutschen, als seine nationale Schallmuschel bereits auf eine Generalsrunde reduziert war. Wie einer von diesen bezeugte: „Ich habe Besprechungen miterlebt, bei denen er offenbar noch nicht bei einer eindeutigen Entscheidung angelangt war; er tastete sich am Anfang langsam voran, überzeugte sich bei einer langen Rede allmählich, bis er am Ende seine unwiderrufliche Entscheidung verkündete"[48].

In den *Mänaden* ist die Sexualität, die die göttliche Raserei durchtränkt, oral-sadistischer Natur. Von Dionysos, dem Weinspender selbst, heißt es, „man gießt den Gott vor allen Göttern aus"[49]. Er wird von den Tieren symbolisiert, die seine Anhängerinnen säugen und verschlingen, und weiter entfernt auch von Pentheus, den seine Mutter in göttlicher Verzückung Glied für Glied zerreißt. Oraler Sadismus lag ganz ähnlich der leidenschaftlichen Rhetorik zugrunde, durch die Hitler seine Zuhörer sowohl speiste als auch von ihnen gespeist wurde[50]. Zweifellos durchdrang er ebenfalls das hysterische Kreischen, das seine Rhetorik auslöste. Trotzdem war seine Wirkung auf Zuhörermassen und auf Deutschland in der Gesamtheit von derselben Art wie seine Wirkung auf einzelne, und letztere schrieb man eher seinen Augen als seiner Zunge zu[51]. Beide Wirkungen wurden wiederholt mit den gleichen Ausdrücken bezeugt. Einer seiner konservativen Minister zitierte die „Suggestionskraft, durch die er den einzelnen ebenso bezwang wie die Masse“[52], und ein anderer fand es „unbestreitbar... daß etwas von ihm ausstrahlte, das sich sowohl Einzelpersönlichkeiten als besonders der großen Masse mitteilte“[53]. Dieses „besonders“ entspricht der Beobachtung eines seiner Generale: „Um die größtmögliche Wirkung der eigenen Suggestivkraft zu erreichen und womöglich auch, um sein Selbstvertrauen zu stärken, zog Hitler ein nicht zu kleines Publikum vor“[54]. Nur so unterschied sich Hitlers suggestive Wirkung auf einzelne von seiner suggestiven Wirkung auf Gruppen: dem Ausmaß nach[55]. Eine häufige Bezeichnung dieser Wirkung lautete „hypnotisch“ oder „hypnoid“, sogar im kollektiven Fall. „Flammende, stahlblaue Augen“ oder abermals „merkwürdig zwingende Augen“ beherrschten den Sinn Kurt Lüdeckes für den „hypnotischen Bann“, in den Hitler ein ganzes Publikum zugleich schlug: „Der ganze Mann“, fand Lüdecke, „war in seinen Augen, seinen klaren, offenen, dominierenden hellblauen Augen konzentriert“[56]. Andere Zeugen attestierten seine Kraft der „rhetorischen Hypnose“ oder seine Fähigkeit, eine Zuhörerschaft in eine „an Hypnose grenzende Massenpsychose“ hineinzureden[57]. „Suggestiv wirkte der Führer, das ganze Volk glaubte an ihn“, so daß „jeder, der einen Befehl erhielt, handelte“, erklärte sein Nürnberger Apostel Julius Streicher 1946 von der dortigen Anklagebank aus[58]. Der folgenden Schilderung eines niederen Parteigenossen aus dem Jahr 1934 fehlt nur das Wort „hypnotisch“: „Mai 1927 hatte ich mit meinen Kameraden Gelegenheit, unserem Führer in die Augen zu sehen und aus seinem Mund zu hören, wie Deutschland gerettet werden kann. Dieses werde ich nie vergessen, denn ich glaube, daß unser Führer eine Kraft ausstrahlt, die uns alle stark macht"[59]. „Massenhypnose – das erklärt es kaum", höhnte Hans Frank in seiner Todeszelle[60], und wieder: „Dieser sogenannte faszinierende Blick war nichts anderes als das Starren eines gefühllosen Psychopaten!"[61]. Aber dann wies Frank auf Hitlers „herrliche graue Augen" hin, um zu erklären, wie Hitler „Arbeiter, Juristen, Wissenschaftler, Frauen und Kinder an sich gelockt habe, um sie zu vernichten!"[62]. Am aufschlußreichsten war die verrückte „Offenbarung", mit der Rudolf Heß am 4. Februar 1945 aus seiner Amnesie erwachte: die von seinen Landsleuten begangenen Greuel beruhten auf dem hypnotischen Einfluß des Weltjudentums, der „bis herauf zum Führer selbst" gereicht habe und an den „glasigen und verträumten Augen" der Betroffenen abzulesen gewesen sei[63].

Vielleicht übte Hitler, Freuds Theorie oder Forsters Beispiel folgend, absichtlich Hypnose in geringer Entfernung aus. „Faszinierend waren seine blauen Augen, die auf keinen ihren Eindruck verfehlten"[64], stellte sein Fotograf fest. „Jetzt verstehe ich auch, warum diese Leute von seinen hypnotischen Augen sprechen", notierte ein Interviewer im Juni 1931 über „all die Gesprächspartner, die er auf seine Seite ziehen möchte"[65]. Bei einer Lagebesprechung am 27. Januar 1945 erklärte Hitler selbst: „Ich habe heute noch eine unangenehme Arbeit. Ich muß den [norwegischen Marionetten-Regierungschef] Quisling heute noch hypnotisieren"[66]. Mindestens Speers unlösbare Fixierung auf Hitler scheint nicht visuell herbeigeführt worden zu sein. Speer behauptet nämlich, daß Hitler einmal versuchte, ihn mit dem Blick zu besiegen, und es nicht schaffte – obgleich der Blick nicht zu enden und die Anspannung fast unerträglich schien[67].

Wie auch immer bewirkt, war das Ergebnis rundum in Hitlers Kreis ähnlich[68]. Heß' Bindung an Hitler war „nahezu magisch", seit sie 1920 begann[69]. Goebbels vertraute seinem Tagebuch am 19. April 1926 an: „Adolf Hitler, ich liebe Dich"[70]. Himmlers Masseur versicherte, „Hitler habe eine ungeheure suggestive Wirkung auf Himmler gehabt", und fügte hinzu, daß der Massenhenker in panikartige Furcht geriet, wenn Hitler ihn zu sich bestellte – „eine animalische, ‚grundlose', nervenbedingte Angst"[71]. Hitler zog Ribbentrop „magnetisch“ an, wie Ribbentrop in Nürnberg gestand[72]. „Kaltenbrunner“, erinnerte sich ein Mitarbeiter des Reichssicherheitschefs, „war von der Persönlichkeit Hitlers bis zuletzt geradezu fasziniert“[73]. „Doch ging eine ungeheure Magie von ihm aus“, beteuerte rückblickend sein Finanzminister Schwerin von Krosigk[74]. Der ehemalige Reichsarbeitsführer Konstantin Hierl beobachtete, „dem Banne seines Geistes und Willens verfielen auch geistvolle und starke Persönlichkeiten“[75]. Ein Besucher der NS-Parteizentrale, selbst kein Nazi, meinte 1931: „es unterliegt gar keinem Zweifel, daß Hitler auf seine Umgebung eine suggestive Kraft ausübt, von deren Maß man sich nur schwer einen Begriff machen kann“[76]. Im Verlauf seiner gesamten Karriere bemerkten Nichtnazis seine „ganz faszinierende Persönlichkeit“[77] oder seinen „sehr bemerkenswerten Grad persönlicher Faszinierungskraft“[78]. Allerdings behaupteten so wenige Deutsche, sie hätten sich dieser Faszination bei einem mehr als flüchtigen Zusammensein entziehen können, daß ihre Behauptungen verdächtig wirken[79]. Selbst gemischte Reaktionen waren selten – zumindest dort, wo die negative Komponente siegte[80]. Alle seine Nicht-Nazi-Mitarbeiter in der Führung seines Reichs, von Hindenburg, Papen, Blomberg und sogar Schacht in der ersten Stunde[81] bis zu den Offizieren, Beamten und Angestellten bei ihm im Bunker[82] in der letzten Stunde, gerieten samt und sonders unter seine „suggestive Kraft“ und damit seine „lähmende Gewalt“. Diese beiden unterschiedlichen Wirkungen der „Ausstrahlung seiner Persönlichkeit“ wurden von Otto Dietrich identifiziert. Die zweite spürten Leute, die ihm ins Gesicht widersprechen wollten: Ihr entschlossen aufgebrachter Mut fiel in sich zusammen und ließ sie „wie in einer Art geistiger Narkose außerstande, ihren eigenen Standpunkt noch vorzutragen“[83]. Das war die gleiche “suggestive Kraft..., die immer wieder sogar Menschen für ihn gewann, welche ihm kritisch gegenüberstanden“, wie Karl Dönitz behauptete, – „jedenfalls dann, wenn sie sich in seiner Nähe befanden und solange dies der Fall war“[84]. Wie Stauffenberg es schließlich fertigbrachte, seine Bombe zu plazieren, ist ein Rätsel, auch wenn er seiner Frau sechs Wochen vorher, als er zum erstenmal in Hitlers

Nähe gekommen war, erklärt hatte, die berüchtigten Augen hätten nicht auf ihn gewirkt - sie seien „wie hinter Schleiern" gewesen[85].

Vor und in dem Ersten Weltkrieg übte Hitler auf niemanden einen derartigen Zauber aus. Sein früherer Einfluß auf Kubizek und Bloch lag auf der gleichen Linie, doch nicht vergleichbar. Desgleichen seine jugendlichen Überredungskünste, als er beispielsweise den Sanitätsarzt des österreichischen Heeres zu dem Befund veranlaßte, er sei zum „Waffen- und Hilfedienst untauglich, zu schwach" - kurz nachdem er im Februar 1914 in München wegen Stellungsflucht aufgestöbert worden war und nicht lange, bevor er freiwillig bei der bayerischen Armee seinen jahrelangen unermüdlichen Frontdienst antrat[86]. In seiner Jugend war er ein Einzelgänger, in den Gruppen, bei denen er zeitweise lebte, kaum beachtet - so in seinen Schulen in Linz und Steyr, im Männerheim in Wien, im Regiment List. Sein Charisma datierte aus Pasewalk. Es war jedoch nicht gerade Teil seines Traumas oder gar ein allgemeiner traumatischer Effekt: Ebenso stark und noch stärker Traumatisierte laufen auf offener Straße herum, ohne daß ihnen irgendjemand nachläuft. Als politischer Redner übte er sich früh, sich für seine Auftritte in Szene zu setzen und seinen Vortrag wirksam zu steigern[87]. Vielleicht modulierte er sogar seine Worte, um die rationalen Gehirnzentren seiner Zuhörer zu trüben und die emotionalen zu aktivieren[88]. Aber solche „psycho-prosodischen Einflußmöglichkeiten"[89], selbst aufs höchste gesteigert, bleiben hinter der hypnotischen Verzauberung zurück. Und die Magie, die seine durch „die suggestive Kraft seines Willens" beseelte „Rednergabe" auf Zuhörerschaften ausübte, hätte sich auch dann zu keiner nationalen Verzauberung gesteigert, wenn er vor insgesamt 35 Millionen Deutschen sprach[90], denn rein suggestive Effekte halten kaum an. Dönitz brauchte Hitlers Hauptquartier nur zu verlassen, um sich „von der Suggestion durch Hitler... freizumachen"[91]. Quislings Hypnose mußte dann und wann erneuert werden. Abgesehen von solchen besonderen Bemühungen wie bei Quisling und einer solchen besonderen Empfänglichkeit wie bei Quisling, machte Hitler auf Nichtdeutsche „so gut wie keinen Eindruck"[92].

Keitel spricht in seinem letzten Erinnerungsbericht von „der für Dritte, insbesondere für Ausländer nicht verständlichen suggestiven Überzeugungskraft des Führers“[93]. Die persönliche Magie war ja mit der nationalen Botschaft verbunden. „Es kam vor, daß Hitler ausschließlich ‚Deutschland! – Deutschland! – Deutschland!' in den Saal rief und begeisterte Akklamation evozierte“[94]. Wer konnte das sonst noch?

Noch einmal: Die Magie war mit der Botschaft verbunden. Soweit aus den Quellen ersichtlich ist, verfielen spätere Mitarbeiter dann seinem Bann, wenn er – meist vom Rednerpult aus – seine Politik erläuterte. Speers Ergebenheit war äußerlich zwar die unpolitischste, doch sie begann, als der damalige Architektur-Assistent der „suggestiven Überzeugungskraft“ erlag, die Hitler 1930 bei einer Rede in der Berliner Universität vermittelte. „Dieser Eindruck“, erinnerte sich Speer später, „war weitaus tiefer als die Rede selbst, von der ich nicht viel in Erinnerung behielt“[95]. Der Rest saß. Der Henkersknecht Hitlers, der dem Führer-Charisma anscheinend am wenigsten verfiel, war der tödliche Zyniker Heydrich. Doch wurde dieser 1928 als ehrgeiziger Marineoffizier von seiner ersten Hitlerrede gefesselt und schrieb seiner Schwester anschließend: „Einzig und allein er könne Deutschland retten“[96]. Heß' Verblendung ging am weitesten: Er hing „mit den Augen eines gläubigen Kindes an dem Mund seines vergötterten Führers“, um das überzogene Bild eines Beobachters zu gebrauchen[97]. Diese Anbetung war durchaus politischer Natur, gleich von Anfang an, als der ehemalige Frontkämpfer, der über dem deutschen Schicksal brütete, während er in München Geopolitik studierte, an einem Abend des Jahres 1920 „strahlend“ von einer Hitler-Versammlung zu seiner Pension zurückkehrte. „Nur der Mann – der Mann! Er sei alles!“ erklärte Heß[98]. Jener Mann besiegte auch den Münchner Jurastudenten Hans Frank durch „die unwiderstehliche Kraft seiner Rede“ auf einer öffentlichen Versammlung im Januar 1920: „Er sprach sich alles von der Seele und uns allen aus der Seele... Von diesem Abend an“, berichtete Frank, „war ich... überzeugt, daß, wenn überhaupt noch ein Mann, Hitler allein imstande sein würde, das deutsche Schicksal zu meistern“[99]. Bei zwei aufeinanderfolgenden NS-Kundgebungen am 11. August 1922 betörte Hitler den kosmopolitischen Abenteurer Kurt Lüdecke auf die gleiche Weise. „Ich bot mich ihm und seiner Sache bedingungslos an", so Lüdecke über die Folgen[100]. Julius Streicher, Haupt-Judenhetzer von Nürnberg, war Hitlers Rivale, bis er ihn im Frühherbst 1922 zum erstenmal sprechen hörte. „Als er fertig war mit seiner Rede", erzählte Streicher stolz, „da befahl mir eine innere Stimme, mich zu erheben. Ich erhob mich und drängte mich durch die Menge zum Rednerpult. Ich ging zu ihm und stellte mich vor. Ich sagte zu ihm: ‚Heil Hitler! Ich habe Ihre Rede gehört. Ich kann nur der Helfer sein, aber Sie sind der geborene Führer. Hier ist meine Nürnberger Bewegung.' An jenem Abend schenkte ich die Bewegung, die ich in Nürnberg geschaffen hatte, Adolf Hitler"[101]. (Das Geschenk verdoppelte Hitlers Anhängerschaft[102].) Der großspurige Kriegsheld Hermann Göring hörte im selben Herbst, wie Hitler bloße verbale Proteste gegen Versailles als sinnlos bezeichnete. „Diese Auffassung war Wort für Wort mir aus der Seele gesprochen", erinnerte sich Göring und fügte hinzu, er habe Hitler daraufhin im Büro der Partei aufgesucht. „Wir sprachen sofort über das, was uns beide bewegte, das Darniederliegen des Vaterlandes, und daß man sich mit dem nicht abfinden könnte... Ich sagte ihm, daß er über meine Person in vollem Umfang und über das, was ich bin und habe, verfügen könnte..."[103] Der kultivierte, spaßige Ernst „Putzi" Hanfstaengl war „gefesselt", als der „Virtuose auf der Klaviatur der Massenseele im Kommen" eine „dumpf brodelnde Masse" im November 1922 innerhalb einer Stunde in „eine bis ins Innerste ergriffene Gemeinde" verwandelte, indem er von der Wiederbelebung des deutschen Kampfgeistes sprach[104]. Der achtzehnköpfige Studentenzirkel des aus guter Familie stammenden Baldur von Schirach trat geschlossen in Partei und SA ein, nachdem sie Hitler 1925 in Weimar sprechen gehört hatten. „Er erschien mir als der Mann, der unserer Generation den Weg in die Zukunft freimachen würde", erklärte Schirach am Ende dieses Weges[105]. Der Journalist Otto Dietrich erlag dem Zauber erst nach seiner zweiten Rede innerhalb eines Jahres[106]. „Goebbels spürte den ungeheuren Willen

Hitlers und dessen magnetische Anziehungskraft und war ihm vom ersten Augenblick an verfallen“[107]. Vor jenem ersten Augenblick hatte der mephistophelische Manipulator in der Partei eine prosowjetische Politik befürwortet, so daß Hitler ihn von der Ruhr nach München zitieren mußte, um ihm eine Lektion über Lebensraum zu erteilen. Der Konflikt war ein für allemal gelöst, als Goebbels am 13. April 1926 in sein Tagebuch schrieb: „Ich liebe ihn“[108]. Ribbentrops erster, schicksalhafter Hitler-Kontakt war ein Tête-à-tête in Berchtesgaden. Dort belehrte Hitler den Händler für ausländische Spirituosen und Unterhändler in auswärtiger Politik über die nationale Zukunft. „Mir fiel besonders auf: seine blauen Augen in seiner dunklen Erscheinung“, erinnerte sich Ribbentrop in Nürnberg. Er ging aus dem Gespräch weg „mit der Überzeugung, daß, wenn überhaupt noch jemand, dieser Mann in der Lage sein würde, Deutschland aus dieser großen Schwierigkeit und Not, die damals bestand, zu erretten“[109]. Von Himmlers Fall ist nur belegt, daß er langsam war. Er scheint Hitler noch nicht, nicht einmal beim Putsch, zu Gesicht bekommen zu haben, als er am 19. Februar 1924 damit begann, vor seinen Freunden aus Hitler-Reden zu rezitieren, offenbar um für sein Debüt als politischer Redner neben seinem Job in der Düngemittelforschung zu proben[110]. Ungefähr dann, laut Himmlers Bruder, habe der desorientierte Traditionalist – „nach langem Suchen – schließlich in der Gedankenwelt Hitlers seinen Weg gefunden“[111]. Ein Rest von Unabhängigkeit zeigt sich jedoch in der Betrachtung über *Mein Kampf,* die sich Himmler drei Jahre später nach monatelanger enger Zusammenarbeit mit Hitler notierte: „Die ersten Kapitel über die eigene Jugend enthalten manche Schwäche“[112].

Was war denn nun eigentlich Hitlers „unglaubliche Suggestivkraft“?[113] Sie rührte von seinem Zusammenbruch von 1918 her, der aber kein ausreichender Grund dafür war. Sie wurde gelegentlich auf „Autosuggestion“ seinerseits zurückgeführt[114], aber das war ein logischer Schritt zurück. Häufiger zitierte man sein starkes Sendungsbewußtsein und seine bemerkenswerte Überzeugungskraft[115], obgleich er zweifellos keine x-beliebige Sendung oder Überzeugung hätte vermitteln können. Die umgekehrte Erklärung war verbreiteter. „Er fühlte, wonach die Menge sich sehnte, und münzte es in zündende Parolen um“, sagte sein Finanzminister[116]. Er brachte die „Sehnsüchte… Wünsche… Hoffnungen“ der Deutschen zum Ausdruck, meinte ein Experte über seine frühe Laufbahn: „. . . er sprach aus ihrem Herzen“[117]. Ein ehemaliger SA-Führer nannte dies „das ganze Geheimnis“ seines Erfolges, fügte aber den Nachsatz hinzu: „– und zugleich aus seinem Herzen“[118]. Jenes ganze Geheimnis macht Hitlers Worte zu einem Index für die Gefühle seines Publikums. Doch keiner von denen, die das Geheimnis kannten – noch nicht einmal der ehemalige SA-Führer oder der genannte Experte für die frühe Laufbahn –, scheint auch den Sinn des Gesagten erfaßt zu haben. In der Regel konnten sich die am meisten von ihm beeindruckten Zuhörer später am wenigsten an seine Aussagen erinnern. Es nützte nicht, die von ihm artikulierten gemeinsamen Befürchtungen und Phantasien unbewußt zu nennen[119], wenn er sie doch artikulierte. Und es genügt nicht, darauf hinzuweisen, daß er ein nationales Trauma ansprach, wenn er dabei persönlich stärker wirkte als das, was er sagte. Sicher, seine Botschaft kam auch in der Transkription an. „Ich las und hörte in den Jahren 28 und 29 von einem Adolf Hitler. Seine Worte gingen mir bis ins Mark“: Diese Erfahrung eines deutschen Bauern läßt sich millionenfach multiplizieren[120]. Wie Hitler es am 11. September 1936 in Nürnberg „meinen Fahnenträgern… in Kolonnen geordnet“ und damit auch dem dahinterstehenden Deutschland in liturgischer Diktion vortrug: „Ihr habt einst die Stimme eines Mannes vernommen, und sie schlug an eure Herzen, sie hat euch geweckt, und ihr seid dieser Stimme gefolgt. Ihr seid ihr jahrelang nachgegangen, ohne den Träger der Stimme auch nur gesehen zu haben…“[121] Immerhin intensivierte seine Gegenwart seine Botschaft durch den „gewaltigen Magnetismus seiner Persönlichkeit“[122]. Die Frage ist eben diese Intensivierung.

Da gibt es nur eine einzige Antwort – die richtige. Hitlers unheimliche persönliche Macht über die Deutschen beruhte darauf, daß er seine private traumatische Wut mit dem nationalen traumatischen Bedürfnis in Einklang brachte.

Das war ein gewaltiges Kunststück. Es erforderte des Teufels eigenes psychologisches Genie. Doch selbst damit wurde es nur durch drei historische Zufälle möglich. Hitler wurde aus einem Präzedenzfall des traumatischen Bedürfnisses der Deutschen heraus geboren, sein Zusammenbruch fiel zeitlich mit dem Deutschlands zusammen, und sein traumatisches Vorhaben ergänzte dasjenige Deutschlands. Sonst hätte er Pasewalk ungefähr wie der nächste vom Krieg Traumatisierte vor oder nach ihm verlassen: darauf versessen, seine traumatische Erfahrung nachzuvollziehen, doch ohne daß jener Imperativ irgend jemand sonst erfaßt hätte.

Durch die von der Niederlage von 1918 ausgelöste deutsche Rhetorik von Versklavung und Vernichtung klingt eine unbewußte nationale Regression in unerdenkliche Zeiten. Früher zogen Niederlagen oft genau solche Bestrafungen nach sich, wie sie Hitler weitgehend wieder einsetzte. Aber das hindert die auf der Hand liegende Logik des traumatischen Nachvollziehens einzelner nicht, auch für den Fall Deutschland zu gelten. Ein primitives Volk, das irgendwie eine plötzliche, überraschende Niederlage überlebte, hätte sie durchaus in dem Bemühen, die daraus entstandene Furcht zu meistern, selbstmörderisch nachvollziehen können. Individuen vollziehen unerträgliche Traumata gewöhnlich jenseits des Punktes ohne Wiederkehr nach, so wie Hitlers Mutter und Hitler selbst. Außerdem rechnen Primitive nicht mit der eigenen Zerstörbarkeit. Das tut in seinem tiefsten Innern niemand, genau wie sich niemand sein eigenes Ende vorstellen kann. Hitlers Insistenz, das deutsche Volk „an sich" sei unzerstörbar, klingt wie ein Echo aus längst vergangenen Zeiten. Wenn das kollektive Nachvollziehen also dem individuellen gleicht, scheint die kollektive Form die ältere zu sein – wie beim Seelenleben im allgemeinen. Trotzdem sieht es bei einem solchen Nachvollziehen genau so aus, als sei sein Prototyp der individuelle Organismus, der sich gegen Reizeinwirkungen abhärtet, indem er sich ihnen wiederholt aussetzt. Das ist problematisch, aber das Problem liegt zum Glück jenseits der Historie, sogar jenseits der Psychohistorie.

Gewaltige Strömungen kriegerischer Impulse festigen Nationen. Die nationale Identität innerhalb des Bismarck-Reichs war bis 1914 fraglich. Der Krieg selbst löst die Bereitschaft aus, in einen Zustand der Knechtschaft unter einem erhabenen Führer zurückzufallen. Aber die Deutschen fanden im Krieg 1914–1918 keinen Führer, den sie verehren konnten: der Kaiser war albern, Bethmann Hollweg fade, Hindenburg hölzern, Ludendorff metallisch. Also mußte das nationale Zusammenwachsen erst durch die Niederlage vollendet werden. Die deutsche „Schicksalsgemeinschaft", die der verlorene Krieg geschmiedet hatte, war Hitlers Gebiet. Daß sie aus den Gegebenheiten von 1914–1918 entstand, wirft die Frage nach ihrer psychologischen Kontinuität mit dem Preußen der Hohenzollern und, weit davor, mit dem Imperium der Staufer auf, auf die sich Hitlers Reich zunehmend ausrichtete. Richtig gesehen, müßte diese Frage der Untersuchung vorausgehen, die sie aufgeworfen hat – ein Paradoxon, das die Untersuchung nunmehr zu einem unlogischen Ende bringt.

VI. Offene Fragen

Es würde unendlicher Zeit und Weisheit bedürfen, um die volle Wahrheit irgendeines Teils der Realität zu erfassen. Und diesseits der vollen Wahrheit bleibt jede Einsicht vorläufig und jede Verbindung zwischen Einsichten fragil. Deshalb ist eine geordnete Darstellung miteinander verbundener historischer Einsichten schon ihrem Wesen nach irreführend, und sie ist um so irreführender, je häufiger sie Komplexes durchschneidet und Ungewisses übergeht. Doch genau das müssen interpretierende historische Darstellungen tun, wenn sie nicht abschreckend lange ausgesponnen werden sollen mit sich immer wieder verstrickenden Fäden. Bei der vorliegenden Arbeit mußte um so mehr durchschnitten und übergangen werden, da das Quellenmaterial so reich und doch so lückenhaft ist und da ich Bedeutungen herauslas, die sich auch hinter dem flüchtigsten Traum immer weiter entfalten können.

Ich ließ die ständig bohrenden Fragen nach Hitlers Halluzination von Pasewalk offen – angefangen mit der, ob diese Halluzination spontan oder induziert war. Die vorhandenen Indizien weisen zuerst in die eine, dann in die andere Richtung. In so schweren Fällen wie bei Klara Hitler wird die Jodoformbehandlung von Delirium begleitet. In allen Fällen treten fieberhafte Unruhezustände auf. Fieberhafte Unruhe war bei Hitler nach dem Ersten Weltkrieg chronisch. Vermutlich hat die Gelbkreuzgasvergiftung sie bei ihm anstelle der gewöhnlichen depressiven Apathie ausgelöst. Sie ist mit Forsters falscher Diagnose auf psychopathische Hysterie vereinbar. Außerdem wird Weiß' Roman-Hitler in Pasewalk von nervöser Unruhe heimgesucht, und Weiß wurde von Forster informiert. Möglicherweise hat sich Hitler die letzten Symptome seiner Mutter zu eigen gemacht, als er seine Vergiftung mit der ihren assoziierte. Das könnte sein Halluzinieren erklären[1]. Ebenso aber auch Forsters Behandlung. Nach sämtlichen Berichten, seine eigenen eingeschlossen, bestand Forsters Medizin für Kriegshysteriker regelmäßig in lautem Anbrüllen wegen schamloser Drückebergerei. Daß er dieses Mittel bei Hitler anwandte, läßt eine Anspielung auf ihn in einer Abhandlung von 1922 vermuten, in der er Kriegshysterie als schamlose Drückebergerei bezeichnete[2]. Eine Passage aus *Mein Kampf* läßt eher auf ein Anbrüllen wegen seines Selbstmitleids schließen: „Und als mich endlich selbst – noch in den letzten Tagen des fürchterlichens Ringens – das schleichende Gas anfiel und sich in die Augen zu fressen begann, und ich unter dem Schrecken, für immer zu erblinden, einen Augenblick verzagen wollte, da donnerte mich die Stimme des Gewissens an: elender Jämmerling, du willst wohl heulen, während es Tausenden hundertmal schlechter geht als dir"[3]. Die Stimme ist hörbar die von Forster. Ihr Donnern hätte Forster bei Hitlers Rückfall nicht daran gehindert, zur Hypnose zu greifen, wie es der Roman-Forster bei A. H. tut[4]. Und die vom Romanhelden ausgedrückte Ansicht, die Hypnose sei die Leistung des Patienten, war die von Forster. Durch Hypnose kann Forster den Patienten von seinem Rückfall erlöst haben, ohne daß er dessen Beschwerden besser verstand als Weiß. Hitlers Identifizierung von Forsters Stimme mit der Stimme seines Gewissens sieht wie eine Nachwirkung eben einer solchen Behandlung aus. Das gleiche gilt für die Haltung als Willensmensch, die Hitler nach Pasewalk einnahm[5]. Und das gilt auch für seine Vorstellung vom Deutschen, mit dem eigenen gleichlaufenden Zusammenbruch als Funktionsstörung des Volkswillens, die mit ermahnenden und hypnoiden Mitteln zugleich behandelt werden müsse. Bei der Erinnerung an eine Mission aus einer hypnotischen Trance hätte er die gleiche Ungewißheit über die Art der Übermittlung gezeigt, die er tatsächlich zeigte[6]. Eine noch tiefere Ungewißheit läßt sich aus seinem Befehl an die Gestapo herauslesen, alle Dokumentation seiner Behandlung in Pasewalk zu vernichten[7].

Das Gas, das Hitler traf, birgt eine Komplikation, der ich ausgewichen bin. Es war nicht richtig gasförmig; es wurde nicht eingeatmet; es war vielmehr ein Spray, der sich beim Absetzen verflüssigte. Als es auf Hitlers Haut kondensierte, assoziierte er es mit Blochs Jodoform. Aber dann erweiterte er es, um es auch mit erstickendem Kampfstoff zu assoziieren. Daraus resultieren die Gaskammern. Daraus resultierte auch ein Schornstein über dem Luftschacht seines Berliner Bunkers, der Giftgas abhalten sollte[8]. Entsprechend unterbrach er einmal eine Militärkonferenz, um einen Panzer mit verbessertem Auspuffsystem zu entwerfen, das mögliche Erstickungsgefahren verhindern sollte[9]. Und als er 1941 eines Tages las, in Breslau sei ein älterer Jude namens Luftgas zu zweieinhalb Jahren Gefängnis verurteilt worden, weil er 65 000 Eier in einer Kalkgrube gehortet habe, befahl er stattdessen sofortige Exekution. Die Überschrift des die Erschießung bestätigenden Protokolls liest sich wie ein Galgenwitz: „Betrifft: Strafsache gegen den Juden Luftglass (nicht Luftgas)“[10].

Nun zu anderen Schwierigkeiten, die ich umgangen habe. Über den Hitler des Ersten Weltkriegs berichtete ein zuverlässiger Zeuge, daß „die Engländer für ihn Verräter an der großen Sache“ gewesen seien[11]. Das würde einen Hauptpunkt seines Programms zur Neuauflage dieses Krieges antizipieren. Am anderen chronologischen Ende dieses Programms reicht kein Beweis dafür aus, daß sein Versuch, Rußland zu erobern, einfach scheitern mußte. So meinen die Sachkundigen. Dennoch bedurfte es seiner dortigen Massenexekutionen, um ernsthaften Widerstand gegen seine Invasion zu wecken[12]. Wenn sie entscheidend waren, war sein expansionistisches Programm aber nicht von vornherein auf Scheitern angelegt. In diesem Fall würde sein rassisch-ideologischer Kurs eine neue Bedeutung dafür gewinnen, daß man ihn als Führer akzeptierte.

Der ödipusbewußte Leser wird fragen, wo Hitlers Vater[13] in seiner Politik bleibt. Die Antwort lautet: in einem Nebenmotiv. Die Verhätschelung an der Brust machte Adolf besonders anfällig für den klassischen Moment der Unwahrheit, in dem ein Junge, der anfängt, Angst vor der Kastration durch den Vater zu haben[14], sich an sein Abstillen erinnert und es als Warnung vor der Kastration auslegt. Der kleine Adolf sah in seinem Vater also den Schuldigen für das Abstillen – also dafür, daß die Mutterbrust entfernt worden war. Bloch wurde dem Vater angenähert, sobald die Mutter sich ganz in seine Hände gegeben hatte[15], und dem kastrierenden Vater, sobald er die Entfernung der Brust der Mutter anordnete, besonders weil die Mutter dadurch ebenfalls in gewisser Hinsicht kastriert wurde. Hitlers vorübergehende Blendung implizierte seinen Kastrationskomplex, denn Blendung symbolisiert Kastration: siehe Ödipus. Sein Groll gegen den Vater lebte gegen den Staat wieder auf, den er daranging auszurotten und zu ersetzen[16]. „Es ist dann kein Wunder, erklärte er 1927, „wenn gerade die Besten eines solchen Staates sich dagegen zu wenden beginnen, denn gerade die Besten und Größten wurzeln mehr als alle anderen in ihrem Volk, sind nicht Kinder des Staates, sondern ausschließlich Kinder der Allmutter, ihres eigenen Volkstums. Dem sind sie entsprossen und ihm dienen sie." Er fuhr fort, die „erhabenste Mission" des Staates sei es, „die Mutter alles Lebens zu beschirmen und zu beschützen"[17]. Er erotisierte diese „erhabenste Mission" zehn Jahre später, als er nach Zerstörung des Weimarer Staates Kreis- und Gauamtsleitern gegenüber im Vertrauen prahlte: „... wir allein sind befugt, das Volk als solches ... zu führen. Die Lebensbeziehungen der Geschlechter regeln *wir*. Das Kind bilden *wir!*"[18]

Und nun das schwierigste ungelöste Rätsel. Hitlers Bild vom „Juden" war neben und jenseits der verzerrten Bloch-Prägung von 1907 ein Selbst-Bild. Genauer gesagt, ein Teil davon war seine Selbst-Spiegelung und den anderen Teil äffte er nach. Jüdische „Inzucht"[19], „der jüdische Haß"[20], jüdische „alttestamentarische Rachsucht"[21], der Jude als „der größte Meister der Lüge"[22], der Jude, der „aus der Nacht ... den Tag" macht[23], der jüdische Kampf „aufs

Ganze" gegen den Nazismus[24], die Juden, „die skrupellos jedes Amt übernehmen, die brutal alle Völker zu versklaven verstehen"[25]: All das fiel auf ihn zurück. Der „jüdische Weltherrschaftstraum", „das Ziel: Weltherrschaft", „sein letztes Ziel ist: Weltherrschaft"[26]: Auch diese unablässige Beschuldigung fiel auf ihn zurück[27]. Hitler formulierte seine Ostpolitik vor, als er 1920 behauptete, daß der Jude „die gleichen Raubzüge unternimmt, wie er sie einstens unternommen hat", und erklärte: „Der jüdische Grundsatz lautet: Erst teilen, dann herrschen!"[28] Er verstand den Nationalsozialismus als „Ersatz" für Marxismus, der wiederum das Christentum als jüdisches Werkzeug abgelöst habe, um „das rassebewußte Europa" zu unterwerfen[29]. Die Mission seiner Bewegung sah er darin, dem Marxismus „eine nicht minder weltanschauliche und nicht minder zur Brachialgewalt entschlossene nationale [Bewegung] entgegenzustellen"[30]. Nach dem Putsch organisierte er seine Partei nach dem kommunistischen Vorbild um, nannte München ihr Moskau und machte sich das marxistische Projekt zu eigen, die liberale Republik mit ihren eigenen legalen Mitteln zu unterwandern. Das Judentum, beharrte er, war „niemals eine Religions-, sondern nur eine Rassengemeinschaft"[31], deren Erfolgsgeheimnis die Rassenreinheit gewesen sei[32]. Wenn andere Völker ihre Werte zugrunde richten, ihr Blut verpesten, dann muß *das* Volk zwangsläufig bestehen bleiben, das sich selbst absolut rein hält": so lautete entsprechend sein Rezept für Deutschland[33]. Er nannte die Juden eine „satanische Macht, die von unserem ganzen Volke Besitz ergriffen hatte", bevor er die Macht selbst übernahm[34]. Er zitierte jüdische religiöse Schriften und Apokryphen, um seine Judenpolitik zu rechtfertigen. Jahrelang lebte er als Ausländer und dann als Staatenloser in Deutschland, was er den Juden nachsagte[35]. Er brachte sich bei, mit den Händen zu sprechen, worüber er sich bei den Juden lustig machte[36]. Er imitierte den jüdischen Tonfall, bis er auf seinen eigenen abfärbte[37]. Er stilisierte sich zu einem jüdischen Propheten hoch und dann zu einem Messias: einsam und kompromißlos; mit leidenschaftlicher, explosiver, magischer Sprache; von oben gesandt, um sein Volk aus der Knechtschaft zu führen und ihm das tausendjährige Reich zu schenken[38]. Nach der Gründung seines tausendjährigen Reichs bemerkte er, sein Widersacher sei „jener internationale Jude" gewesen, „der glaubte, daß jetzt die Zeit gekommen war, sein tausendjähriges Reich aufzurichten"[39]. Er identifizierte sich vorbehaltlos mit Jesus, dem „genialen Volksredner", der aus bescheidenen Anfängen eine welthistorische Bewegung in Gang gesetzt habe und – „zu schlechter Letzt" – dem Arier, der sich bei den Juden als einer der ihren ausgegeben habe, um dann die Peitsche gegen sie zu ziehen[40].

Dieses unheilvolle Selbst-Projizieren wäre psychologisch ganz plausibel, wenn Bloch als „der Jude" mit dem großen Rivalen verknüpft wäre, den der kleine Adolf hatte vernichten wollen, um dann seinen Platz einzunehmen – das heißt, wenn Adolf vermutet hätte, sein Vater sei jüdischer Abstammung. Diesbezügliche Gerüchte liefen seit den frühen zwanziger Jahren um. Er muß sie für unbegründet gehalten haben, als er sie Ende der dreißiger Jahre von Parteianwalt Hans Frank untersuchen ließ, um sie zurückzuweisen; sonst hätte er Frank kaum so weit getraut. Frank berichtete in seiner Nürnberger Todeszelle von seinen Ergebnissen: Die zweiundvierzigjährige Anna Maria Schicklgruber hatte Alois als Hausmädchen bei einem jüdischen Kaufmann empfangen, der später für das Kind Alimente zahlte[41]. Der angebliche Anlaß für Hitlers Befehl, der Sache nachzugehen – laut Frank ein hinterhältiger Brief des („wenn ich nicht irre") Sohnes von Hitlers Halbbruder, in dem das ärgerliche Gerücht erwähnt wurde – läßt sich verifizieren[42]. Dies spricht stark für Franks Bericht seiner Nachforschungen, selbst wenn er sich nicht genau an Namen und Wohnort des Kaufmanns erinnerte[43]. Beredter sind in dieser Hinsicht Hitlers Richtlinien für sein Rassengesetz vom 15. September 1935: Juden (und er weigerte sich, die Bestimmungen auf Volljuden beschränken zu lassen) durften Arier nicht heiraten, mit ihnen nicht geschlechtlich verkehren und keine deutschen Hausmädchen unter fünfundvierzig Jahren beschäftigen[44]. Wenn Franks Bericht stimmt, wurden damit Alois' Ehe mit Klara, ihre vorehelichen Beziehungen und die Zeugung Hitlers rückgängig gemacht. Aber ein Hitler, den Franks Ergebnisse so eindeutig beunruhigten, war auch ein Hitler, der genauso eindeutig von ihnen überrascht wurde.

Klara Hitler vollzog ihr mütterliches Trauma beim Stillen des kleinen Adolf nach, dann vollzog sie auch dieses Nachvollziehen nach – mit tödlichem Ausgang. Hitler selbst vollzog sein Jodoform- und Giftgastrauma in Etappen nach – „Operation Reinhard", „Euthanasie", „Endlösung" –, die in seinem Selbstmord und Deutschlands Zerstörung gipfelten. (Daß er sich das Trauma etappenweise – nämlich 1907 und 1918 – zugezogen hatte, mag erklären, weshalb er es etappenweise nachvollzog, vielleicht sogar, weshalb er das Nachvollziehen des deutschen Traumas auf Etappen programmierte.) Er vollzog sein Gastrauma auch separat durch den Putsch nach, und das Putschtrauma vollzog er hinterher mit Röhm als Sündenbock für ihn nach; übrig blieb davon nur als Schuld-Andenken die psychomotorische Störung, die nach Stalingrad wieder auftrat. Wie ist es nun aber mit dem deutschen Niederlagetrauma von 1918: Wurde es mit Hitlers Reich begraben? Kaum. Es war bis aufs Letzte nachvollzogen worden, doch folgte auf das selbstgeschmiedete Unheil kein tragisches Erwachen (wie bei Pentheus' Mutter angesichts seiner zusammengelegten blutenden Gliedmaßen). Statt dessen klammerten die Deutschen den Nazismus allgemein aus ihrer Geschichte aus, selbst wenn sie ihre neue Niederlage und den erzwungenen Rückzug aus der Weltpolitik als „die Katastrophe" bezeichneten. Gleichzeitig scheinen die Nach-Nazi-Deutschen politisch jahrelang aus Hitlers letzter Hoffnung heraus gelebt zu haben, jene „Katastrophe" abzuwenden. Bei einer traumatischen Wiederholung wird die Tendenz, das traumatische Ergebnis bis zur äußersten Konsequenz zu treiben, von dem vergeblichen Bemühen es abzuwenden begleitet. Unter Hitler diente dieses Bemühen jener Tendenz bis zuletzt: Deutschland wurde bis zum bitteren Ende verteidigt, während man auf den angekündigten Zusammenstoß zwischen den westlichen und östlichen Invasoren wartete. Die deutsche Nachkriegspolitik begann als vergebliches Bemühen, diesen Zusammenstoß doch noch zu provozieren, und ging dann allmählich in gegenseitige Provokationen zwischen dem ultra-washingtonhörigen Westdeutschland und dem ultra-moskauhörigen Ostdeutschland über. Seitdem haben sich zwei Staaten entwickelt, die beiden antithetischsten and antagonistischsten auf den entgegengesetzten Seiten der gleichen Scheidelinie. Der politische Abstand zwischen ihnen wirkt wie ein gemeinsames Wollen. Wenn es das ist, dann bietet er ein glücklicheres Ventil für die von 1918 herrührende deutsche Pathologie als der Hitlerismus.

Jene Pathologie war unter Hitler bösartig, jedoch nicht absonderlich. Sie umfaßte Rassendiskriminierung, Rassentrennung und Ausrottung, aber diese bezog Hitler aus dem amerikanischen Erbe, in erster Linie über Cowboy- und Indianergeschichten[45]. Das Unternehmen Barbarossa verschärfte nur die Greuelintensität neuerer europäischer Kriege gegen Europäer, nicht gegen Afrikaner oder Asiaten. Sein Massenmordzoll in der Sowjetunion – über eine Million Juden und fünf Millionen Nichtjuden – reichte kaum an Stalins eigenen heran. Mit Ausnahme dieser sogenannten Exzesse verursachte die Militäroperation den Deutschen damals keine Skrupel und später keine Gewissensbisse. Denn verglichen mit dem Durchschnittsmenschen wie dir, mir und Hitler sind Nationen bösartig. Das macht die nationale Aggression zum idealen Ventil für die private. Auch in diesem Zirkelschluß paßten Hitler und Deutschland gut zueinander. Am besten aber dort, wo ihre Begegnung das vorherbestimmte Ende fand: in Hitlers makabrer Erfüllung, die zugleich Deutschlands Selbstkasteiung war – und die ebensowenig läuterte, wie Selbstkasteiungen überhaupt.

Anhang

A. Die Halluzination von Pasewalk

Hitlers erste belegte Schilderung seiner Pasewalk-Halluzination ist vielleicht die aus den Jahren 1921 oder 1922, von Karl Wiegand 1939 aufgezeichnet:

> Mit einfachen Worten erzählte er mir einmal, wie der göttliche Auftrag zu ihm kam. Es war genau bei Kriegsende im November 1918, als er, nach einem Gasangriff an der Front erblindet, im Pasewalker Lazarett lag. „*Und als ich dort lag, überkam es mich, daß ich das deutsche Volk befreien und Deutschland groß machen würde.*" Das war alles. Die Botschaft, Eingebung, oder wie man es immer nennen mag, lautete nicht, er „solle" oder „müsse"; sie lautete, er „würde". Dieses Wort enthielt für ihn das Versprechen, die Versicherung, daß er die Mission erfolgreich ausführen würde[1].

Eine ähnliche Version wurde in einem Leitartikel der *Frankfurter Zeitung* vom 27. Januar 1923 zitiert:

> Über die Vergangenheit des Führers, des aus Österreich stammenden Dekorationsmalers Adolf Hitler, erzählte kürzlich der rechtsgerichtete „Politische Wochenbrief" des Ringverlags, der nur vertraulich

versandt wird, daß Hitler während der Revolutionszeit kriegsbeschädigt im Lazarett gelegen und von einer Art Blindheit befallen gewesen sei, aus der ihn eine innere Ekstase befreit habe, die ihm die Aufgabe stellte, der Befreier seines Volkes zu werden[2].

Ein nicht identifizierter Vertrauter von Reichskanzler Cuno, der Hitler persönlich nicht kannte, berichtete Ende 1922 aus München:

Nach seinen eigenen Erzählungen ist er während einer schweren Verwundung im Lazarett nach Durchdenkung aller seiner Erlebnisse im Krieg und in der Heimat zu der Überzeugung gekommen, daß Marxismus und Judentum die schlimmsten Feinde des deutschen Volkes sind. Es sei ihm durch seine Lebenserfahrung zur Gewißheit geworden, daß überall, wo der deutschen Nation ein Unglück oder ein Schaden erwachsen sei, als letzter Urheber ein Jude dahinter stehe[3].

Hier datierte Hitler seinen politischen Antisemitismus auf Pasewalk, aber die göttliche Mission fehlte. Sie war jedoch wieder da in seinem Bericht an Ernst Hanfstaengl, der sich im November 1922 seinem Kreis angeschlossen hatte und Franklin Roosevelt 1942 mitteilte:

Hitler machte schon früh publik, daß er im Lazarett in Pasewalk von einer anderen, höheren Welt den Befehl bekommen hatte, sein unglückliches Land zu retten. Diese Berufung kam in Form einer übernatürlichen Vision zu Hitler. Er beschloß auf der Stelle, Politiker zu werden. Er glaubte, er habe die Mission, Deutschland zu befreien[4].

Das stimmt mit den „Informationen von Ernst Hanfstaengl" überein, die der amerikanische Abwehrdienst 1943 über Hitler bekam:

Er erzählte Hanfstaengl, daß er bei seinem Lazarettaufenthalt in Pasewalk im Herbst 1918 eine übernatürliche Vision bekam, die ihm befahl, sein unglückliches Land zu retten. Aufgrund dieses Erlebnisses beschloß er, Politiker zu werden und all seine Kraft daran zu setzen, den erhaltenen Befehl auszuführen[5].

Hitler wollte dem Journalisten Ludwell Denny „kein Interview geben"; der erfuhr dann aber trotzdem (für einen im März 1923 erschienenen Artikel) „etwas von seiner Geschichte":

Im Krieg wurde er verwundet oder erblindete durch Angst oder Schock. Im Lazarett war er anfällig für ekstatische Visionen von einem siegreichen Deutschland, und bei einem dieser Anfälle wurde sein Augenlicht wiederhergestellt[6].

Für einen biographischen Abriß, der einem kurz vor dem Putsch veröffentlichten Band seiner Reden vorangestellt wurde, beauftragte und unterrichtete Hitler einen gewissen Viktor-Adolf von Koerber[7]. „Im Lazarett des pommerschen Landstädtchens Pasewalk" – so Koerbers Schilderung der Episode –

„steht in verdunkeltem Raum ein einzelnes Bett. Eine Schwester legt kühlende Binden auf des Kranken tote Augen. Er schreckt empor. Unablässig tönt trunkenes Gröhlen von der Kaserne herüber, in der einst pommersche Landessöhne zu stolzen Männern erzogen wurden. Königskürassiere, Sieger von Hohenfriedberg, Sieger aus tausend Schlachten der preußisch-deutschen Kriegsgeschichte, Leibkürassiere Ihrer Majestät der deutschen Kaiserin!

Der Schwester Arme stützen den Gequälten, der sich hochauf bäumt. Sie will ihn auf die Kissen zurückdrücken, diesen sonderbar unheimlichen Patienten, der erblindet und verstummt eingeliefert wurde, diesen ... wie lautete der Personalbogen: „... Gefreiter, zusammengebrochen im feindlichen Gasangriff. Gelbkreuzgasvergiftung ...", mehr weiß sie nicht von ihm. Doch sie sieht das unsägliche Leiden dieses Halbtoten, dessen Mienenspiel von Tag zu Tag mehr, dessen ins Weite deutenden [*sic*] Gesten immer bestimmter andeuten, daß er das Furchtbare weiß, das über Deutschland hereingebrochen! Keine der schmachvollen Nachrichten aus Kiel, München und nun aus dem Novemberberlin ist in dieses einsame Krankenzimmer gedrungen. Und dennoch, – die Schwester liest es von des Gemarterten Antlitz: „Nicht die eigne Qual, die Katastrophe, die mich gefällt, nicht, daß ich die Sonne noch den gestirnten Himmel, daß ich – die Heimat nie wieder erblicken soll, nein, was da draußen geschieht, das ich höre, fühle, – *sehe!* Das ist unerträgliche Qual! Mein Deutschland!"

Den zuckenden, fiebernden Soldaten der verratenen Armee hält die Schwester in ihren Armen. Und ein höherer Zwang drängt ihr gute Worte auf die Lippen, Glaubensworte an Deutschlands Wiederauferstehen. Und es vollzieht sich ein Wunder. Dieser der ewigen Nacht Geweihte, der sein Golgatha durchlitten in dieser Stunde, seelische und körperliche Kreuzigung, erbarmungslosen Kreuzestod bei wachen Sinnen, der Ärmsten einer aus der gewaltigen Schar zerbrochener Helden – dieser wird *sehend!* Der Krampf seiner Züge glättet sich. Und in einer Ekstase, die einzig dem sterbenden Seher eigen, erfüllt neues Licht seine toten Augen, neuer Glanz, neues Leben! –

Ein stummer, erblindeter Waffenloser ward eingeliefert in das Lazarett des pommerschen Landstädtchens. Ein hochaufgerichteter Kämpfer schreitet hinaus in die entdeutschte deutsche Welt. Er ist gewaffnet bis an die Zähne mit dem Rüstzeug des Glaubens, des Willens und der Siegesgewißheit! Unüberwindliche Waffen![8]

In einer Biographie aus dem Jahr 1935 berief Rudolf Olden sich auf die Hitler-Vorverhöre im Putsch-Prozeß, deren Protokolle nicht mehr erhalten sind. „Sicher scheint“, berichtet Olden,

„daß Hitler in Pasewalk nervös, zerrüttet, verwirrt war... Er hörte ‚Stimmen‘, und die Stimmen riefen ihn auf, Deutschlands Retter zu sein“[9].

Beim Putschprozeß selbst sagte Hitler aber nur aus, in der Nacht nach der Revolution in Berlin

entstand mein Entschluß. Das große Schwanken in meinem Leben, ob ich mich der Politik zuwende, oder ob ich Baumeister bleibe [sic], nahm ein Ende. Ich habe mich in dieser Nacht entschlossen, daß, wenn ich das Licht wieder bekäme, ich mich der Politik zuwenden würde[10].

Diesmal war das Wunder endgültig der Selbstzensur zum Opfer gefallen. Aber er hatte es nicht etwa vergessen. 1931 schrie er Richard Breiting an:

Wissen Sie, daß ich einmal blind war? Als die Roten im November 1918 Deutschland verwüsteten, da lag ich blind im Kriegslazarett. Damals bin ich sehend geworden. Ich gehe meinen Weg bis zum Ende[11].

B. Klara Hitlers Tod

Das wichtigste Dokument für Klara Hitlers medizinische Behandlung von 1907 sind die von Dr. Eduard Bloch geführten Aufzeichnungen (siehe die folgende Abbildung). Ihre erste Konsultation vom 14. Januar 1907 sieht wie eine jährliche Routineuntersuchung aus, denn über ihrem Namen und ihrer Adresse notierte Bloch, daß sie ihn zuvor am 3. Januar 1906 aufgesucht hatte. 1941 erinnerte er sich, daß sie im Januar 1907 wegen starker Brustschmerzen zu ihm kam und daß er die Schmerzen auf Krebs zurückführte, der sich bereits ausgebreitet hatte[12]. 1943 ergänzte er, die vier Tage später durchgeführte Operation habe Metastasen am Rippenfell gezeigt[13]. Der Chirurg, Karl Urban, gab dem Hauptarchiv der NSDAP gegenüber nur an, die „schwere Operation" habe „eine volle Stunde" gedauert[14]. Aus den Krankenhaus-Akten geht hervor, daß die Patientin achtzehn Tage später entlassen wurde[15]. Der Linzer Hitler-Forscher Franz Jetzinger beobachtete: „Mutter Klara scheint sich von der Operation ziemlich erholt zu haben, denn sie war immerhin einigen Frauen in Urfahr vom Einkaufen her bekannt"[16]. Sie zog Mitte des Jahres zweimal um und verbrachte den Sommer größtenteils in ihrem Heimatdorf mit Adolf und Paula bei ihrer Schwester[17]. Adolf fuhr zwischen seiner Besprechung bei Bloch am 27. September und der Aufnahmeprüfung der Kunstakademie am 1. und 2. Oktober nach Wien. Spätestens am 22. Oktober war er wieder in Linz, und zwar für die erste seiner zwei Konsultationen bei Bloch vor Klara Hitlers Jodoformbehandlung. Kubizek verschob das Datum der Rückkehr etwas ungenau: „... ich glaube, es war schon spät im November"[18]. Bloch sagte dagegen, Adolf sei „nach ein paar Wochen" wieder aus Wien zurückgekommen[19], während Paula Hitler in ihren Erinnerungen an jene Zeit Adolfs vorübergehende Abwesenheit überhaupt nicht erwähnte[20]. Offenbar war er nicht lange genug fort, um Kubizek eine Karte zu schreiben[21]. Doch scheint er eine an Bloch geschickt zu haben mit dem Text: „Von meiner Wiener Reise die herzlichsten Grüße, Ihr stets dankbarer Patient Adolf Hitler"[22]!

Für die folgende Behandlung kaufte Bloch vermutlich Jodoformgaze in Streifen von fünf Metern, was am wirtschaftlichsten war. Ein solcher Gazestreifen mit 10% Jodoform kostete damals in Österreich 3,75 Kronen, mit 20% 4,80 Kronen und mit 30% 5,80 Kronen[23]. Von diesen Beträgen entfielen 1,32, 2,64 bzw. 3,96 Kronen auf den Jodoform-

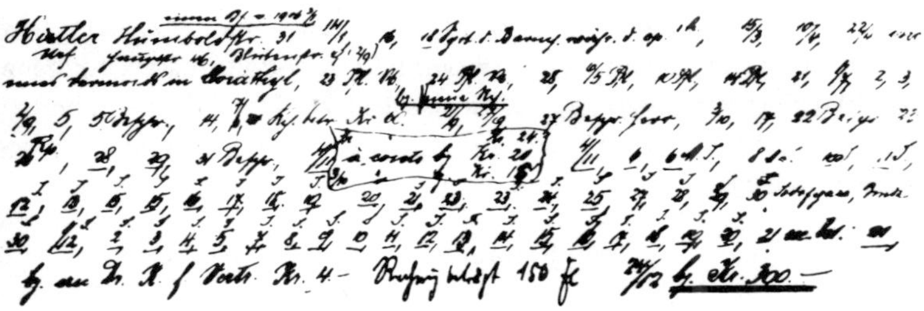

Die Hitler-Eintragungen in Dr. Eduard Blochs Patientenbuch von 1907, nach einer Fotokopie im ehemaligen Hauptarchiv der NSDAP (BAK NS26/65/38). 1938 übergab Bloch einem Vertreter des Hauptarchivs das Patientenbuch in einem versiegelten Umschlag für den Führer persönlich (ebd. 31–33); das Schicksal des Buches ist unbekannt. Bloch nahm 1940 eine Kopie der Eintragungen mit nach New York (Office of Strategic Services, Befragung März 1943, „Hitler Source Book" 21); sie ist nicht mehr erhalten (Brief von Dr. Frank Kren vom 24. September 1971). Offensichtlich wurden die Eintragungen aus täglichen Notizen kompiliert – bis „Kr. 60" bei einer einzigen Sitzung und bis auf die beiden letzten Einträge bei einer zweiten. Sie dienten Bloch als Grundlage für die Honorarberechnung. Unterstreichungen von Daten bedeuten Hausbesuche. Der Text lautet: „*Hitler* Humboldtstr. 31"; über dem Strich „einen Bs. v. 1906 3/1" (ein Besuch vom 3. Januar 1906); darunter: „Urf. Hauptstr, 46, Blütenstr. 9" (die Adressen der Wohnungen in Urfahr, einem Vorort von Linz, wohin die Hitlers im Spätfrühling bzw. Spätsommer 1907 zogen); „Spit. d. Barmh. währ. d. Op. 1*h*." (Spital der Barmherzigen Schwestern während der Operation 1 Stunde); „*inc* eines Dermoids in Cloräthyl" (Inzision eines Dermoids in Chloräthyl); „Pfl. Vb." (Behandlung, Verband); „Pfl. Vb."; „Pfl."; „Pfl."; „Pfl."; Bespr." (Besprechung – offensichtlich mit Adolf, da ein Datum ohne Zusatz eine Besprechung mit Klara bedeutete); „Rch. betr. Kr. 60.–" (Rechnung beträgt 60 Kronen); über dem Strich: „bz.//neue Rch." (bezahlt, neue Rechnung fängt an); „Bspr. Herr" (Besprechung mit Herrn, vgl. obige „Besprechung"); „Bespr."; „Rp." (Rezept); „Bespr."; „à conto bz." (Akontozahlungen für Medikamente: die Daten „2/12" über und „3/10" unter der Zeile wurden offensichtlich eingeschoben und eingeklammert, ehe die nächste reguläre Zeile geschrieben wurde); „M. J." (Morphium, Jodoform); „M. J."; mehrmals „J." (nur Jodoform); „Jodofgaze, Binde" (Jodoformgaze, Verband, fast ausgeschrieben, s. „Bespr. Herr" oben); „ex. let." (exitus letalis: Tod); „*bz. an Dr. K. f. Vertr. Kr. 4.–*" (bezahlt an Dr. K. 4 Kronen für Vertretung); „Rechnung beträgt 150 fl" (150 Gulden oder 300 Kronen: nicht abgekürzter Eintrag von fremder Hand); „*bz. Kr. 300.–*" (bezahlt 300 Kronen).

gehalt[24]. Für 10 Gramm Jodoformpulver zahlte man in jenem Jahr 0,90 Kronen. Bei den insgesamt zweiundvierzig Jodoformanwendungen gab Bloch der Patientin Klara Hitler also jeweils folgende Durchschnittsmengen zu einem Gesamtpreis von höchstens 59 Kronen oder mindestens 35 Kronen:

	Gramm Jodoform		Meter Gaze	
Lösung	höchstens	mindestens	höchstens	mindestens
10%	5,5	3,2	1,9	1,1
20%	8,6	5,1	1,5	0,9
30%	10,5	6,3	1,2	0,7

Die Höchstkosten entsprechen der Summe der drei Akontozahlungen, wenn die vom 3. Oktober 15 Kronen betrug. Wenn sie 18 Kronen betrug, müßte man die oben aufgeführten Höchstmengen um jeweils rd. 5% vergrößern. Bei den Mindestkosten ist die Anzahlung vom 3. Oktober nicht berücksichtigt, da die nächste Akontozahlung in die Zeit vor der Jodoformbehandlung fiel. Sie enthalten außerdem nur 15 der am 2. Dezember angezahlten 24 Kronen, da diese möglicherweise für einen Monat, also einunddreißig Tage, reichen sollten, während die Patientin nur noch 19 Tage lebte. Diese Ausschließung ist allerdings kaum plausibel, denn sie würde bedeuten, daß 15 oder 18 Kronen für nicht registrierte Medikamente ausgegeben wurden, die bei nicht registrierten Anwendungen benutzt worden waren. Ein nicht ausgeglichener Rest von 9 Kronen ist plausibler: Er könnte von Blochs Schlußrechnung für Behandlungskosten abgezogen worden sein, die sich in diesem Fall auf etwa 309 Kronen belaufen hätten. Doch schon die Tatsache, daß Bloch keinen Rest registrierte, läßt vermuten, daß die Anzahlungen ganz ausgegeben wurden – und wenn die ersten fünfundzwanzig Anwendungen (bis einschl. 2. Dezember) 15 plus 20 Kronen gekostet hätten, dann hätten auf der gleichen Zahlungsbasis 24 Kronen genau die letzten siebzehn Anwendungen gedeckt. Besonders verwirrend ist der Akonto-Eintrag vom 3. Oktober, weil Bloch ihn erst vornahm, als er bereits an dem vom 4. November angelangt war und den vom 2. Dezember eingefügt hatte (ganz zu schweigen davon, daß er 18 Kronen in 15 Kronen änderte oder umgekehrt). Eine Anzahlung vom 3. Oktober müßte für eine vorher vereinbarte Behandlung bestimmt gewesen sein, die dann verschoben wurde – das heißt vereinbart, als Adolf in Linz war und dann in seiner

Abwesenheit verschoben. Was die Zahl von zweiundvierzig Anwendungen betrifft, so umfaßt sie alle Dateneintragungen von der zweiten für den 6. November bis zu der für den 20. Dezember einschließlich, obgleich ein „J." und fünf Unterstreichungen fehlen. Wenn angenommen wird, daß die Jodoformbehandlung früher anfing, als Blochs Aufzeichnungen zeigen, dann kann man die Akontozahlung vom 3. Oktober nicht unberücksichtigt lassen. Die Kolumnen „mindestens" würden dann entfallen, während die Höchstmengen um maximal etwa 16,5% für bis zu sieben zusätzliche Anwendungen abnehmen würden.

Die Mindestmengen für die gesamte Behandlung lassen sich mit dem zweiten Akontozeitraum separat vereinbaren, wenn man die 20 Kronen auf 24 Anwendungen verteilt, die mit dem ersten „J." am 6. November beginnen:

Lösung	Gramm Jodoform pro Anwendung	Meter Gaze pro Anwendung
10%	3,3	1,1
20%	5,1	0,9
30%	6,3	0,7

Nur eine der Anzahlungen entspricht genau einer Medikamentenmenge: Für 24 Kronen bekam man fünf Fünfmeterstreifen 20prozentiger Gaze. Wenn 20prozentige Gaze benutzt wurde, so war vielleicht der Überhang aus der früheren Anzahlung oder den früheren Anzahlungen für Verbandszeug benutzt worden, das ich oben nicht einkalkuliert habe, da der Preis dafür gering und auch variabel war. Der Morphiumpreis fiel nicht ins Gewicht: Eine Lösung mit 1 Gramm Morphium kostete samt Tropfflasche und allem 1,50 Kronen und ergab ungefähr hundert Injektionen. Die Tatsache, daß Bloch seine beiden Morphiuminjektionen trotzdem verzeichnete, weist darauf hin, daß seine Aufzeichnungen eine vollständige „Krankengeschichte" - so die Bezeichnung des Nazi-Archivs - darstellen und nicht nur als Rechnungsgrundlage dienten.

Ich kann mir nur drei glaubwürdige Spezifikationen für Blochs Rechnungen vorstellen:

	A	B	C
Kronen je Praxisbesuch	2	2,50	2
Kronen je Hausbesuch	3	5	4
Kronen je Behandlung	3	1	2
Erste Rechnung:			
20 Praxisbesuche	40	50	40
5 Behandlungen	15	5	10
1 Krankenhausbesuch, 1 kleiner Eingriff 2 Verbände, Äthylchlorid	5*	5*	10*
Insgesamt	60	60	60
Zweite Rechnung:			
8 Praxisbesuche	16	20	16
49 Hausbesuche	147	245	196
42 Behandlungen	126	42	84
Rezept; Akonto-Schuld oder -Guthaben	7*	–11*	0*
Insgesamt	300	300	300

*) Zuzügl. des etw. Betrages, um den die Rechnung nach unten abgerundet wurde.

Alle drei Möglichkeiten liegen im unteren Bereich der in jenem Jahr in Deutschland zulässigen Honorarskala[25]. Die Möglichkeiten B und C sind aus vier Gründen wahrscheinlicher als Möglichkeit A: Bloch kann für die Anwendung der Jodoformgaze kaum jedesmal genausoviel verlangt haben wie für den Hausbesuch selbst; Hausbesuche kosteten 1907 in Deutschland etwa doppelt so viel wie Praxisbesuche; es wäre ein Widerspruch, wenn die Akontozahlungen nicht ausgereicht hätten; Bloch war nicht der Mann, der eine Rechnung um 7 Kronen (abzügl. eines evtl. Honorars für das von ihm verschriebene Rezept) aufgerundet hätte. Möglichkeit C ist wiederum plausibler als Möglichkeit B, da 10 Kronen ein realistischeres Honorar für die dritte Leistungsgruppe der ersten Rechnung sind als 5 Kronen und da die 4 Kronen, die Bloch am 21. Dezember an Dr. K. zahlte, kaum weniger sein konnten als das eigene Honorar für einen Hausbesuch. Und wenn Möglichkeit C stimmt, wurden die Akontozahlungen vollständig ausgegeben.

Wie immer man die Rechnungen aufschlüsselt – die 359 Kronen (einschließlich der Akontozahlungen), die Klara Hitlers letzte Behandlung kostete, machten auf jeden Fall gut 10 Prozent ihres Nachlasses aus[26]. Und jede den verfügbaren Beweisen angemessene Berechnung ergibt, daß die Patientin einer schweren, sogar tödlichen Vergiftung nicht entgehen konnte. Die amtliche Todesursache war Krebs, doch es war Bloch, der den Totenschein ausstellte[27]. Die tödlich wirkende Dosis Jodoform wird unterschiedlich mit zwischen zwei und vier Gramm je Anwendung, vier und sechs Gramm je Tag und sechs bis zwölf Gramm in der Woche angegeben, wobei die Aufnahme durch eine eiternde Wunde am giftigsten und ein geschwächter Organismus am empfänglichsten ist[28]. Bei der Kontroverse über Jodoformvergiftungen, die in den achtziger Jahren des vorigen Jahrhunderts ausbrach, berichteten andererseits einige Ärzte über postoperative Einzeldosen von 50, 100, 200 und sogar 300 Gramm ohne gesundheitsschädliche Wirkungen[29]. Der entscheidende Faktor wurde erst in den zwanziger Jahren unseres Jahrhunderts nachgewiesen, als Jodoform zum größten Teil von anderen Antiseptika verdrängt worden war: *wiederholte* Anwendung. Einige Patienten sind schon bei Einzeldosen empfänglich, aber wiederholte Anwendungen sensitivieren früher oder später alle übrigen[30]. In keiner von mir eingesehenen veröffentlichten Studie über Jodoformbehandlung mit oder ohne Vergiftungsfolgen wurde das Mittel annähernd so oft verabreicht wie bei Klara Hitler. Trotzdem erlag sie der Substanz erst spät; sie war von starker Konstitution. Bei zwanzig von einem Mediziner tabellisierten tödlichen Fällen trat der Tod durchschnittlich zwanzig Tage nach der ersten Anwendung ein; Klaras sechsundvierzig Tage wurden da nur zweimal übertroffen[31].

In Blochs späteren Erinnerungen kommt ebensowenig die Vergiftung wie das Jodoform selbst vor. Kubizek seinerseits erinnerte sich, daß Hitler ihn kurz vor dem Ende davon abgehalten hatte, Klara zu besuchen (bis auf ein kurzes Abschiednehmen), weil sie so „furchtbare Schmerzen" erlitt[32]. Aber Hitler selbst ergänzte Blochs Auslassung insofern, als er das Charakteristikum des Jodoformismus mit dem Krebstod assoziierte. Dieses Charakteristikum besteht darin, daß der Kranke unter quälendem Durst leidet, aber nicht trinken kann[33]. Und am 28. Dezember 1944 spekulierte Hitler, seine Ardennenoffensive (ebenfalls ein verzweifeltes Heilmittel in äußerster Not) hätte die Alliierten möglicherweise überrascht, weil sie u.a. der „Überzeugung" gewesen seien, „daß ich an sich bereits tot bin oder jedenfalls irgendwo an Krebs leide und nicht mehr leben und nicht mehr trinken kann"[34].

Bekanntlich interessierte sich der spätere Hitler ausnehmend für Medizin. Dabei wollte er immer „über die Wirkungsweise von Medikamenten usw. möglichst genau unterrichtet werden"[35]. Auch das weist auf 1907 hin[36].

C. Das mütterliche Trauma

Klara Hitlers drei ausgefallene Schwangerschaften zwischen Adolf und Edmund lassen sich an folgender Tabelle mit Hilfe von John Knodels genauer Auswertung der Fruchtbarkeitsdaten aus dem Jahre 1905 für drei bayerische Orte messen, darunter Schönberg in derselben Ecke Niederbayerns wie Simbach am Inn, die deutsche Seite von Adolfs Geburtsort Braunau[39]. Knodels Daten stammen aus einer amtlichen bayerischen Erhebung, die 1910 summarisch veröffentlicht wurde[40]. Diese bringt Zahlen nicht für Simbach selbst, da es keine lieferte, doch für mehrere nahegelegene Ortschaften. Aus den Daten über Burghausen, dem nächstgelegenen Ort (etwa 20 km südwestlich an der Salzach gelegen, wie Braunau am Inn), geht hervor, daß in jenem Jahr 86,1 Prozent der neugeborenen Kinder nicht gestillt wurden. In Neumarkt[41], zu dessen Amtsbezirk auch Schönberg gehört, waren es 87,2 Prozent. Diese beiden Zahlen entsprechen sich so weitgehend, daß Knodels Berechnungen für Schönberg wenigstens annähernd auch für Simbach-Braunau gelten dürften. Die Prozentsätze der erfaßten Orte in nächstgrößerer Entfernung von Simbach sind dem von Neumarkt ebenfalls ungefähr gleich: Altötting[42] 85,5 Prozent, Pfarrkirchen[43] 90,4 Prozent und Eggenfelden 91,9 Prozent. Auch die Säuglingssterblichkeitsziffer war für alle diese Orte in der Nähe Braunaus ungefähr so hoch wie in Schönberg. Das Intervall zwischen Klara Hitlers erster und vierter Entbindung betrug 3,93 Jahre, hätte aber 4,40 Jahre betragen müssen, um mit Knodels errechnetem Mittelwert der Intervalle zwischen aufeinanderfolgenden ehelichen Geburten in Schönberg entsprechend der Lebensdauer des vorangegangenen Kindes übereinzustimmen[44]. Klara ließ sich etwas weniger Zeit. Hätte

Kinder von Alois Hitler geb. Schicklgruber (7. VI. 1837 - 3. I. 1903) und Klara Hitler geb. Pölzl (12. VIII. 1860 - 21. XII. 1907)

Kind	[Vorausgegangenes Schwangerschafts-intervall*]	[Empfängnis*]	Geburt	Früher Tod
Gustav		[23. VIII. 1884]	17. V. 1885	8. XI. 1887 (Diphtherie)
Ida	[7 Mon., 14 Tage]	[31. XII. 1885]	23. IX. 1886	2. I. 1888 (Diphtherie)
Otto**	[6 Mon. ?]	[III. 1887 ?]	? ? 1887	? ? 1887 (Diphtherie ?)
Adolf	[8 Mon. ?]	[27. VII. 1888]	20. IV. 1889	
Edmund	[50 Mon., 10 Tage]	[30. VI. 1893]	24. III. 1894	2. II. 1900 (Masern)
Paula	[13 Mon., 5 Tage]	[29. IV. 1895]	21. I. 1896	

(*) Ausgehend von einer 267tägigen Schwangerschaft.
(**) Otto wurde 1887 in Wien geboren und starb „nach ein paar Tagen" (Paula Hitler)[37] oder „drei Tage nach der Geburt" (Kubizek)[38]. Bei einer normalen Schwangerschaftsdauer kann er selbst dann nicht vor Ende August 1887 zur Welt gekommen sein, wenn Ida überhaupt nicht gestillt wurde. Er muß jedoch vor dem 8. Dezember 1887 geboren worden sein, da Klara dann wieder in Braunau war, wo Gustav und Ida starben. Also war Klaras zweites Schwangerschaftsintervall auf jeden Fall kürzer als das erste, so daß der späteste Zeitpunkt vor dem 8. Dezember 1887 am wahrscheinlichsten ist.

sie das Tempo wieder genauso eingehalten, hätte Edmund 1,45 Jahre und nicht 1,63 Jahre - Knodels Mittelwert - nach Adolf zur Welt kommen müssen. Bei einer 267tägigen Schwangerschaft wäre er demnach etwa achteinhalb statt elf Monate nach Adolfs Geburt empfangen worden. Tatsächlich dauerte Klaras Schwangerschaftsintervall nach Adolfs Geburt mehr als fünfzig Monate, das heißt rund neuneinhalb Monate länger als ihr traumatisches mütterliches Erlebnis (17. August 1884 bis 2. Januar 1888)[45]. Schließlich hätte Paula 1,71 Jahre und nicht 1,85 Jahre nach Edmund geboren werden müssen, um ganz pünktlich lt. Knodels Mittelwert zu kommen. Sicher war dieser Mittelwert für einzelne Fälle nicht bindend, auch in Schönberg nicht, so daß meine zweiten Dezimalstellen etwas übertrieben sind. Immerhin steht fest, daß Klaras Gebärverhalten durchweg entschieden normal war, wenn man den anomalen Zeitraum zwischen Adolfs und Edmunds Geburt um die Dauer ihres mütterlichen Traumas reduziert.

Wenn schon das Stillen an sich in der Nachbarschaft Braunaus selten war, so war längeres Stillen so gut wie unbekannt. 1905 wurde in Neumarkt, Altötting, Pfarrkirchen und Eggenfelden von jeweils mehreren hundert erfaßten Kleinkindern keines über zwölf Monate hinaus noch an die Brust gelegt; nur in Burghausen wurden 1905 ein Kind (von 283) nach dreizehn Monaten, dann 1906 zwei Kinder nach zwölf Monaten noch gestillt. Für das Waldviertel, Klaras Heimat, das einen besseren Bezugsrahmen für sie bei ihrem mütterlichen Trauma abgegeben hätte als Braunau, sind leider keine diesbezüglichen Angaben bekannt. In einer Studie über ganz Österreich für diesen Zeitraum kam ein Forscher jedoch zu dem Schluß: „Die ungünstigsten Verhältnisse herrschen in den Alpengegenden und hier wieder mehr in den westlichen, an Bayern grenzenden Gegenden, als in den östlichen ...“[46] Für diesen leichten Vorteil der Säuglinge aus den östlichen Alpenregionen spricht auch ihre etwas niedrigere Sterblichkeitsquote[47]. Ob Vorteil oder nicht, ein Chronist von Volksbräuchen im Waldviertel klagte 1926 jedenfalls: „Die Pflege und Ernährung der Säuglinge läßt oft sehr viel zu wünschen übrig. Am besten sind die dran, denen die Mutterbrust gereicht wird. Oft werden Kinder aber nur mit Saugflasche (‚Flascherlkinder‘) und ‚Sutzl‘ [Schnuller] aufgezogen“[48]. Klara selbst war offenbar von all ihren Geschwistern weitaus „am besten dran“ (s. unten). Die Chronologie schließt jedoch aus, daß sie ihre Kinder vor Adolf lange stillte. Durch das Stillen wird der Wiederbeginn der Fruchtbarkeit nach der Geburt meist hinausgezögert, allerdings nicht unendlich lange: zwei bis drei Jahre scheinen das äußerste zu sein, was die physische Kausalität betrifft[49].

In der Gegend von Braunau starb fast jedes dritte Kind vor dem zehnten, in der Regel aber schon im ersten Lebensjahr[50]. Eine statistikbewußte Klara Hitler hätte um den neugeborenen Otto gebangt, Gustav und Ida aber in Sicherheit gewähnt.

D. Johanna Pölzls Kinder

Da Schwangerschaftsintervalle allgemein nach jeder Geburt länger werden, läßt die Tatsache, daß Johanna Pölzls fünftes und zehntes Intervall am kürzesten waren, auf mögliche Abgänge in den anderen Intervallen schließen. Da ferner das fünfte Intervall genauso lang war wie das zehnte, obgleich das zehnte Kind drei Wochen nach der Geburt starb, stillte Johanna wahrscheinlich im fünften Intervall, es sei denn, im fünften und zehnten Intervall kam es zu Abgängen. Die Kürze des fünften Schwangerschaftsintervalls läßt jedoch vermuten, daß sie normalerweise nicht länger als ein paar Monate stillte.

Kinder von Johann Pölzl (24. V. 1828 – 9. I. 1902) und Johanna Pölzl geb. Hüttler (19. I. 1830 – 8. II. 1906), verehelicht am 5. IX. 1848[51].

Kind	Geschlecht	Geburt [Tage zwischen Schwangerschaften*]	früher Tod
1	M	14. X. 49 [435]	11. XI. 49 (Schwindsucht)
2	W	16. IX. 51 [518]	10. X. 55 (Scharlach)
3	W	9. XI. 53 [355]	7. XI. 55** (Scharlach)
4	M	24. VII. 55 [293]	? ? 55 (Scharlach ?)
5	M	3. II. 57 [227]	
6	M	12. VI. 58 [525]	20. IV. 63 (Mumps)
Klara		12. VIII. 60 [694]	
8	W	31. III. 63 [301]	
9	M	19. X. 64 [655]	20. I. 65 (Darmgrippe)

Kind	Geschlecht	Geburt [Tage zwischen Schwangerschaften*]	früher Tod
10	W	29. IV. 67 [228]	20. V. 67 (Pocken)
11	W	5. IX. 68	

* Ausgehend von einer 267tägigen Schwangerschaft.
** In Wien.

Zwei Aspekte dieses Geburtenregisters sind vielleicht von besonderer Bedeutung für Klara. Erstens: Das Schwangerschaftsintervall nach ihrer eigenen Geburt war weitaus das längste bei Überleben des geborenen Kindes. Zweitens: Der dreifache Tod gegen Ende des Jahres 1855 war ein annähernder Präzedenzfall ihrer eigenen mütterlichen Tragödie, hatte jedoch, soweit aus den reinen Geburts- und Todesdaten hervorgeht, keinen Einfluß auf das spätere Fruchtbarkeitsverhalten ihrer Mutter.

Anmerkungen

Alle Quellenangaben sind entweder abgekürzt oder in Kurzform gehalten. Um eine zitierte Quelle zu identifizieren, siehe unter *Quellen* (S. 247). Entbehrliche Angaben und Satzzeichen sind ausgelassen. Daten sind folgendermaßen bezeichnet: Tag, Monat in römischen Ziffern, Jahr (seit 1879 nur die beiden letzten Ziffern): 14. XI. 38 für 14. November 1938. Daten ohne Zusatz gelten für Hitlers Reden. Zahlen, denen ein „s. S." vorangeht, sind Querverweise auf Text bzw. Anmerkungen dieses Buches.

Buchmotto: Domarus 643.

I. Das „jüdische Gift" (S. 16 bis 57)

1 Klöss 49.

2 Hitler *Kampf* 64, 66; Karl Honisch in BAK NS26/17a/XIV; Wiedemann 54; Schaltenbrand 333.

3 BAK NS26/52/88 (8. XI. 30).

4 IfZ Friedrich Krohn ZS89/5. Krohn fügte jedoch hinzu (ebd. 6), er habe daraufhin arrangiert, daß Hitler eine Versammlung der Deutschen

Arbeiterpartei besuchte und deren Vorsitzenden, Anton Drexler, kennenlernte. In Wahrheit tat Hitler das im September 1919. Krohns Erinnerung geht also vielleicht auf einen Schulungsvortrag Hitlers bei der Reichswehr zurück. Oder sie war falsch: s. Tyrell *„Trommler"* 228, 243.

5 Müller *Mars* 388. Ferner Deuerlein „Eintritt" 199–201; Benz 86; Müller *Wandel* 144 f.

6 Kempner 74.

7 Ebd. und Wiedemann 26 f. Ferner Westenkirchner in HSW: „... er wollte nie mehr sein als die andern." Ähnlich Heinrich Lugauer in BAK NS26/47.

8 Wiedemann 54.

9 s. auch 121–23. Aber seine Augen waren schon vorher bemerkenswert: Jetzinger 163; Schaltenbrand 333.

10 Autobiographischer Brief vom 29. XI. 21 in BAK NS26/17a; maschinenschriftliche Protokolle von Hitlers Hochverratsprozeß BAK NS26/1927–1/35; Hitler *Kampf* 54–70.

11 Kubizek 287–90; Hitler *Kampf* 59–70. Ferner Jetzinger 207–18; Maser *Hitler* 307 f.

12 Wiedemann 33 f., 209; Schmidt, Westenkirchner in HSW.

13 Karl Honisch in BAK NS26/17a; Hans Raab, Hans Bauer, Heinrich Lugauer in BAK NS26/47.

14 Zu Dr. Eduard Bloch: unten passim. Zu Leutnant Hugo Gutmann: Wiedemann 25 f.; Niekisch *Leben* 282 f.; Schmidt, Westenkirchner in HSW. Ferner Bericht Renate Bleibtreus vom 1. XI. 38 in BAK NS26/17a; Maser *NSDAP* 69.

15 Mend passim; Mend-Akte im BDC. Ferner Maser *Hitler* 138–40.

16 Brandmayer passim.

17 Greiner passim (ähnlich Befragung Greiners in Daim 27–34, 248 f.); Greiner-Akte im BDC. Hanisch 271 („In jenen Tagen war Hitler keineswegs ein Judenhasser. Er wurde später einer") entwertet Greiner, dessen Hitler-Geschichten absurd waren, während Hanisch die seinen lediglich ausschmückte.

18 Deuerlein „Eintritt" 184 f., 201–05.

19 Ebd. 199.

20 IfZ Friedrich Krohn ZS89/5 – s. aber oben Anm. 4. Ferner IfZ Max Amann ZS809/2.

21 Maser *Hitler* 150 und Anm. 109 (ferner Anm. 106, 153 und Anm. 131); Hitler *Kampf* 225.

22 *Advance* 282.

23 BAK NS26/12.

24 Hitler an Mayer 4. XI. 16, Hitler an Brandmayer 21. und 28. XII. 16 in HIS; Brandmayer 71, 88.

25 Wiedemann 29. Ferner Westenkirchner in HSW.

26 Schmidt, Westenkirchner in HSW. Ferner Hillgruber *Wehrmacht* 1295 (Hitlers Befehl vom 8. IX. 42): „Für jeden braven Soldaten sind das Regiment bzw. die Division seine Heimat."

27 BAK NS26/12; Schmidt, Westenkirchner in HSW; drei Postkarten an Max Amann in DLC, Manuscript Division.

28 BAK NS26/12; Westenkirchner in HSW.

29 BAK NS26/12; Schmidt, Westenkirchner in HSW.

30 BAK NS26/1927-1/36; Hitler *Kampf* 210-12.

31 Brandmayer 51.

32 Schmidt in HSW.

33 Westenkirchner in HSW.

34 Briefe über Hermann Heer von Stadtverwaltung Rothenburg ob der Tauber 21. XII. 70, Krankenbuchlager Berlin 14. I. 71, Trudl Schmidt 22. I. 71.

35 Ebd. Hitlers Militärakte in BAK NS26/12/8-18; Hans Raab, Hans Bauer, Heinrich Lugauer in BAK NS26/17a; Hermann Heers Militärakte in HStA KA 1385 Res. I. R. 16, 5. Kp., Bd. 1, I-1166, 1 Div. D/23, 9, S. 239.

36 BAK NS26/1927-1/32; *Münchener Neueste Nachrichten* 27. II. 24.

37 s. Büscher 63-131, bes. 111-13; weitere Hinweise in Ermert 3 f.

38 Hoegner *Republik* 123; Brief von Wilhelm Hoegner 5. III. 71.

39 Gosset I 71 Anm. 1: Kersten 209. Ferner S. 13 und Anm. 91.

40 Karl Kroner in DNA Records of the OSS, Navy Intelligence Report 31983 Reykjavik 21. III. 43; Gespräch mit Balduin Forster 18. VI. 73.

41 Büscher 112, 119, 130; vgl. Forster „Nervensystem" 303-05 über Psychopathie.

42 Hitler *Kampf* 223, 221 resp.

43 Gosset I 71. nach Hitlers Aussagen bei seinem Hochverratsprozeß in BAK NS26/1927-1/36-37 erreichte die Nachricht von der sich ausbreitenden Revolution Pasewalk am 5. - 6. XI. 18, und seine seelische Krise endete am 9. XI. 18, doch in Hitler *Kampf* 222-25 dauert die Krise einige Tage nach dem 10. XI. 18 fort.

44 s. Anhang A.

45 UAG Personal-Akten Nr. 487 Marie Forster an Kurator 10. XI. 33 Anlage.

46 Forster „Reaktion" 312 f. und passim.

47 Brief von Jürg Zutt 19. XI. 73.

48 Gespräch mit Balduin Forster 18. VI. 73.

49 Bonhoeffer 1516.

50 Forster „Nervensystem" 301–03.

51 Ebd. 300.

52 UAG Personal-Akten Nr. 487, 22. XII. 24.

53 Ebd. 8. I. 25.

54 Brief von Jürg Zutt 19. XI. 73; Bonhoeffer 1516.

55 AHU Medizinische Fakultät-Dekanat, Acta... betreffend: *Disziplinaria der Universitätslehrer* 1906–1930, Medizin. Fakultät, Nr. 1415/44 f.; UAG Personal-Akten Nr. 487/16–43 und passim.

56 Forster „Selbstversuch" 12–14. Ferner Forster „Reaktionsformen" 215, „Nervensystem" 308.

57 UAG Medizinische Fakultät Nr. 156.

58 Forster „Suizidneigung" 766.

59 Schwarzschild 273 (wo Forster fälschlicherweise Förster geschrieben wird). Gespräch mit Walter Mehring 10. VIII. 75: Forster warnte ausdrücklich vor künftigen Berichten über seinen Selbstmord. Ähnlich Sommer „Gesucht".

60 Mehring 248. Ähnlich Sommer „Gesucht" (mit „Protokoll" statt „Dokumente").

61 Gespräch mit Walter Mehring 10. VIII. 75.

62 Schwarzschild 273.

63 *Braunbuch* 127–29 und gegenüber 57 und 73, 383. Ferner Binion „Concept" 205 und Anm. 98 f.

64 UAG Personal-Akten Nr. 487/56–74.

65 Rudolf Nissen in Brief von Werner Hügin 27. VI. 73.

66 UAG Personal-Akten Nr. 487/75–76, 85.

67 Gespräch mit Balduin Forster 18. VI. 73.

68 UAG Personal-Akten Nr. 487/95.

69 Ebd. 64, 75, 85 (Rücks.); Gespräch mit Balduin Forster 18. VI. 73.

70 UAG Personal-Akten Nr. 487/75–90.

71 Gespräch mit Balduin Forster 18. VI. 73.

72 Telefongespräch mit Dirk Forster 19. VI. 73.

73 Gespräch mit Balduin Forster 18. VI. 73.

74 Brief von Jürg Zutt 19. XI. 73.

75 Gespräch mit Walter Mehring 10. VIII. 75 (Weiß wurde Alfred Döblin vorgezogen). Lt. Mehring konnte Schwarzschild das Pasewalk-Material nicht veröffentlichen aus Angst vor Verbot seiner Zeitschrift.

76 Wollheim 73 f. und Telefongespräch mit Mona Wollheim 14. IX. 72; Kesten V, XXII.

77 Weiß 134–51.

78 Ebd. 138; Forster „Nervensystem" 300. Ferner Forster „Reaktion" 373–76; Weiß 117–20. Trotz gelegentlicher Erwähnung des Begriffs „Unterseele" ist die Ansicht des Weißschen Romanhelden auch Forsters.

79 Weiß 151.

80 Ebd. 214.

81 Ebd. 204.

82 Ebd. 222.

83 Ebd. 191, 211.

84 Ebd. 222.

85 Kesten V, XXII. Ferner Walter 291; Deutsche Bibliothek Frankfurt am Main, Abteilung IX Exil-Literatur 1933–1945, Literaturarchiv EB 70/117.

86 Weiß 136–38, 144.

87 Koerber 7 (Anhang A).

88 Gespräch mit Balduin Forster 18. VI. 73; Weiß 148–50.

89 Ermert 22.

90 Forster „Reaktion" 381; Weiß 146. Weiß deutete auch an, A. H.'s Hysterie liege eine sexuelle Störung zugrunde (144, 148) – ein Irrtum über Hitler, der sich, ob er nun von Forster oder Weiß stammt, nicht darauf auswirkt, ob Forster Hypnose benutzte oder ob Weiß Forsters Aufzeichnungen benutzte. Außerdem setzt Weiß' offensichtliche Verwendung zusätzlicher Quellen über Hitlers früheres Leben (bes. *Mein Kampf*) Forster als Quelle für die Behandlung in Pasewalk nicht herab.

91 Letztere – die Originale der inoffiziellen Fallgeschichte von Weiß' Held – scheinen mit dem für Schwarzschild kopierten Krankenblatt identisch zu sein (s. S. 25 und Anm. 61).

92 Hitler *Kampf* 772.

93 *VB* 2.–3. IX. 28 in Tyrell *Führer* 208.

94 Koerber 88.

95 Genoud *Le Testament* 148 (2. IV. 45), Domarus 2239 (29. IV. 45).

96 Dieser Bericht über Klara Hitlers letzte Krankheit wird in Anhang B ergänzt.

97 BAK NS26/65/37: „Sarcoma pectoris. Pector[um] minor" („Brustkrebs. Kleinere Brust" - vermutlich die linke).

98 Ebd.

99 BAK NS26/65/88, 110.

100 DNA „Book" 21.

101 Ebd. Ferner BAK NS26/65/91; Bloch 36; Oplt 4 (Alois Hitler jr.: „Die Stiefmutter hat immer zu ihm gehalten - sie ließ nichts über ihn kommen"); Kubizek 45, 49 f.

102 Daten von der Akademie der bildenden Künste, Wien, Brief vom 16. IX. 71. Wien war damals von Linz in einer Bahnfahrt von nur fünf Stunden (Mindestfahrpreis 5,30 Kronen) bzw. drei Stunden und zwanzig Minuten (7,40 Kronen) zu erreichen: Brief vom Österreichischen Eisenbahnmuseum 12. IX. 72. Ein zugelassener Kandidat wäre aber in den acht Tagen nach bestandener Prüfung vollauf mit Vorbereitungen beschäftigt gewesen: Brief von der Akademie der bildenden Künste 31. VII. 72.

103 Magdalena Hanisch an Frau Motlach 4. II. 08 („fand keine Aufnahme mehr"), bei Smith *Hitler* 113 und Maser *Hitler* 82; Kubizek 153, 188–93.

104 „Adolf Hitler in Urfahr", Anlage zum Bleibtreu-Bericht in BAK NS26/17a; Kubizek 157.

105 s. S. 183.

106 BAK NS26/65/91 (Blochs Brief vom 7. XI. 38); Bloch 36; DNA „Book" 21 (Befragung vom 5. III. 43).

107 Hitler *Kampf* 16.

108 BAK NS26/65/90; Delmer 30. Er berief sich auf das ärztliche Berufsgeheimnis, das dann bei der Atlantiküberquerung fortgespült wurde.

109 Bloch 37. DNA „Book" 21; (BAK NS26/65/31). Zu Blochs fehlerhaftem Gedächtnis s. auch Kurth „Jew" 20 Anm. 28.

110 Brief von Gertrude Kren 22. XI. 71.

111 Kubizek 156; Brief von der Österreichischen Apothekerkammer, Landesgeschäftsstelle Oberösterreich 10. XI. 71.

112 Bloch 37.

113 BAK NS26/65/91.

114 Kubizek 157 f.

115 Hitler *Buch* 75 f. Hitler gebrauchte hier nicht die Bezeichnung „Heilmittel", sondern „Operation", die sich aber nicht auf den Eingriff bezogen haben konnte, den Bloch prompt anordnete und selbst nicht ausführte. Vgl. Hitler *Kampf* 463.

116 Hitler *Buch* 74, s. auch unten Anm. 128, S. 37 f. und Anmerkung 130.

117 Domarus 78 (27. I. 32). Das „von Zeit zu Zeit" schloß Blochs kleinen postoperativen Eingriff vom 22. IV. 07 ein: s. S. 183.

118 s. König passim; Ewald passim; Zimmermann 25–29; Bourdette 15 f.; Mayer und Gottlieb 468; Lewin 467; Deichmann und Gerarde 331; Oettinger 70; Großmann 772; Hauschild 59; Gleason et al. 82; Braun 109; Moeschlin 219. Deutschland war „in einem Fieber – einem hohen Fieber", erklärte Hitler im September 1930. „Dieses Fieber geht zwangsläufig weiter... Wenn das Delirium einsetzt, wird es zu spät sein": Baynes 994 zit. den *Sunday Express*. s. auch S. 37.

119 Ewald 129–32 141 f.; ferner Bourdette 13, 27.

120 Kubizek 159 f.

121 BAK NS26/65/91.

122 Bloch 37. Aber Kubizek 159: „Das Bett der Mutter stand jetzt in der Küche, weil diese tagsüber geheizt wurde."

123 CB Paula 3 (aus dem Englischen zurückübersetzt).

124 Kubizek 163.

125 BAK NS26/65/91, 94 (7. und 16. XI. 38).

126 Bloch 37.

127 Krause 52.

128 *Meyers* 609 f. Ferner Hitler *Conversations* 95; Bein „Parasit" passim, bes. 145 und Anm. 84, „Antisemitismus" 360. Einmal, als bei Hitler wie auf S. 34 f. und Anm. 116 f. und S. 37 f. und Anm. 130 vom Herumdoktern an Deutschlands tödlicher Krankheit die Rede war, ersetzte er Krebs durch Tuberkulose: Jochmann 101 f., 104 (28. II. 26). Und bei Viereck 237 ersetzte er ihn durch Auszehrung, fügte aber hinzu: „Wir brauchen starke Korrektiva, starke Medizin, vielleicht Amputation" und wieder: „Wir müssen jeden Krebs herausschneiden, der unser Leben zersetzt." Seine allgemeine Wendung steht in *VB* 31. I. 23 (29. I. 23): „Nationalismus ist vor allen Dingen auch ein Vorbeugungsmittel gegen Krankheitskeime, und der antisemitische Gedanke ist die notwendige Abwehr gegen eine Pest, welche die Welt heute ergriffen hat." In der gebräuchlichen Kurzform kämpften die Nazis um „die Genesung des

deutschen Volkskörpers", „die Wiedergesundung des Volkes" und dergleichen: Tyrell *Führer* 318 (Brief vom 11. V. 29), HStA AStA Sonderabgabe I 1480 (18. IX. 22).

129 Hitler *Conversations* 269. Vgl. Viereck 238 zit. Hitler: „Eine Krankheit zeugt viele."

130 Hitler *Kampf* 164–71. Zur jüdischen Identität von Marxisten und Marxismus bei Hitler s. auch ebd. 185, 350–352, 498; Hitler in *VB* 25. I. 23, 3. VIII. 29 (I. VIII. 29); Viereck 236 f.; etc. Bei seinem Hochverratsprozeß erklärte Hitler charakteristischerweise: „Ich kam nach Wien als Weltbürger und zog aus ihr wieder fort als absoluter Antisemit, als Todfeind der gesamten marxistischen Weltanschauung": BAK NS26/1927-1/35. Ferner Tyrell *„Trommler"* 48 und Anm. 277; Schott 158–87; Thies 29, 42, 45; Treue 204; Grieswelle 99; Adam 23; Schubert 28 f.; Calic 107 f.

131 Zit. nach Bleibtreu in BAK NS26/17a; vgl. Bloch 69 f.

132 BAK NS26/65/44; Briefe von Frank Kren 24. IX. 71 und Gertrude Kren 4. X. und 22. XI. 71.

133 Datiert auf den 14. XI. 38: Gertrude Kren in *History of Childhood Quarterly* II (1974) 267. Die Behauptung, der Führer habe Bloch als edlen Juden bezeichnet (Bloch 70) ist jedoch nicht plausibel, da Hitler immer seinen Standpunkt von 1923 bezog (Koerber 109), wenn Deutsche sagten: „‚Es gibt doch so viele anständige Juden!'... Die sogen. anständigen...Juden sind, um diese Sentimentalität auszuschalten, zuerst mit aller Schärfe zu bekämpfen!" Ferner Hitler in *VB* 25. I. 22.

134 Domarus 421 (13. VII. 34).

135 Ferner s. S. 151.

136 Karl Honisch in BAK NS26/17a.

137 Hitler an Ernst Hepp 5. II. 15 in Maser *Briefe* 101: s. S. 38 f.

138 Schmidt in HSW.

139 Westenkirchner in HSW.

140 s. z. B. Bein „Parasit" passim, bes. 129 f.; Jenks 125–42 und passim; Phelps „Thule" 247. Cohn 262–64: Der Begriff vom Juden als Vergifter geht bis ins 12. Jahrhundert zurück. Eine mögliche zusätzliche Determinante war das umgangssprachliche Äquivalent „Joden" = „Juden": Arends 186.

141 Oben Anm. 130. Ferner BAK NS26/17 a Hitlers autobiographischer Brief vom 29. XI. 21 (in Wien habe er ein „gründliches Studium... der damals zur Verfügung stehenden gesamten antisemitischen Literatur" betrieben).

142 Hitler *Kampf* 54–70.

143 Ebd. 59.

144 s. S. 37.

145 Kubizek 160 f.

146 Bloch an Bleibtreu 16. XI. 38 in BAK NS26/65/95. Kurth „Jew“ 23 Anm. 35: „Der Arzt erinnerte sich immer in erster Linie an die gegenseitige starke Bindung zwischen Mutter und Sohn und erwähnte sie spontan bei Unterhaltungen wieder und wieder.“

147 BAK NS26/54/178 (9. XI. 27.): „...die Quelle alles Lebens ist nicht der Staat, sondern das Volk an sich. Gerade die Besten und Größten... sind nicht Kinder des Staates, sondern ausschließlich Kinder der Allmutter, ihres eigenen Volkstums.“ „Mutter“ und „das deutsche Volk“ werden in Preiß 91 (8. XII. 28) direkt als Synonym gebraucht. Das deutsche Volk wird in Hitler *Kampf* 742 als „die germanische Mutter“ bezeichnet.

148 Vondung 173 (2. XI. 32). Ähnlich *VB* 7. VIII. 29 (5. VIII. 29: „das Volk als einen Körper von Fleisch und Blut und Knochen und seelischen Kräften“).

149 Vielleicht spielt es auch eine Rolle, daß er sein sechstes Lebensjahr mit der Mutter auf der deutschen Seite der Grenze verbrachte, bevor sie dem Vater nach Linz folgten.

150 Hitler an Ernst Hepp 5. II. 15 in Maser *Briefe* 101.

151 s. S. 35 f.

152 Hitler *Kampf* 220.

153 s. S. 20, 35 und 170 f. Die deutsche Bezeichnung für das Gas – Gelbkreuzgas – mag durch Assoziierung mit der gelblichen Farbe von Jodoform und der gelben Farbe des Davidsterns zu der Explosion beigetragen haben.

154 BAK NS26/1927–1/36 (Hochverratsprozeß).

155 Hitler *Kampf* 223 Widerhall von 221.

156 Ebd. 223.

157 Ferner Fest *Hitler* 115 und Anm. 125.

158 Außer daß er Pasewalk mit Säcken unter den Augen verließ: Wagner 30.

159 s. S. 181 f.

160 Picker 493 f. (30. V. 42).

161 Seine Ambitionen als Architekt, über die er sich jetzt hinwegsetzte, hatten vorher die destruktive Energie gebunden, die das Trauma

von 1907 freigesetzt hatte. Später machte er Architekten – Fritz Todt, dann Albert Speer – zu seinen Rüstungsministern.

162 Kubizek 72–84 und passim.

163 Ebd. 50; Schirach *Hitler* 4; Brandmayer 81 f.

164 DNA „Book" 903. Ähnlich Hoffmann *Friend* 141; HSW Hoffmann „Bericht Maraun" 2; Kempner 70 (Walter Buch 16. V. 47 zit. Hitlers Ausspruch vom Sommer 1923: „Ich kann nicht heiraten, meine Frau wird die Germania sein"). Vgl. Hitler in *VB* 14. III. 25 („Ich bin mit der Politik dermaßen verheiratet, daß ich nicht daran denken kann, mich auch noch ‚zu verloben'").

165 Krause 35.

166 Picker 193. s. aber auch Tyrell *Führer* 59, *‚Trommler'* 40.

167 Vielleicht mit harten Worten: s. Heiber *Lagebesprechungen* 124, 130, 134 (trotz 130 Anm. 3).

168 Rosalia Hörl in BAK NS26/17a. Sein Vater war dreiundzwanzig Jahre älter als seine Mutter, er war neunzehn Jahre älter als Geli. Die Blutsverwandtschaft wäre die gleiche gewesen, wenn Johann Nepomuk Hiedler der natürliche Vater von Alois gewesen wäre, wie er wohl glaubte: s. S. 78, 174 f. Hugo Blaschke in DNA „Picture" 3: Hitlers Verhalten Eva Braun gegenüber war rein onkelhaft.

169 HSW Hoffmann. Aber DNA „Picture" 28 (Hasselbach): sie gab ihre Stelle auf, nachdem sie Hitler kennenlernte.

170 HSW Hoffmann. Aber Hoffmann *Friend* 163: „Daß Eva irgendwann vor dem Ende seine Geliebte wurde, ist gewiß."

171 BAK Schramm 65 f. (Karl Brandt); Speer 117–20; s. aber Müllern-Schönhausen 195.

172 Meyers 609; Schramm *Führer* 109; Speer 117; Deuerlein *Hitler* 130, 163 f. Hoffmann *Friend* 219: „Er litt an ständig wiederkehrenden Magenschmerzen, dem Erbe einer Gasvergiftung im Ersten Weltkrieg"! Das Wort „gastrisch" kann seine Wahl des Magens als Sitz der kombinierten (Gas + Krebs) Symptomgruppe nur erleichtert haben.

173 Krebs 136 f. Ferner Krause 59.

174 JT Giesing 70, 23. VIII. 44.

175 Ebd. 162, 6. X. 44. Ferner Trevor-Roper 66 f.; Röhrs 53–59, 117–24; Kempka 34–38; Krause 57 f.; Hoffmann *Friend* 219 f.; IfZ Hans-Karl von Hasselbach ZS242/1–2; PUL Dethleffsen 18 f.

176 BAK Schramm 65 (Karl Brandt). Ähnlich Hitler *Conversations* 161 (9.–10. I. 42): „Seit meinem sechzehnten Lebensjahr bin ich nicht krank gewesen."

177 Maser *Hitler* 346 zit. Karl von Eicken. Zu jenem ständigen Durst vgl. S. 187.

178 s. S. 18 und Anm. 18.

179 HStA AStA Sonderabgabe I 1480 (21. IV. 22). Ähnlich ebd. 1738 (26. II. 23); Phelps „Parteiredner" 318 (20. IX. 20); Preiß 15 (3. I. 23), 74 (24. IV. 23); Koerber 73 (1. VIII. 23); Kursell 157 („Aussprüche Adolf Hitlers"); Bonnin 161 (Hochverratsprozeß 28. II. 24); HIS Widmung für Hermann Fobke 11. V. 24; BAK NS26/55/48 f. (18. IX. 28), 80 f. (18. X. 28). Aber in einem solchen Kontext - ebd. 4 (18. I. 28) - entfuhr ihm: „Wir glauben nicht, daß ein Volk wie wir, ein Volk, das derartig krank ist, durch Opfermut und Tugend befreit werden kann."

180 Heiber *Lagebesprechungen* 719 (12. XII. 44). Ähnlich ebd. 780 (Militärkonferenz 29. XII. 44): „.... noch einmal so lange, wie der Krieg gedauert hat, dauert er nicht mehr. Das ist ganz sicher. Das kann kein Mensch aushalten; wir nicht, die anderen auch nicht. Es ist nur die Frage, wer es länger aushält." Ferner IfZ Adolf Heusinger ZS69/59; PUL Dethleffsen 66 f.

181 Domarus 1866 (26. IV. 42).

182 Hitler in *VB* 1. XI. 22.

183 Phelps „Parteiredner" 322 (22. IX. 20). Ferner ebd. 298 (17. IV. 20); BAK NS26/55/127 (9. XI. 28); Jacobsen und Jochmann (25. I. 38).

184 Koerber 88 (5. IX. 23).

185 Hitler in *VB* 21./22. X. 23.

186 Calic 42.

187 Tyrell *Führer* 208 (Anfang VIII. 28).

188 BAK NS26/51/7 (31. V. 20).

189 HStA AStA Sonderabgabe I 1480 (13. XII. 22).

190 Ebd. (11. I. 23); ebd. 1755 (27. I. 23); Franz Willing *Krisenjahr* 17; Horn NSDAP 101; Müller Wandel 143 f. Mit seiner Bezeichnung „Novemberverbrecher" traf Hitler Bloch hinter den Revolutionären, da die Meuterei von Kiel und mit ihr die Revolution durch eine Laune des Schicksals am 4. November, dem Jahrestag der Jodoformbehandlung Dr. Blochs, begonnen hatte. Bezeichnenderweise drängte er die SA am 7. V. 33, die Novemberverbrecher „bis in ihre letzten Schlupfwinkel hinein" zu verfolgen und „dieses Gift restlos aus unserem Volkskörper" zu entfernen: Wheaton 335 (Quelle: VB 9. V. 33, S. 2). Vgl. S. 52 und Anm. 258.

191 Koerber 84 (21. VIII. 23).
192 *VB* 24. 1. 23 (18. I. 23).
193 Hitler in *VB* 15. V. 21; ähnlich ebd. 29. V. 21.
194 Ebd. 25. I. 22.
195 HStA AStA Sonderabgabe I 1480 (13. XII. 22).
196 BAK NS26/55/140–42 (9. XI. 28).
197 Zum 25. IX. 30: Tyrell *Führer* 299.
198 Domarus 1829 (30. I. 42). Ferner BAK NS26/55/140 (9. XI. 28: „Aug um Aug"); Calic 28 („eine Revanche").
199 Domarus 1315 (1. IX. 39). Ferner Dawidowicz 110. Vgl. BAK NS26/53/102 (12. VIII. 26: „Giftgas gegen Giftgas").
200 HStA AStA Sonderabgabe I 1480 (9. II. 22).
201 Jochmann 104 (28. II. 26); BAK NS26/55/11 (6. VII. 28).
202 In Hitler an Konstantin Hierl 3. VII. 20 war es eine Variante von Ausrottung: Erb und Grote 42.
203 *VB* 28. IV. 21 (17. IV. 21).
204 Phelps „Parteiredner" 302 (11. V. 20).
205 Ebd. 300 f. (27. IV. 20).
206 Koerber 109 („Leitworte Adolf Hitlers").
207 *VB* 24. I. 23 (18. I. 23).
208 Phelps „Parteiredner" 301 (27. IV. 20).
209 HStA AStA Sonderabgabe I 1478 (6. IV. 20). Ähnlich Phelps „Parteiredner" 302 (11. V. 20).
210 Koerber 106 (12. IX. 23).
211 Phelps „Parteiredner" 319 (20. IX. 20).
212 Koerber 88 (5. IX. 23).
213 Ebd. 40 (28. VII. 22).
214 Hitler in *VB* 30. I. 21.
215 *VB* 28. IV. 21 (17. IV. 21).
216 HStA AStA Sonderabgabe I 1480 (30. X. 22).
217 Phelps „Parteiredner· 324 (18. X. 20).
218 Kursell 70 (20. IV. 23).
219 Hitler in *VB* 8. V. 21.
220 HStA AStA Sonderabgabe I 1480 (18. I. 23).
221 Ebd. (9. I. 22). Ähnlich ebd. (20. II. 22): „Bis die internationalen Börsenbanditen zerschmettert am Boden liegen".
222 Phelps „Parteiredner" 304 (11. VI. 20). Ferner *Der Kampf* (München) 28. VI. 20 über eine nicht aufgezeichnete Rede Hit-

lers: „Aufforderung um Aufforderung zur Ermordung der Juden erfolgte".

223 Kursell 69 f. (20. IV. 23).

224 Phelps „Parteiredner" 301 (27. IV. 20). Ähnlich Deuerlein „Eintritt" 204 (Brief vom 16. IX. 19); HStA AStA Sonderabgabe I 1480 (2. II. 22); *VB* 31. I. 23 (29. I. 23); Koerber 66 (2. IV. 23).

225 HStA AStA Sonderabgabe 1478 (24. VI. 20).

226 *VB* 17. IV. 21 (21. III. 21).

227 Phelps „Rede" 417 (13. VIII. 20). Ferner Hitler in *VB* 29. V. 21; ebd. 8. VI. 23 (25. V. 23).

228 Hitler in *VB* 13. III. 21.

229 HStA AStA Sonderabgabe I 1480 (13. XI. 22).

230 Ebd. (18. IX. 22).

231 IfZ Josef Hell ZS640/6. Ebd. 7: Hitler gewann die Fassung nur wieder, um - gegen jede Logik - vorzugeben, sein Antisemitismus sei lediglich opportunistisch. Dagegen Viereck 237: „Was würden Sie mit dem Juden tun?" „Wir würden ihm die Bürgerrechte nehmen."

232 BAK NS26/65/34.

233 Dieser restliche Teil sollte - wie Klaras Krebs - anwachsen, als das Reich ab III. 38 begann, sich neue Territorien anzueignen, in denen Juden lebten.

234 Phelps „Parteiredner" 298 (17. IV. 20). Ferner Schubert 28 f.; Thiess 44. Tyrell *‚Trommler'* 215 fügt betr. den Vorwurf des jüdischen Internationalismus hinzu: „Angelegt ist er bereits in der Wendung von der ‚Rassentuberkulose der Völker'" in Hitlers Brief vom 16. IX. 19 (Deuerlein „Eintritt" 204). Schon in einer Broschüre Anton Drexlers, die Hitler im IX. 19 las und beherzigte, war die jüdische Gefahr international, mit dem Bolschewismus als ihrer radikalsten Form: Drexler Kap. 8, 9, 12 und passim; Hitler *Kampf* 239.

235 Tyrell *Führer* 209 (Anfang VIII. 28).

236 HStA AStA Sonderabgabe I 1482 (8. II. 22).

237 s. Hitler *Kampf* 185 f.: S. 130 f. und Anm. 66.

238 BAK NS26/55/130, 133, 127, 137 (9. XI. 28). Ähnlich *Memminger Zeitung* 20. 1. 28 (über Hitlers Rede vom 19. 1. 28 in Memmingen: „da ist kein einziges Wort gegen die Juden gefallen"); Jochmann 43, 57 (über Hitlers Rede vom 28. II. 26: „Er verliert in der gesamten zweieinhalbstündigen Rede kein einziges Wort über die Juden"). Anders BAK NS26/52/38 f. (8. VIII. 27). Ferner Binion „East" 96–99; Dietrich 36 f.; Adam 25 f.; Schulz 428; Grieswelle 181, 193; s. S. 99 ff. Vgl. Kele 145.

239 Speer 525.

240 Hale „Taxpayer“ 837, 841; Lange *Maximen* 31; Maser *Kampf* 27 Anm.

241 Kotze und Krausnick 147 f. (29. IV. 37). Ferner Domarus 299 (3. IX. 33), 537 (15. IX. 35), 558 f. (Presse-Interview vom 25. XI. 35).

242 So Adam 207.

243 S. S. 48 f. und Anm. 230.

244 Schacht 25. Ferner Groscurth 167. (Schachts Entlassung erfolgte nach, war aber nicht die Folge von einem Reichsbank-Memorandum, das Hitler vor zu hohen Regierungsausgaben warnte.)

245 Diese Praxis wurde in einem Vorschlag des Jahres 1913 antizipiert, den Bethmann Hollweg als „unpraktisch“ und Wilhelm II. als „geradezu kindisch“ ablehnten: Pogge-von Strandmann 34, 38.

246 *Akten* IV 295. Ähnlich BAK Schramm 157.

247 *Akten* IV 293.

248 Ebd. V 784.

249 Ebd. 780–85.

250 Ebd. IV 170.

251 Hier ist Reitlinger 86–89 und Passim überzeugend. Ähnlich Krausnick „Judenverfolgung“ 356; Hillgruber „‚Endlösung‘“ 138.

252 Domarus 1058 (30. I. 39).

253 Genoud *Le Testament* 86; Domarus 2237. Vorher am 30. I. 41, 1. und 30. I. 42, 24. II.. 42, 30. IX. 42, 8. XI. 42: s. Hillgruber „‚Endlösung‘“ 151 Anm. 57.

254 Domarus 252 (Hitler vor dem Kabinett 29. III. 33). Ferner Hanfstaengl *Years* 211.

255 s. S. 48 f. und Anm. 229.

256 Domarus 1058 (30. I. 39).

257 Groscurth 166 f.

258 Genoud *Le Testament* 79 f. Der ausgelassene Abschnitt lautet: „...sans quoi nous eussions été asphyxiés et submergés“ („...ohne die wir erstickt und überschwemmt worden wären“), eine bei Genoud unglaubwürdig kombinierte Metapher.

259 Adam 130; IfZ „Ärzte-Prozeß“ 2498 f.; Kaul 30; Gruchmann 258.

260 Zu dem Augenblick davor oder danach s. Krausnick 325 und Anm. 36.

261 IfZ „Ärzte-Prozeß" 2410, 2508; Kaul 24.

262 Kaul 52, 57 f. (noch ein Zeichen – wenn ein solches nötig wäre –, daß er zu diesem Zeitpunkt wenigstens auf dieser krassen Entscheidungsebene Krieg meinte.)

263 IfZ „Ärzte-Prozeß" 2407; IMG XVIII 207.

264 IfZ „Ärzte-Prozeß" 2486 ff. und passim; DNA „Vernehmung des Viktor Brack 4 IX 46" 8.

265 Kaul 58; IfZ „Ärzte-Prozeß" 2687 f.

266 IfZ „Ärzte-Prozeß" 2513, 7758, 7770, 7866.

267 Kaul 65; IMG XX 540, XLII 563 f.

268 IfZ „Ärzte-Prozeß" passim, bes. 2420, 2491, 2502, 2506 f.; DNA „Vernehmung des Viktor Brack 4. IX. 46" 11.

269 IfZ „Ärzte-Prozeß" 7753 f.; Kaul 64, 67, 77 f.; DNA „Testimony of Karl Brandt 1. X. 45" 7.

270 IfZ „Ärzte-Prozeß" 2431 f., 7422; DNA „Vernehmung des Viktor Brack 4 IX 46" 8.

271 Kaul 97, 99–101, 109 f.

272 Ebd. 102–04; Gruchmann 278; Krausnick „Judenverfolgung" 409 f.

273 Hillgruber *Strategie* 523 f. und „„Endlösung"" 137 f., 140, 144 f.; Jacobsen „Kommissarbefehl" 167.

274 Gruchmann 278.

275 IMG XLII 55–67, 563–65; Gruchmann 278; Kaul 146–48, 151–54, 159; Krausnick „Judenverfolgung 407–10; Reitlinger 150–52; IfZ „Eichmann" Sitzung 11 und Urteil § 141, 166.

276 Adam 248 f., 314 Anm. 51; DNA „Nuremberg EC-307-1 (auch PS-3363)" 1 und „Vernehmung des Viktor Brack 13 IX 46" 8; Höhne 368 f.; Broszat *Polenpolitik* 19, 66.

277 Genoud *Le Testament* 86 (13. II. 45).

278 Ebd. 143 (2. IV. 45).

279 Außerdem war das Kleinkind auf einem Bein lahm – entsprechend Hitlers Verwundung im Ersten Weltkrieg.

280 s. S. 34 f.

281 Hillgruber *Strategie* 545 f., 575, *Rolle* 122; Dallin 73 f. und passim; Ulam 549 ff. und passim; Hesse 40, 47 f., 99 f.; Jacobsen „Kommissarbefehl" 196.

282 Hillgruber „„Endlösung"" 151, *Strategie* 392 f.; Hildebrand *Außenpolitik* 112 f., 115, 118–20, 129; Deuerlein *Hitler* 154; Jäckel *Welt-*

anschauung 79 f.; Krausnick „Judenverfolgung" 370, 425–30, 434, 441; Nolte 399 f.

283 Hillgruber *Strategie* 553 f., „,Endlösung'" 150; Schramm *Führer* 67. Ferner Milward 64 ff., 102; s. S. 71.

284 Hillgruber „,Endlösung'" 138: schon 1941 bildeten die in Rußland vorrückenden deutschen Streitkräfte „objektiv gesehen . . . einen Schirm" für Hitlers Ausrottungsprogramm. Ähnlich Hillgruber *Strategie* 523–25, 531. Ferner s. S. 128 f.

285 Hillgruber *Staatsmänner* I 22 f., *Strategie* 556; IMG XVI 539, 542; Dietrich 125; Picker 202; Heiber *Lagebesprechungen* 738 f., 741, 780; PUL Dethleffsen 29; Besymenski *Tod* 47 f. Vielleicht begann er im VIII. 39: s. Speer 181 und Halder *Feldherr* 62.

286 Schellenberg 99.

287 Greiner und Schramm IV 1580 f.; Hubatsch 348 f.; Schwerin von Krosigk 223; Milward 184–89.

288 s. S. 12.

289 s. S. 52 und Anm. 258. Ferner Irving II 3 zit. Hitler zu Giesing: „Wissen Sie, Herr Doktor, als ich jung war, wollte auch ich immer Arzt sein. Dann bot sich meine andere Laufbahn an, und ich erkannte, was meine eigentliche Mission war". (Rückübersetzung)

II. Und morgen die ganze Welt (S. 58 bis 77)

1 *Ursachen* V 324.

2 Phelps „Parteiredner" 298 (17. IV. 20). Ähnlich *VB* 3. VIII. 29 (2. VIII. 29 über „das Gift jener Fremden, die als Deutsche vertarnt" waren). Ferner BAK NS26/55/50 (18. IX. 28), 106 Rücks.–107 (27. X. 28).

3 Phelps „Parteiredner" 300 (27. IV. 20).

4 Hiller 132; Kaehler 305; Thimme 68 f. Ferner Rudin 384.

5 *Ursachen* I 141 f., 358, IV 160, 167 f. V 46–50, 323, VII 196–99, 367 f., 371, 381, X 295, 301; *VdR* CDXXII Nr. 4124 5, 8; Rudin 201 und passim; Ritter 48, 49 f.; Krausnick „Weg" 233; Kielmansegg 670 f.

6 Rudin 12–23, 35 f., 206, 218.

7 Koerber 98 (12. IX. 23).

8 *Ursachen* I 141 f., IV 160, 260; Ritter 50–53, 58.

9 *Ursachen* IV 82 f., 91–117, V 46, 50, VII-2 352; *VdR* CCCXI 4544B.

10 *Ursachen* IV 228 und passim, V 1–3, 50–54, 96 f.; *VdR* CDXXII Nr. 4124 8; Schmolze 3; Kolb *Arbeiterräte* 56–60, „Rätewirklichkeit" 169 und Anm. 8; Mitchell 139, 141 f., 151 und passim; Carsten *Reichswehr* 10 f., *Revolution* 323; Ryder 266; Kielmansegg 682–84.

11 Schulze 55–57; Waite 42–44.

12 Rudin 131 ff., 172 f., 193 ff., 204, 222 ff.; Sauer „Scheitern" 78 und Anm. 4; Fischer *Griff* 558 f.

13 Schmolze 76 f.

14 Ebd. 158 f.; Mitchell 105 f., 127, 161; Abel 17 f. zit. Max Weber in *Frankfurter Zeitung* 22. XI. 18; Troeltsch 1, 16–18; Eyck I 138; Nicholls 53 f.; Heiber *Weimar* 64. Ferner Schwabe 202 f. Anm. 31; Krüger 212.

15 Kotowski 764.

16 Schubert 128.

17 Ebd. 134; Angress *Revolution* 281.

18 Fries-Thiessenhusen 349–52; Hiller 122–34; Kaehler 314–16; Thimme 78–80; Krausnick „Weg" 233; Fischer *Griff* 557.

19 Ritter 59; Matthias und Morsey 62 und passim; Kielmansegg 664, 670; Krausnick „Weg" 233; Nicholls 1, 5. Ferner Dorpalen *Hindenburg* 52 und Anm. 14.

20 Dies nicht ganz grundlos: s. Rudin 320 f., 324 Anm. 8, 257 Anm. 29.

21 Die Kriegsmüdigkeit in der Etappe schadete zwar der Kampfmoral, aber nicht so sehr, daß sich im XI. 18 an der Front revolutionäre Soldatenräte bildeten: s. Rudin 207, 218; Schulze 2 und Anm. 6 f.

22 Krausnick „Weg" 234; Thimme 74 f.; Dehio 24; Troeltsch 317. Für den Keim der Legende s. Rudin 376 (Solf an Lansing 10. XI. 18).

23 Hitler *Kampf* 225; Domarus 648 (17. IX. 36).

24 BAK NS26/55/134 (9.XI. 28).

25 BAK NS26/53/205 (9. XI. 27). Ferner Hitler in *VB* 25. I. 23; BAK NS26/54/189 (9. XI. 27: eine „Koalition von Zuhältern, Dieben, Deserteuren, Einbrechern und Schiebern und an der Spitze der Organisator dieser genialen Methode, der internationale Hebräer, der Jude"); Calic 103 f.; Picker 348; Hitler *Conversations* 392. Auch nannte ein verängstigter Hitler Gregor Strassers Bruch mit ihm am 9. XII. 32 Dolchstoß in den Rücken „fünf Minuten vor dem Endsieg": Meißner und Wilde 142.

26 HStA AStA Sonderabgabe I 1478 (5. XI. 20); Phelps „Parteiredner" 329 (24. VII. 20).

27 HStA AStA Sonderabgabe I 1478 (4. III. 20). Ferner Phelps

„Parteiredner" 305 (6. VII. 20), 315 f. (5. IX. 20); Deuerlein „Eintritt" 225 (29. X. 20); Hitler in *VB* 28. IV. 21; HIS Redeentwurf vom 24. V. 21; Preiß 148 (24. VII. 30); Domarus 1802 (11. XII. 41).

28 Phelps „Parteiredner" 315 f. (5. IX. 20).

29 HStA AStA Sonderabgabe I 1480 (26. II. 23). Ferner Picker 348.

30 HStA AStA Sonderabgabe I 1478 (4. III. 20). Ferner ebd. (24. XI. 20); Preiß 11 (1. VIII. 20).

31 HStA AStA Sonderabgabe I 1480 (25. X. 22).

32 Deuerlein „Eintritt" 207 (13. XI. 19).

33 BAK R431/2681/83; Schmolze 17–19, 126, 181 f., 228, 268 f., 293, 349, 395; Denny 297.

34 Deuerlein „Eintritt" 214 (11. VI. 20). Ferner HStA AStA Sonderabgabe I 1480 (2. XI. 22); Domarus 729 f. (13. IX. 37).

35 Angress „Juden" 242 und Anm. 437; Schmolze 17–19, 126, 181 f., 228, 268 f., 293, 327, 349, 395; Horn *NSDAP* 30 f.; Nicholls 93; Maser *NSDAP* 18, 153.

36 *Frankfurter Zeitung* 27. I. 23; Moser von Filseck 86. Ferner ebd. 174, 226; Lurker 9–11.

37 Hitler *Kampf* 736, *Buch* 113 f., 163.

38 Hillgruber *Strategie* 36 Anm. 39, 565 f., *Rolle* 68–74, „Place" 8–12; Thies 9–17 und passim; Herwig 651 f.; Hildebrand *Reich* 77–83, *Außenpolitik* 89, 93, 95, 97; Dülfer 207 f., 210–16; Henke 20–27, 203 f.; Wollstein 5–13; Leach 13, 49, 228; Moltmann passim. Ferner Speer 184 f., 524 f.

39 Ferner Carr 15 f.

40 Maser *Briefe* 101 (Hitler an Ernst Hepp 5. II. 15); Westenkirchner in HSW; Hitler in *VB* 6. III. 21, *Buch* 87–89.

41 *Ursachen* I 154 f.; Hillgruber *Rolle* 17–23, 34–57; Herwig 664.

42 Preiß 165, 171 f. (13. XI. 30). Ferner s. S. 98 f.; Thies 23, 55 f. über diese Rede in Erlangen, 182–86 über die 1933–1939 wachsende britische Anerkennung von Hitlers in *Mein Kampf* und anderswo erläutertem Endziel. Als Arnold J. Toynbee ihm im II. 36 erklärte, eine deutsche Übernahme der Ukraine und des Urals würde ihm die westlichen Länder auf Gnade und Ungnade ausliefern, bestritt Hitler, solche östlichen Ziele zu verfolgen: Toynbee *Acquaintances* 282 f. Damit gestand er stillschweigend den Fehler seines Programms ein.

43 Henke *Kalkül* 72 f.; Hildebrand *Außenpolitik* 76.

44 s. Hildebrand *Außenpolitik* 92 – und zu jener „Zerbrechung" s. S. 62 und Anm. 31.

45 Henke 287. Hitler deutete jedoch bereits 1930 ein solches größeres Angebot an: Aigner 36. Und Göring teilte es 1937 einem Journalisten mit: Henke 75. „Wir waren bereit, unsere Kräfte in die Waagschale zu werfen, um das britische Empire am Leben zu halten", klagte Hitler, als diese Kräfte verbraucht waren: Genoud *Le Testament* 61.

46 Henke *Kalkül* passim; Hillgruber „Place" 12–16. Ferner IfZ Fritz Wiedemann ZS191/I/4.

47 Hillgruber *Rolle* 48, „Lage" 283; Groscurth 167; Bullock „Origins" 281–85; Hildebrand *Außenpolitik* 58; Speer 181.

48 Speer 179.

49 Schmidt 473.

50 Hitler in *VB* 28. IV. 21. Ferner Hitler *Buch* 183; BAK NS26/55/120 (9. XI. 28: am „4. August"); Domarus 1333 f., 1340 (3. IX. 39), 1468 (24. II. 40).

51 Martin *Friedensinitiativen* 448. Ähnlich Toynbee *Experiences* 224.

52 IfZ Adolf Heusinger ZS69/3.

53 Hillgruber *Strategie* 391–93 und passim; Leach 66–78.

54 Hillgruber *Strategie* 219. Ferner ebd. 174, 365 und Anm. 68, 373 f.; Leach 63–86, 100, 132, 229–31.

55 Hillgruber *Strategie* 392 und Anm. 5, 553, „‚Endlösung'" 150 Anm. 56; Schramm *Führer* 67. Hitler sagte bereits am 19. XI. 41, er rechne damit, „daß die Erkenntnis, daß die beiden Feindgruppen sich gegenseitig nicht vernichten können, zu einem Verhandlungsfrieden führt": Halder *Kriegstagebuch* III 295.

56 Hillgruber *Staatsmänner* I 686 f.; Bracher *Diktatur* 441. Ferner Speer 181.

57 Hillgruber *Strategie* 554, *Rolle* 126 („das Schicksal zu wenden" war General Alfred Jodls Ausdruck). Ferner Gehlen 18; s. S. 145 ff.

58 Max von Baden 242. Ferner *Ursachen* I 158; Kielmansegg 630; Martin *Friedensinitiativen* 504, 506.

59 Vogelsang „Dokumente" 435 (4. II. 33).

60 Jäckel *Weltanschauung* 135, 142, 149 und passim.

61 Ferner Wollstein 12.

62 Hillgruber *Strategie* 157–62, 167–69 und passim.

63 Ebd. 560, 562 und Anm. 125 f.; Seaton 217–23, 587 und passim; Leach 168, 224, 238–41; Laqueur 263. Ferner Besymenski *Sonderakte* 298–301.

64 Hillgruber *Strategie* 165, 192–94, 352–62 und passim; Seaton 33; Leach 172–74, 229 f.; Domarus 1424 und Jacobsen und Jochmann

(23. IX. 39: „Die Zeit arbeitet für den Gegner."); IMG XXXVII 466–86 (Dokument 052-L: Denkschrift Hitlers vom 9. X. 39); Genoud *Le Testament* 95 („An beiden Fronten arbeitete die Zeit gegen uns").

65 Domarus 681 (20. II. 37).

66 Hillgruber *Strategie* 371 und Anm. 105, 397, *Rolle* 74 f.; Leach 157, 228 f., 241; IfZ Adolf Heusinger ZS69/75.

67 Golo Mann, Hitler – zum letzten Mal? (Zu Joachim C. Fests großer Biographie), in: *Süddeutsche Zeitung,* Nr. 237 vom 13./14. Oktober 1973, S. 112. Ähnlich Toynbee *Acquaintances* 291 über das „... Verhängnis, in das Hitler Deutschland führte – ‚mit der Sicherheit eines Schlafwandlers', wie Hitler es in einer aufschlußreichen Anwandlung von Selbstanalyse ausdrückte."

68 *Ursachen* I 61, 342, 454 f., IV 132, 153, V 221. Ferner Calic 94; Baumgart 372, 376; Hillgruber *Strategie* 71, *Rolle* 70–73, *Kontinuität* 13 f., 25; Hildebrand *Außenpolitik* 15, 89, 97; Farrar 89 f.

69 *Ursachen* I 454. Am 12. IV. 43 bemerkte Hitler zu Antonescu, daß „im Jahre 1918 ... mit politischem Geschick und diplomatischen Schlichen auszukommen war, da im Osten kein Gegner mehr existierte": Hillgruber *Staatsmänner* II 215.

70 Hillgruber *Rolle* 70 f., *Kontinuität* 15, 23; Hildebrand *Außenpolitik* 15, 89; Fabry *Sowjetunion* 34; Binion „East" 85–87.

71 Baumgart 204, 247–50; Volkmann 233; Ritter 50; Ursachen I 392–401. Zu Hitlers wiederholter verräterischer Behauptung, Barbarossa sei anders, s. Hillgruber *Staatsmänner* II 19 f. und unten s. S. 143 f.

72 *Ursachen* VII-2 306 (Brief vom 19. V. 27) – vereinbar mit *VdR* CCCXI 4462B, 4466A-B und passim. Ferner *Ursachen* I 119, 384, IV 132 f., V 184, 277, 282 f., X 280; *VdR* CCCXIII 5642D, 5648B; Thimme 82 zit. *Kreuz-Zeitung* 31. XII. 18; Fischer *Griff* 610; Kohn 311; Hillgruber *Rolle* 65 f.; Hildebrand *Außenpolitik* 16; Breitling 74; HIS Rede-Konzept vom 4. I. 21; Hitler *Kampf* 214–17; BAK NS26/55/129 (9. XI. 28); s. S. 111. Müller *Mars* 239 behauptet, er habe auf dem Höhepunkt der deutschen Macht im Frühjahr 1918 eine Vorahnung gehabt.

73 Hillgruber *Rolle* 105, *Strategie* 219; Seaton 51 f. Ferner Leach 99–118, 219 f.; IfZ Adolf Heusinger ZS69/4. Hitler ging noch weiter, als er dem japanischen Botschafter am 14. VII. 41 erklärte, „Stalin würde er verfolgen, wohin dieser auch fliehe": Hillgruber *Staatsmänner* II 545. Gegenüber Antonescu am 11. II. 42 war er schon zum jahrelangen Kampf gegen die „Partisanen" jenseits des Urals zurückgekehrt: ebd. 47.

74 Zechlin „1915" 352 (Ludendorff an Hans Delbrück 29. XII. 15). Ferner s. S. 153 f.

75 *Ursachen* VII 152 f., 171 und passim, VII-2 320–22; Baumgart passim; Geiß passim; Hildebrand *Außenpolitik* 118 f. und Anm. 55a f.

76 Dallin 409–27; Jacobsen „Kommissarbefehl" 185–93; Leach 213 f.

77 *VdR* CCCXI 4479C-D. Ferner ebd. 4545A-B, 4553C.

78 Ebd. 4553D.

79 Schramm *Führer* 67.

80 Hillgruber *Strategie* 392 und Anm. 5.

81 IMG XLII 328–30 (PL-49: Parteirundschreiben 9. X. 42); DNA RFSS T-175/94/2615097 (Himmler „Vortrag beim Führer am 19. 6. 1943"); Adam 306; Rich II 11; Dietrich 82; Ribbentrop 240; Schellenberg 179 f.; Hillgruber *Strategie* 371 f. Anm. 105.

82 Schramm *Führer* 154.

83 Genoud *Le Testament* 93. Ferner Hillgruber *Staatsmänner* II 544, 552; Schellenberg 179 f., 223; Dietrich 82; Ribbentrop 240.

84 Phelps „Parteiredner" 289 (10. XII. 19). Ferner Thies 41–45.

85 *VB* 10. III. 21 (6. III. 21).

86 *VB* 3. III. 21.

87 s. z. B. Deuerlein „Eintritt" 209 (10. XII. 19); Phelps „Parteiredner„ 298 (17. IV. 20). Ferner BAK NS26/55/3 (19. I. 28) etc.

88 Hitler *Kampf* 524. Ferner ebd. 518 f., 525, 527. Er hatte das Thema zumindest am 11., 12., 13. XI. 19 und am 4. III., 7. V., 19. VI., 1. VIII. und 22. IX. 20 behandelt: BAK NS26/51/4–5, 8; Deuerlein „Eintritt" 206; Phelps „Parteiredner" 320; HStA AStA Sonderabgabe I 1478; Preiß 9.

89 *VB* 5. VI. 21 (31. V. 21), von mir hervorgehoben. Ferner Binion „East" 85–87.

90 Rede-Entwurf aus BAK NS26/49 in Maser *Briefe* 268, 270, 276, 278, 280, 282, 284; mein Zitat auf 276. Übereinstimmend ist auch ebd. 266: *„Vermehrung des Volkes gleich Vermehrung des Bodens* Nein. Ist eine ewige Steigerung des Bodenerträgnisses möglich? Nein. Zweierlei, entweder, oder: *Kolonisation – Welthandel – Auswanderung."*

91 Hitler *Kampf* 143–56, *Buch* 99–103; BAK NS26/52, 53, 55 (6., 26. III. und 8. VIII. 27, 19. I., 5. III., 18., 30. IX., 18., 23., 27. X. 28); Preiß 39 f. (23. III. 27), 77–79 (21. VIII. 27), 95–98, 101–104 (8. XII. 28), 122–46 (30. XI. 29); *VB* 7. VIII. 29 (5. VIII. 29; Treue 206 f. (Memorandum vom VIII. 36); Domarus 1422 (23. XI. 39); Kotze und Krausnick 312–16 (15. II. 42); Picker 497–99 (30. XI. 42).

92 Maser *Briefe* 268.

93 BAK R431/2681/88 (Scharrer an Cuno 30. XII. 22). Ferner Hanfstaengl *Haus* 78; Viereck 236.

94 Hitler *Kampf* 741 f. Vergleichbar ebd. 152–58, 753. Ferner Rauschning 43; Jäckel *Weltanschauung* 40, 42.

95 Hitler *Kampf* 518–20, 523–27.

96 Koerber 56 (13. IV. 23).

97 Domarus 70 (27. I. 32).

98 Tyrell *Führer* 319 f. aus BAK Sammlung Schumacher 373 (Hitler an Stahlhelmführer 11. V. 29). Ähnlich BAK NS26/55/2 (19. I. 28), 52 (18. IX. 28; „der urgewaltige Wille"), 59–64 (18. X. 28). Ferner Heiden *Führer* 139 f.; Horn *NSDAP* 424.

99 s. bes. Kotze und Krausnick 268–86 (10. XI. 38).

100 Domarus 609 (20. III. 36), 612 (24. III. 36). Ähnlich ebd. 570 (30. I. 36: s. S. 83), 643 (13. IX. 36) etc.

101 s. bes. Krebs 138–40; auch Lüdecke 22 f.; Rauschning 127 f.; Speer 32 f.; Baeyer-Katte 134; Merkl 105 f.

102 Heiden *Führer* 140.

103 *Basler Nachrichten* 5. V. 45. Ähnlich Franz-Willing *Ursprung* 6: „Das Medium eines besiegten . . . Volkes."

104 Oben II Anm. 3.

105 Heiber *Lagebesprechungen* 106 f.; Hillgruber *Wehrmacht* 1292–97; Gehlen 18.

106 Das trat am Ende mit fürchterlicher Intensität zutage: s. bes. PUL Dethleffsen passim.

107 Müller *Mars* 14. Merkl 168 spricht vergleichbar von „dem Erbe eines ‚unvollendeten Krieges', das zum Dritten Reich und weiter zum Zweiten Weltkrieg führte".

108 Hiller 143 f.

109 Rudin 131 f., 173. Ferner Luckau 411–19 (Antwort der Alliierten auf die deutschen Gegenvorschläge 16. VI. 19); Kaehler 309–14; BAK NS26/55/70 (18. X. 28). Passenderweise rechtfertigte Hitler diplomatische Täuschung als Rache für den „Wilson-Schwindel": IfZ Fritz Wiedemann ZS191/I/23 f.

110 s. S. 136 ff.

111 s. Hillgruber „Place" 20 f.

112 s. Hillgruber *Strategie* 394 über das schicksalhafte Unternehmen Barbarossa.

113 Burckhardt 269 f.
114 Domarus 1459 f. (30. I. 40).

III. Der Lautsprecher (s. 78 bis 116)

1 Knickerbocker 46.
2 Heiden *Führer* 140.
3 Jetzinger 48; Harry Schulze-Wilde in *Der Spiegel* XXI (1967) Nr. 33: 8, 10.
4 Rosalia Hörl in BAK NS26/17a.
5 Eastman und Hallman 221 f.; Marshall 357; Harrison 19.
6 Ferner Binion „Concept" 206 und Anm. 112.
7 Dazu und zum folgenden s. Anhang C.
8 CB Paula 1.
9 Kubizek 42 f., 50: ähnlich 46, 49.
10 Ebd. 49, 50. Ferner Oplt 4; NYPL Brigid 8; DNA „Book" 2 (William Patrick Hitler), 21 (Bloch); BAK NS26/65/91 (Bloch); Bloch 37; Maser *Hitler* 52 f.
11 Ferner Kurth „Comment" 237 f.
12 s. Anhang C.
13 s. Anhang D.
14 s. Moll *Säuglingssterblichkeit* 17.
15 Muslin und Pieper 232, 235. Ferner Muslin et al. 805 f.; Katz et al. 514 f.; Aimez passim.
16 Abermals auf den Tag genau (ohne weiteren Sinn), wenn ihre erste Empfängnis sechs Tage später erfolgte als meine Schätzung vom 23. VIII. 84, was 7796 Tage nach dem Verlust ihres ersten Säuglings und 7808 Tage vor dem Tod ihres Vaters war.
17 Groth und Hahn 107 (Zähler für Altötting und Burghausen).
18 BAK NS26/52/101 (8. XI. 30). (Hier wollte Hitler sich vom besagten Muttersöhnchen distanzieren!)
19 DNA „Book" 21 (Bloch). Ähnlich BAK NS26/65/91.
20 Diese wurden als giftig abgetan: Müller *Wandel* 132; Krause 17, 31; DNA „Koeppen" 37 (Abendessen 5. XI. 41); DNA „Picture" 36 f.; JT Giesing 63 f., 71 f.; BAK Schramm 149.

21 Domarus 141 (25. X. 32).

22 Tyrell *Führer* 320 (Hitler an Stahlhelmführer 11. V. 29).

23 Domarus 135 (7. IX. 32). Ferner ebd. 1810 (11. XII. 41); Stein 109; JT Giesing 131, 134, 176; BAK Schramm 86–88 (Karl Brandt).

24 Hitler *Kampf* 116.

25 Domarus 570 (30. I. 36).

26 Moser von Filseck 179 (29. IX. 25).

27 Rich 210; Hanfstaengl *Years* 69 und passim; Grieswelle 124–27. In den zwanziger Jahren gab er ganz phallisch mit einer Peitsche an: s. Moser von Filseck 203 f.

28 Lurker 11 (auf den 8. I. 24 datiertes Gutachten); ähnlich StAfO Staatsanwaltschaft Nr. 3099:69 (auf den 19. XII. 23 datiertes Gutachten: „eine traumatische Nervenreizung").

29 Moser von Filseck 146 (23. XI. 23).

30 Deuerlein *Hitler* 66; DNA „Book" 893 (Hanfstaengl), 935 (Friedelind Wagner); Hanfstaengl *Years* 114, *Haus* 154, 157; Röhm 272; Schlabrendorff 345 f.; Lurker 68 (auf den 2. IV. 24 datierter medizinischer Bericht); Wagner 30; Picker 193; BAK NS26/114/7; IfZ Mathilde von Scheubner-Richter ZS292/3. s. aber AA 291/183744–46 (24. XI. 23) über den Hungerstreik als Hitlers Protest gegen die Ablehnung seiner Bitte, ihn unter vier Augen mit seinem Verteidiger reden zu lassen.

31 Kuhn 99–104.

32 s. S. 73 und Hitler *Kampf* 741 f. Ferner s. S. 87 ff.

33 Preiß 40 (23. III. 27).

34 Jäckel *Weltanschauung* 123; s. S. .

35 s. S. .

36 s. oben I Anm. 130, 234.

37 Koerber 29 (12. IV. 22), von mir hervorgehoben.

38 Tyrell *Führer* 49. Ferner Koerber 83 (21. VIII. 23: „das letzte entscheidende Ringen: Hakenkreuz und Sowjetstern!"), 105 (12. IX. 23: „Hakenkreuz oder Sowjetstern!"); Jochmann 103 (28. II. 26: „Einer bleibt am Boden liegen, entweder der Marxismus rottet uns aus oder wir rotten ihn aus bis zur letzten Spur"); *VB* 26. V. 26 (23. V. 26: „Wir sind überzeugt, daß der Kampf gegen den Marxismus zur letzen Entscheidung kommen wird und kommen muß, weil zwei Weltanschauungen miteinander fechten, wobei es nur eins gibt: *Einer bleibt am Platze und der andere fliegt")*; etc.

39 s. S. 47 und Anm. 209.

40 Da jedenfalls begannen seine Darlegungen lt. BAK R431/2681/88 (Scharrer an Cuno 30. XII. 22).

41 Vogelsang „Dokumente" 435 und unten IV Anm. 37. „Von irgendwelchen Kriegsabsichten, kriegerischen Absichten, war in gar keiner Weise die Rede": so Flottenchef Erich Raeder in IMG XIV 28.

42 Sauer „Gewalt" 749 f. und, ausführlicher, O'Neill 40 f.

43 Jacobsen und Jochmann; Jäckel *Frankreich* 27 f. Ferner Henrikson passim.

44 Jacobsen und Jochmann.

45 Hitler *Kampf* 750–52.

46 Hitler *Buch 128.*

47 *Treue 204, 206.*

45 Hitler *Kampf* 750–52.

46 Hitler *Buch* 128.

47 Treue 204, 206.

48 Jacobsen *Außenpolitik* 427, 821 und *Weltkrieg* 26; Henke 95 f.; Laqueur 170, 176–95; Kuhn 196–98; Fabry *Sowjetunion* 58 f. Ferner Carr 57.

49 Sommer *Japan* 31, 34 (9. VI. und 22. VII. 36). So sagte Hitler am 30. I. 37 im Reichstag, es gehe darum, „das deutsche Volk gegen diese [bolschewistische] Infektion so gut als möglich immun zu machen". Das folgte einer in seinem Mund unheilvollen Versicherung: „Ich könnte niemals einen Freispruch vor der Geschichte meines Volkes erhalten, wenn ich – ganz gleich aus welchen Gründen – etwas versäumen würde, was zur Forterhaltung dieses Volkes notwendig ist." Es war auch ein Echo seiner früheren Versicherung, wonach „eine unerhörte Immunisierung des deutschen Volkes" gegen die Juden schon erreicht wäre. Domarus 671, 670, 666. Ferner Jacobsen *Außenpolitik* 460 und Anm. 22; auch Greiner 272 und Buchheit 167 (zit. Heydrich 1938: „Es sei der Wille des Führers, Rußland vom kommunistischen Joch zu befreien; der Krieg mit der Sowjetunion sei eine beschlossene Sache").

50 Zit. von Hillgruber *Strategie* 145 und *Rolle* 105.

51 Halder II 336 f. Ferner Greiner und Schramm I 341, 346; Warlimont 175–77; Hillgruber *Strategie* 526, 530 Anm. 62, „‚Endlösung'" 144; Jacobsen „Kommissarbefehl" 165–67; IfZ Adolf Heusinger ZS69/8; Heusinger 125.

52 DNA Nuremberg NO-4145/2 (Aussage von Walter Blume 29. VI. 47).

53 Jacobsen *Außenpolitik* 459 Anm. 21. Ferner Steinert 205.

54 *Ursachen* I 456, VII-2 348.

55 Burckhardt 348 (Hitler erklärte Burckhardt im VIII. 39: „Ich brauche die Ukraine, damit man uns nicht wieder wie im letzten Kriege aushungern kann.“) Ähnlich Tyrell *Führer* 191 (17. VI. 29: „. . . auf daß wir niemals mehr in eine Situation geraten, wie sie der Weltkrieg und bereits die Zeit vor dem Kriege mit sich gebracht haben“).

56 Dallin 406 f.; Wright 118 f., 122 f., 137.

57 Format, Paginierung und Handschrift deuten darauf hin, obgleich die Seitenüberschriften anders lauten (Maser *Briefe* 272, 274) und trotz einer gewissen Übereinstimmung mit Phelps „Rede“ 412 (13. VIII. 20). Ferner HIS Rede-Entwurf vom 31. VIII. 21: „Rassenselbstmord Vorbedingung hiezu ist *Massenwahnsinn.* Kann erzeugt werden durch Massennot – *Hunger.* Der Hunger als Kampfmittel zu allen Zeiten. Der Hunger im Dienste der Juden. Zerstört Körperkraft und Gesundheit. Verwirrt den Verstand. Planmäßige Aushungerung durch Teuerung. 1.) In Deuschland vor dem Kriege. 2.) Während des Krieges. Nach dem Kriege.“

58 Ludendorff 160 f.; Ursachen VIII 225 Anm. 19 und Hahlweg *Friede* 118 („Richtlinien an Oberost für die Friedensbesprechungen“ 16. XII. 17). Ähnlich ebd. 38 („Leitsätze für einen Separatfriedensvertrag mit Rußland“ 3. XII. 17). Ferner Hahlweg *Diktatfrieden* 43–46.

59 Koerber 106 (12. IX. 23). Ähnlich *VB* 22. II. 23 (20. II. 23): „Hier gibt es nur einen Kampf auf Leben und Tod. Entweder der jüdisch-internationale Marxismus bleibt auf der Walstatt, oder – Deutschland.“

60 HStA AStA Sonderabgabe I 1480 (21. IV. 22).

61 *VB* 25. II. 26 (14. II. 26), Parteitag in Bamberg. Ähnlich *VB* 26. V. 26 (23. V. 26), Manöverkritik an der Versammlung in Bamberg: „die Stunde der letzten Entscheidung“ mit „den jüdischen internationalen Blutwürgern“ *in* Deutschland. Zu dieser Bamberger Konfrontation s. Schüddekopf 174–84; Reimann 63–67; Schildt 155–65, bes. 159 f.; Wörtz 97–107, bes. 101; Schulz 426. Ferner Horn *NSDAP* 269 f. Goebbels' sarkastisches Resümee von Hitlers Bamberger Rede ist irreführend: „Unsere Aufgabe ist die Zertrümmerung des Bolschewismus. Bolschewismus ist jüdische Mache! Wir müssen Rußland beerben!“ Goebbels *Tagebuch* 59 f. Das gleiche gilt zweifellos für Goebbels' Tagebuchversion von Hitlers vertraulicher Erklärung vom 1. III. 26: „Italien und England unsere Bundesgenossen. Rußland will uns fressen. Alles das steht in seiner Broschüre und in dem nächstens erscheinenden 2. Bande seines

'*Kampf*.' Ebd. 72. Die Broschüre war gleichzeitig das 13. Kapitel jenes zweiten Bandes, in dem nirgends Krieg mit Rußland zwecks Zerschlagung des Bolschewismus bzw. wegen einer russischen Bedrohung befürwortet wurde. Ferner Kuhn 124–31, bes. 127 und 273 f.

62 Er antizipierte diese Begründung bereits im Frühjahr 1919, wenn IfZ Friedrich Krohn ZS89/5 genau ist: „bezeichnete er . . . den Kampf gegen Kommunismus und Bolschewismus als primäres innen- und außenpolitisches Ziel".

63 Jäckel *Weltanschauung* 135–41. Ferner s. S. 124 f.

64 Hitler *Buch* 220–24 und s. S. 119 ff. Zu einer früheren, aufgehaltenen Entwicklung eines anderen Bindeglieds aus dem „Hunger"-Begriff s. S. 88 und Anm. 57.

65 Jacobsen *Weltkrieg* 180 f. Ferner Goebbels *Tagebücher* 326 f. (8. V. 43: Hitler sagt das gleiche).

66 Lange „Terminus" 426 f., 432 f.

67 Horn „Aufsatz" 280–84 und passim; Kuhn 99–104. Nur das erste Glied von Hitlers späterem Argument für das antisowjetische Bündnis mit Großbritannien kam in HStA AStA Sonderabgabe I 1755 (10. IV. 23) vor: „1899 hätten wir vielleicht ein Bündnis mit England zur Niederwerfung Rußlands oder ein Bündnis mit Rußland gegen England schließen können." In dem Entwurf für eine Rede kurz vor dem Putsch – HIS „Deutschland am Scheidewege" – sagte Hitler jedoch, die erste „*Aufgabe der deutschen Politik*" sei die „Schaffung einer kontinentalen Machtstellung" und der „*Zweck des Gesamten*" sei „Grund und Boden für die Nation". Ungefähr zu dieser Zeit erklärte er dem deutsch-amerikanischen Publizisten George Sylvester Viereck: „Wir müssen nach Osten expandieren" und „wir können unsere verkrampften Gliedmaßen nur nach Osten ausstrecken" – und zwar nachdem er die Notwendigkeit erläutert hatte, den „Volkskörper" vorher vom Bolschewismus alias Judentum zu reinigen und dadurch wiederherzustellen: Viereck 236.

68 Grieswelle 146.

69 Horn *NSDAP* 264; Hildebrand *Außenpolitik* 19–25.

70 Merkl 313–445; Wheaton 125; Bracher *Diktatur* 163; Canetti 204 f.

71 BAK NS26/54/5 (12. VI. 25). Ferner Grieswelle 74–79; Orlow I 7.

72 BAK NS26/54/6 (12. VI. 25). Ähnlich Koerber 78 f. (21. VIII. 23); BAK NS26/52/31; Domarus 85 (27. I. 32).

73 Grunberger 18. Ferner ebd. 31.

74 Horn *NSDAP* 27. Ferner Bracher *Diktatur* 370; Vondung 198.

75 Broszat *Staat* 380 f. Ferner Schoenbaum 285–87.

76 Fabry *Mutmaßungen* 17–170; Lange *Maximen* 30–74. Vgl. aber Thies 23–25. IFZ Paul Schmidt ZS1433: Hitlers Dolmetscher hielt dafür, Hitlers Programm der Revision zuerst und der östlichen Expansion danach sei sicher allen „vernünftigen" Leuten klar gewesen.

77 *Dingolfinger Anzeiger* 2. X. 28.

78 *Deutscher Michel* 2. XI. 28. Ferner Thies 45–57.

79 s. S. 86 und Anm. 41 f.

80 Zu der Problematik der Dokumentation über diese Konferenz s. Henrikson passim.

81 Hildebrand *Außenpolitik* 61, 74, 76; Hillgruber „Lage" 289–91; Henke 308.

82 Hildebrand *Außenpolitik* 52–54; Henke 308–10.

83 s. oben Anm. 61; Heiber in Goebbels *Tagebuch* 11.

84 Höhne 273; Hildebrand *Reich* 475 Anm.; s. S. 134.

85 Hildebrand *Außenpolitik* 28.

86 IfZ Hjalmar Schacht ZS 135/II/40 f., 48 f.

87 Speer 189–91; Hillgruber *Strategie* 156 f., 174 f., 513–16; Gilbert *Dictatorship* 124; Martin *Friedensinitiativen* 425–27; IfZ Karl Bodenschatz ZS 10/32 f. Ferner Thies 53, 177.

88 Über diese Parolen s. Fischer „Weltpolitik" passim; Hildebrand *Außenpolitik* 58.

89 Dickmann 920. Ferner Thies 192 f.

90 Binion „East" 96–99; Grieswelle 181, 193; Jacobsen *Außenpolitik* 13; Thies 55.

91 Gamm 43.

92 BAK NS26/52/90 (8. XI. 30). Ähnlich ebd. 76 (7. XI. 30). Ferner Jacobsen *Außenpolitik* 14 Anm. 8.

93 Preiß 165, 171 (13. XI. 30); s. S. 65 f. und Anm. 42.

94 Domarus 85 (27. I. 32). Ferner ebd. 90.

95 Ebd. 173 (3. I. 33).

96 Ebd. 760 (21. XI. 37).

97 Ebd. 761 (23. XI. 37). Ferner Carr 75; oben II Anm. 69.

98 Hitler *Buch* 28 (18. VIII. 28). Auch dies entsprach seinem früheren Sprachgebrauch: so Deuerlein „Eintritt" 207 (15. XI. 19): „Freies Volk wollen wir sein und kein Freistaat." Es war jedoch unregelmäßig: so Tyrell *Führer* 191 (17. VI. 29): „... zwei Ziele. Das erste ist, die Freiheit

zu bekommen, und das zweite ist, Grund und Boden zu bekommen." Ferner Thies 59, 107 Anm. 9, 108 und passim (über Hitlers „Suggestion" seines expansionistischen Ziels nach 1930).

99 BAK NS26/55 (30. IX., 18. und 27. X. 28); auch (protoschematisch) BAK NS26/54 (6. III. und 9. XI. 27), Preiß (23. und 26. III., 9. VI., 21. III. 27), BAK NS26/52 (8. VIII. 27), *VB 23.* VIII. 27 (21. VIII. 27), BAK NS 26/55 (18. I., 18. IX. 28) - und (wieder weniger schematisch) Preiß (8. XII. 28, 30. IX. 29, 13. XI. 30), BAK NS26/55 (23. X. 28), *VB* 7. VIII. 29 (5. VIII. 29); BAK NS26/52 (7. und 8. XI. 30). Ferner Binion „East" 92–99.

100 HStA AStA Sonderabgabe I 1478/68 (4. III. 20).

101 Ebd. 94 (9. IV. 20).

102 Kursell 69 (20. IV. 23).

103 Deuerlein *Aufstieg* 267–69.

104 BAK NS26/54/162, 145, 163 (157). Ähnlich ebd. (9. XI. 27) und 55 (18. I. 28).

105 BAK NS26/55/44 (18. IX. 28).

106 Domarus 117 (15. VII. 32).

107 Zit. von Grieswelle 135.

108 Domarus 183. Ferner ebd. 115 (10. VII. 32); Grieswelle Kap. 7; Binion „East" 97–99.

109 Ab seinem ersten Tag im Amt brachte er es vor: Deuerlein *Kanzler* 485.

110 Nach Abel 204–301 und Merkl 468–77, 689 f. und passim (bes. die 469–73, 540, 663 und passim zit. Äußerungen) lassen sich die nationalen Aspirationen, die Hunderte von militanten Nazis in einem Autobiographie-Wettbewerb des Jahres 1934 ausdrückten, je mit wenigstens einem der drei miteinander verbundenen Glieder des Hitlerschen Rezepts - Entjudaisierung zur Wiederherstellung der nationalen Einheit zwecks bevorstehenden expansionistischen Kriegs - vereinbaren, und zwar meist mit dem nicht vertuschten Mittelglied, oft aber auch, durch vage Anspielungen auf Hitlers „Idee" oder „Mission", mit allen dreien. Die Autobiographien assoziierten die Niederlage von 1918 offensichtlich nicht mit jenem Programm oder - in vielen Fällen - mit ihrem Nazismus: Das entspricht der individuellen traumatischen Tendenz (Hitler motivierte seine Judenpolitik nicht bewußt mit dem Hinweis auf 1907).

111 Vielleicht hätte er besonders Erfolg gehabt innerhalb eines gleichbleibenden Stimmenanteils der Nichtmarxisten und Nichtzentri-

sten (McKibbin 27 f.; Shively 1220–22), aber weder die Wählerschaft des Zentrums noch die marxistische war klassenspezifisch. Obgleich die soziale Zugehörigkeit nicht signifikant mit dem Geschlecht variiert, stimmten 1928 in Köln „45,5 % der Männer ... für eine marxistische Partei, aber nur 32 % der Frauen" (Shively 1219). Ferner Merkl 711 und passim.

112 Oben I Anm. 130. „Ich habe den Eindruck, daß er die Kommunisten gar nicht fürchtet", notierte Richard Breiting nach seinem Interview vom VI. 31: Calic 115.

113 Kele 203. Ferner ebd. 210 f., 215 f.; Schulz 721.

114 Bahne 662.

115 Angress *Stillborn* 475; Abshagen 120; Viereck 235; Epstein 74; Merkl 375–77 und passim. Bahne 661: in den frühen dreißiger Jahren war die Umschichtung in der KP-Mitgliederschaft vor allem ein Überwechseln zur SA und lag zwischen 80 und 100 Prozent jährlich.

116 Bahne 722; Diels 153.

117 Moser von Filseck 229.

118 *VB* 20. IX. 22 (18. IX. 22). Ähnlich *VB* 7. VIII. 29 (5. VIII. 29). Ferner IfZ Fritz Wiedemann ZS191/II/1.

119 IfZ Horst von Mellenthin ZS105/4, 3. II. 33.

120 Carr 21–23; Kele 177; Grieswelle 55.

121 Schwerin von Krosigk 195.

122 s. z.B. Preiß 199 (13. X. 32) und auch Deuerlein *Kanzler* 483; Grieswelle 55; Bracher *Diktatur* 178 f.; Orlow I 180 und passim.

123 IfZ Otto Dietrich ZS874/107 f. Ferner Merkl 699.

124 Horn *NSDAP* 254, 256; Holzer 180–83; Schulz 479; Bracher *Diktatur* 183; Wheaton 100.

125 Orlow I 286–89. Ferner McKibbin 30, 33.

126 Epstein passim, bes. 75.

127 Deuerlein „Eintritt" 214 (11. VI. 20).

128 Heiber *Hitler* 85. Ähnlich Heiber *Weimar* 275 f.; Hellpach 233; Deuerlein *Hitler* 123; IfZ Werner Best ZS207/II/9.

129 Mommsen 199. Ferner ebd. 164–201. Ähnlich Papen 296.

130 Zit. von Bracher „Stufen" 166.

131 s. S. 74 f. und Anm. 98.

132 Ähnlich Hillgruber „Quellen" 115 (die Deutschen ließen Hitler „aus welchen Gründen und unter welchen Vorbehalten auch immer" gewähren).

133 Wheaton 247.

134 Dietrich 125–36.

135 s. Bollmus 241 f., 247–49; Adam 360 und passim; Jacobsen *Außenpolitik* 613–19; Milward 145 f., 188 und passim; Höhne 15 f. und passim.

136 s. S. 54.

137 Thimme 65; Deuerlein *Putsch* 11. Ferner Monaco 141, 149.

138 *Ursachen* IV 20 f., 39, 239; *VdR* CCCLXXXVIII 4723A; Rudin 354, 357, 363; Kolb „Vorwort" 10.

139 Domarus 88 f. (27. I. 32). Ähnlich HStA AStA Sonderabgabe I 1480/53 (25. X. 22); Preiß 20 (6. VIII. 23). Ferner Röhm 164.

140 BAK NS26/1927-1/36.

141 Und durch erbeutetes deutsches Gas, wie er bis 1933 behauptete: ebd. 32; Foulkes 327.

142 Rudin 349 ff., bes. 353; Thimme 81 zit. *Kreuz-Zeitung* 31. XII. 18.

143 Carsten *Reichswehr* 6 f., 38; Schulze 1.

144 Schieder 53 f. und passim.

145 Die verbreitete doppeldeutige Verwendung des Ausdrucks läßt sich an Titeln wie *Die Ursachen des deutschen Zusammenbruchs* (Reichstagsuntersuchung: s. S. 114 f.) und Philipp Scheidemanns *Der Zusammenbruch* ablesen. Ferner Thimme 64 f.

146 Dehio 18. Ferner *Ursachen* IV 160; Hitler in *VB* 26. V. 21; IfZ Franz von Pfeffer ZS177/33 f.; Ringer 181, 189 und passim.

147 s. bes. IfZ Franz von Pfeffer ZS177/33 f.

148 *Münchener Post* 22.–23. XII. 23; Fischman passim; Hitler *Kampf* 771–73; Gordon *Putsch* 352; Nicholls 111; Zimmermann *Bayern* 138–40, 187 f. Ferner Mitchell 138 und passim; Schmolze 158, 214, 339 und passim; Bonnin 24 zit. Haniel von Haimhausen.

149 s. z. B. Fischer *Griff* 44, 82–85 und passim; Zechlin „1914" 174–81; Troeltsch 7. Ferner BAK NS26/54/185 f. (9. XI. 27), NS26/55/118 f. (9. XI. 28).

150 s. *Ursachen* I 424, 430, 445–52; Fischer passim, bes. Kap. 14.

151 Genoud *Le Testament* 63.

152 s. S. 128 und Anm. 50.

153 Steinert 207. Ferner ebd. 86 f., 91 (über den polnischen Krieg), etc.; Speer 162, 173, 178, 181–84; Höhne II 442. Franz Seldte, Arbeitsminister, behauptete später, er habe wegen seines Schocks ins Krankenhaus müssen: IfZ Franz Seldte ZS1495/15.

154 Hoffmann *Widerstand* 459–61 und Anm. 378 f.; Bracher *Diktatur* 489–91.

155 BAK NS26/55/135 (9. XI. 28). Ferner Merkl 716.

156 Kohn 311.

157 Dehio 23. Ferner Eyck I 138 f.; Thimme 77 f., 146; Heiber *Weimar* 66. Aber das unbewußte Komplementärmotiv hinter jenem Grübeln wurde doch gelegentlich geäußert, z. B. in Hermann Hagedorn sen. an Irma Hagedorn-Bensen 12. VII. 19, zit. von Hagedorn 257: „Wir sind in der Waagschale gewogen und zu leicht befunden worden. Wir müssen sehr geirrt, sehr gesündigt haben..." (Rückübersetzung).

158 *Ursachen* IV 111: ignorierter Hinweis von Arthur Rosenberg.

159 Ebd. V 225.

160 Rudin 393.

161 Krüger 211; Hildebrand *Außenpolitik* 16; Waite 41. Ferner Thimme 64 f.; Kimmich 32 f.; Kohn 311; Schulze 1 f.; Fraser 64 f.

162 *Ursachen* I 141, IV 82, 160, VII 371.

163 Ebd. X 295.

164 Schauwecker 9.

165 Jünger 271 f. Ferner Niekisch *Verhängnis* 20.

166 Evans 61 (übers. aus Jungs Englisch).

167 *VdR* CDXXII Nr. 4124 3. Ferner Farrar 89 f.

168 *Ursachen* I 392 (I. IV. 25). Brest-Litowsk wurde 1923–24 vom zweiten Unterausschuß auf verpaßte Friedenschancen untersucht: Hahlweg *Diktatfrieden* 6. Die Dokumentation wurde zuerst in Hahlweg *Friede* veröffentlicht. Zu dem verschwommenen Rückblick auf Brest-Litowsk s. ferner Hahlweg *Diktatfrieden* 10.

169 „Mündlicher Bericht des 20. (Untersuchungs-) Ausschusses (für Kriegsschuldfragen)" *VdR* CDXXII Nr. 4124 3, 5–7, 12. Ferner Hahlweg *Diktatfrieden* 7–10.

170 *VdR* CDXXII Nr. 4124 14; auch *Ursachen* IX–1 xxiv. („Nur im wechselseitigen Zusammenwirken zahlreicher Ursachen, von denen der Ausschuß die hauptsächlichen hervorgehoben hat, kann die Schuld am Zusammenbruch gefunden werden.")

171 Ferner *VdR* CCCLXXXVI 3273 B–C.

172 Die Ambiguität war insofern sogar doppelt, als der Schlußabschnitt mit dem zitierten Satz in dem Dokument so steht, als beziehe er sich allein auf die Revolution. Er sollte aber für den „Zusammenbruch" insgesamt gelten, da er auf einen Abschnitt über die Themen folgt, die der Unterausschuß aus Zeitmangel nicht untersuchen konnte, und da sein erster Satz, der „Formeln" ablehnt, „die den deutschen Zusammenbruch

auf eine einzige Ursache zurückzuführen suchen", sich auf die in der allgemeinen Einführung (Seite 2) erwähnten und bei einer berüchtigten frühen Sitzung des Ausschusses von Hindenburg und Ludendorff vorgebrachten Dolchstoßlegende bezieht, s. Verfassunggebende Deutsche Nationalversammlung, 15. Ausschuß: *Stenographischer Bericht über die öffentlichen Verhandlungen des Untersuchungsausschusses,* vierzehnte Sitzung (18. XI. 19) 731; *VdR* CCCXCV 13619D, 13622A–B; *Ursachen* V 246 f.

173 Ebd. V 234. Ähnlich Troeltsch 21.

174 s. S. 69. Ferner Hillgruber *Kontinuität* 15, 23.

IV. Zweispurig (S. 117 bis 151)

1 Zit. von Hanser 300.

2 Es war auch so wie damals, als er bei der Mutter immer noch seinen Willen gehabt hatte. „Er hatte die verrücktesten Einfälle und setzte sie durch", erinnerte sich sein Halbbruder (Oplt 4).

3 Es sei denn, daß ihr konsekutives Nichtgebären ihrer drei verlorenen Kinder während sie ihn stillte (s. S. 80) auf ihn wie ein Ungeschehenmachen und Umkehren ihres Verlustes gewirkt hatte.

4 Koerber 6 f.; Anhang A; s. S. 41 und Anm. 159.

5 Eine mögliche teilweise Ausnahme waren seine gelegentlichen Anspielungen auf seine Politik im allgemeinen als verzweifelter, schmerzlicher Versuch, Deutschland vor dem langsamen Abstieg zu retten. So erklärte er bei seinem Hochverratsprozeß: „Wir sind überzeugt, daß das große Verbrechen, welches das deutsche Volk im Jahre 1918 an sich selbst beging, gesühnt werden kann nur durch ungeheure, unerhörte Kraftanstrengung, vielleicht noch durch sehr großes bitteres Leid", und selbst wenn die Erfolgschance nur eins zu hundert betrüge, „dann lieber sterben, augenblicklich sterben" (BAK NS26/1927–3). Zur jüdischen Seite s. S. 92.

6 Hitler *Kampf* 742. Vgl. HStA AStA Sonderabgabe I 1480 (2. XI. 22): „Hitler geißelt scharf alle Kompromißbereitschaft und ermahnt, stark und mächtig zu werden, um entweder zu siegen oder – unterzugehen."

7 s. S. 73 f. und Anm. 93, S. 86 f. und Anm. 40, S. 87 und Anm. 57, S. 90 und Anm. 64.

8 Um genau zu sein, zwei fragmentarische Alternativentwürfe: reproduziert in Maser *Briefe* 291 f., 295. Masers Transkription – ebd. 293 f., 296 f. – ist unvollständig und fehlerhaft.

9 Hitler *Kampf* 551–57; Franz-Willing 122–26; Phelps „Parteiredner" 309, „Rede" 402 (13. VIII. 20). Ferner Hitler in *VB* 20. II. 21: „Ein schwarzes Hakenkreuz auf weißer Scheibe im roten Feld, das muß die richtige Fahne sein!"

10 Phelps „Rede" 402.

11 Ebd. 402–05, 411. Vgl. Deuerlein „Eintritt" 203 (Hitler an Gemlich 16. IX. 19); BAK NS26/51/6 (31. V. 20).

12 Ähnlich BAK NS26/52/38 (8. VIII. 27: „der ewige Antipode von unserem eigenen Wesen").

13 Hitler *Kampf* 333 f. Ferner BAK NS26/52/38 (8. VIII. 27: „Wir sehen in ihnen nicht, wie andere, Nomaden, sondern wir sehen in ihnen Parasiten.")

14 Vgl. Preiss 115 (4. VIII. 29: „Völker sind noch niemals durch Kriege zugrunde gegangen, solange sie innerlich gesund waren.")

15 Vgl. Hitler *Kampf* 316 (Unterstreichungen im Original).

16 Phelps „Parteiredner 289 f. (10. XII. 19), 297 (17. IV. 20), 318 f. und Deuerlein „Eintritt" 215–17 (20. IX. 20).

17 Deuerlein „Eintritt" 218 (24. IX. 20).

18 Phelps „Rede" 409 (13. VIII. 20).

19 Phelps „Parteiredner" 305 (6. VII. 20).

20 Maser *Briefe* 270.

21 Vgl. Preiß 168 (13. XI. 30): „Im gesamten Wirtschaftsleben, im Gesamtleben an sich, wird man aufräumen müssen mit der Vorstellung, daß der Nutzen des einzelnen das Wesentliche ist und daß auf dem Nutzen des einzelnen sich der Nutzen der Gesamtheit aufbaut, daß also zunächst der Nutzen des einzelnen den Nutzen der Gesamtheit überhaupt erst ergibt. Das Umgekehrte ist richtig."

22 Preiß 16 (3. I. 23). Ähnlich *VB* 12. IV. 23 (10. IV. 23): „das Bänner mit der weißen Scheibe und dem schwarzen Hakenkreuz" würde über ganz Deutschland flattern.

23 Koerber 57 (13. IV. 23).

24 Ebd. 62.

25 Hitler in *VB* 3. V. 23; oben I Anm. 234. Ähnlich Hitler in *VB* 25. I. 22: „... die Rasse, in der wir den Weltfeind der Freiheit aller Völker der Erde erblicken."

26 Hitler *Buch* 225. Zu der Synthese s. Jäckel *Weltanschauung* 139–41 und passim.

27 BAK NS26/55/83 (18. X. 28). Ferner Thies 32 und Anm. 5, 48 und Anm. 12, 186 und passim.

28 Jäckel *Weltanschauung* 86, 98–101; BAK NS26/55/2 (18. I. 28); Domarus 70 (27. I. 32); Treue 204 (Memorandum vom VIII. 36).

29 BAK NS26/54/178 (9. XI. 27).

30 Hitler *Buch* 64–68; Jäckel *Weltanschauung* 126–35.

31 s. oben III Anm. 99. Daß das Spalterische an den Juden, um das sich das Mittel-Zweck-Rezept drehte, nicht zu der Antithese gehörte, machte Hitler offenbar nichts aus.

32 Diese Substitution wurde schon früher vorbereitet. So Kursell 57 (13. IV. 23: „die demokratisch-marxistisch-jüdische Weltpresse"), 62 (13. IV. 23: „der demokratisch-marxistische Jude"), 69 (20. IV. 23: der Jude propagierte Demokratie und Marxismus, um Macht über Völker zu gewinnen); Jochmann 101 (28. II. 26: „Die Frage der deutschen Wiedererhebung ist eine Frage der Vernichtung der marxistischen Weltanschauung in Deutschland"), 102 f., 114, etc. Ferner Binion „East" 96–98.

33 BAK NS26/55/43 (18. IX. 28: „warum müssen gerade diese drei von überwältigender Wichtigkeit sein für unser deutsches Volk? Aus dem einen Grunde, weil das deutsche Volk zu seiner Existenz heute Macht braucht, mehr als je zuvor" – und zwar aus „Not an Raum und Boden").

34 Hillgruber *Großmachtpolitik* 44 f. und Anm. 15; Sontheimer 118–21.

35 Domarus 68–90, Zitate 88, 86, 84 resp. (27. I. 32). Nachklang in DNA „Koeppen" 7 (Abendessen 18. IX. 41).

36 Vogelsang „Brief" 437. Ferner Hillgruber *Großmachtpolitik* 47–49.

37 Vogelsang „Dokumente" 434 f. Nach diesen Notizen nannte Hitler die Möglichkeit einer wirtschaftlichen anstelle einer militärischen Expansion. Das hätte seinem Standardargument widersprochen, die deutsche Wirtschaft brauche eine Expansion mit militärischen Mitteln: s. S. 87 und Anm. 47, auch S. 98 f. und Anm. 92–94. Deshalb scheint die Version in IfZ Horst von Mellenthin ZS105/5 hier genauer zu sein: „Es gibt noch zwei Möglichkeiten, die zur Lösung unserer Notlage führen: 1.) sich gewaltsam Absatzgebiete für unsere Produktion schaffen 2.) neuen Lebensraum für die überzähligen Menschen schaffen." s. auch ebd. 6: „Entscheidend stets über allem die Wehrpolitik, da sicher ist, daß die letzten Konflikte durch Gewalt ausgetragen werden müssen."

38 Hillgruber *Großmachtpolitik* 49. Ähnlich Hildebrand *Außenpolitik* 107 f.

39 Felice 150 zit. Vittorio Cerrutis Aufzeichnungen.

40 Heß' verrückte Visionen von 1945–46 sind hier aufschlußreich: s. S. 161. Vgl. Himmler: s. S. 134.

41 Binion „East“ 96–99.

42 Domarus 117 (15. VII. 32 - die erste auf Schallplatten aufgenommene und verkaufte Rede Hitlers).

43 Hillgruber *Rolle* 115, „‚Endlösung‘“ 138–43; Jäckel *Weltanschauung* 79, 83; Aleff 213; Krausnick „Judenverfolgung“ 360 f.; Hildebrand *Außenpolitik* 111 f., 114 f.; Adam 333.

44 s. S. 54 und Hillgruber *Strategie* 519 Anm. 11.

45 s. S. 51 und Anm. 253; Domarus 1312; Jäckel *Weltanschauung* 81–83; Hillgruber „‚Endlösung‘“ 151 Anm. 57; Dawidowicz 110 f.

46 Adam 257 f. - und zur Emigration Reitlinger 33 f. (vgl. Himmler 138 f.).

47 s. S. 54.

48 Hillgruber *Strategie* 517 Anm. 4; Krausnick „Judenverfolgung“ 348–50; Höhne 316–19; Adam 247–51; Broszat *Polenpolitik* 28–31. Aronson 192 betrachtet diese „Arbeitsteilung“ zwischen Wehrmacht und SS als Erbe der Röhm-Affäre: zu dieser s. S. 148 ff.

49 Greiner und Schramm I 341; Warlimont 170, 172.

50 Philippi und Heim 50 f.; Hillgruber *Strategie* 523–28, „‚Endlösung‘“ 143–50, *Großmachtpolitik* 49 f.; Halder *Kriegstagebuch* 336 f.; Krausnick „Judenverfolgung“ 361–63; Jacobsen „Kommissarbefehl“ 170–82; Warlimont 173–85; Höhne 371–73; Leach 153–55.

51 JT Giesing 122a, 17. XI. 44, Hitler fuhr fort, Hitler *Kampf* 225 (s. S. 19 und Anm. 21) nachsprechend: „Die Vorsehung hat mir den Weg gezeigt, daß es kein Paktieren mit dem Bolschewismus gibt und ich werde niemals Rußland die Hand reichen.“ Auch DNA „Picture“ 18 (schlechte Übersetzung). Ähnlich BAK Schramm 86 (Karl Brandt).

52 Zit. von Hillgruber *Strategie* 528 Anm. 52.

53 s. S. 56 und Anm. 284.

54 Goebbels *Reden* II 178.

55 Dallin 75; Steinert 251; Hillgruber „‚Endlösung‘“ 145–49; Krausnick „Judenverfolgung“ 368 f. Deshalb begrüßte Hitler Stalins Aufruf vom 3. VII. 41 zum Partisanenkrieg.

56 DNA „Koeppen“ 20, 7. X. 41.

57 Himmler 162–83, 200–05. Ferner Krausnick „Judenverfolgung" 387, 446 f. Bormann war im X. 42 vor Parteigrößen beinahe ebenso deutlich: Steinert 252 f.

58 Goldhagen 47 und Anm. 19; Himmler 170.

59 s. S. 56 und Anm. 282 f.

60 Hildebrand *Außenpolitik* 109, 112 f.

61 s. S. 51.

62 Groscurth 166 f.; s. S. 52 und Anm. 257.

63 Hillgruber *Strategie* 111 und Anm. 35; Hildebrand *Außenpolitik* 120 und passim.

64 Hillgruber *Strategie* 111, 392 f., 518, 520–23; Hildebrand *Außenpolitik* 114 f.

65 Kotze und Krausnick 148, Tonband in BAK.

66 Hitler *Kampf* 185 f. Vgl. S. 47 und Anm. 219.

67 Adam 359 f.; Hildebrand *Außenpolitik* 113; Broszat *Staat* 379–82 und passim; Buchheim 13–30 und passim.

68 s. S. 53 f. Ferner Broszat *Staat* 398–401.

69 Greiner und Schramm I 341; Hillgruber *Strategie* 523 Anm. 33; Warlimont 168.

70 Hillgruber *Strategie* 524 Anm. 34.

71 Steinert 251 f.; Hillgruber „‚Endlösung'" 146–48; Jacobsen „Kommissarbefehl" 187-97.

72 Hildebrand *Außenpolitik* 114, 120; Hillgruber *Staatsmänner* II 553 f. bzw. 557.

73 Heiber *Lagebesprechungen* 258 (8. VI. 43).

74 Ebd. 259. Ähnlich ebd. 256 (Hitler bezeichnet Bethmann Hollweg, seinen ideologischen Prügelknaben seit den zwanziger Jahren, als den einzigen Deutschen, der 1916 angesichts der militärischen Rückschläge die Vernunft nicht verloren habe.

75 DNA „Koeppen" 14 (Abendessen im Hauptquartier mit Constantin von Neurath, Hans Frank, Herbert Backe). Vgl. ebd. 38 (5. XI. 41 Abendessen mit SS-Mediziner Plaschke): „Der Führer sprach dem Judentum jegliche Tüchtigkeit auf allen Gebieten ab" und Picker 465 (21. VII. 42): „Hinter Stalin stehe der Jude".

76 Hillgruber *Strategie* 524 Anm. 34 und 37, 531 f.; Kater 359; Hildebrand *Außenpolitik* 126 f., 129; Bracher *Diktatur* 387 f., 450–57, 502; Broszat „Konzentrationslager" 10, 97 f.; Höhne 419–503; Buchheim 29 f.; Bollmus 245 f. und passim; Jung 11–13. IfZ Fritz Wiedemann ZS 191/II/2:

als der Krieg näherrückte, begann in Hitlers geheimen Plänen die SS die Wehrmacht bereits zu verdrängen.

77 Bollmus 245; IfZ Rudolf Diels ZS 537/II/21; Milward 145 f. s.S. 106 und Anm. 134 f.

78 s.S. 53 und Anm. 265.

79 Krausnick „Judenverfolgung“ 298 f., 302–04; Kater 359 und passim; Höhne 132–59 und passim; Buchheim 98, 246 und passim; Aronson 30.

80 Hillgruber „„Endlösung““ 152. Ferner Krausnick „Judenverfolgung“ 369 f.

81 Biss 37, 156 f. und passim; Höhne 582. Ferner Jung 92 f.

82 Höhne 586.

83 Kersten 375; Besgen 52.

84 Jäckel *Weltanschauung* 84.

85 Picker 497, 30. V. 42. Ähnlich bis Ende 1944: Domarus 2161–64 (12. XI. 44); Heiber *Lagebesprechungen* 714 f. (II. und 12. XII. 44).

86 Ebd. 739

87 Ebd. 738 f.

88 Genoud *Le Testament* 78–86 (13. II. 45).

89 Ebd. 93–96 (15. II. 45).

90 Ebd. 80 (13. II. 45).

91 Ebd. 143.

92 Domarus 2237, 2239.

93 Ebd. 2242.

94 Ebd. 933 (26. XII. 38).

95 Shirer 142.

96 Domarus 1315 f.

97 Ebd. 1340 f.

98 Broszat „Konzentrationslager“ 104 f.; Zipfel 205 f.; Bracher *Diktatur* 452 f.

99 Domarus 1427 (23. XI. 39).

100 Kotze und Krausnick 328 (15. II. 42). Ferner Domarus 1342 (3. IX. 39: wieder zweimal), 1363 und 1364 (19. XI. 39), 1393 (6. X. 39), 1396–98 (10. X. 39), 1405–14 passim (8. XI. 39), 1460 (30. I. 40) etc. Auch Baeyer-Katte 147.

101 Kotze und Krausnick 367 f. (26. VI. oder 4. VII. 44).

102 Domarus 2128.

103 Heiber *Lagebesprechungen* 587 f.

104 Ebd. 617.

105 Domarus 2165.

106 Heiber *Lagebesprechungen* 741 (28. XII. 44).

107 Domarus 2179 f., 2186.

108 Speer 433.

109 Domarus 2212. Ähnlich ebd. 2205 f. (24. II. 45).

110 Hubatsch 348 f.; s. S. 56 f. und Anm. 287.

111 Domarus 2237 (29. IV. 45).

112 Ebd. 2242 (29. IV. 45). Zu Hitlers Einbildung am Ende, man habe ihn verraten, s. ferner PUL Dethleffsen 22–24.

113 Kotze und Krausnick 319 f. Ähnlich Domarus 1460 (30. I. 40).

114 Kotze und Krausnick 250 (8. XI. 38).

115 Buchheit 426. Außerdem verschlechterte er seine Chancen gemäß dem Präzedenzfall 1914–18, je drastischer er den Krieg ideologisierte: Hildebrand *Außenpolitik* 175 Anm. 40.

116 Rudin 173.

117 Domarus 1442.

118 Hillgruber *Staatsmänner* II 233 (13. IV. 43).

119 Ebd. 377.

120 Kotze und Krausnick 351. Ferner Hillgruber *Staatsmänner* II 302.

121 Heiber *Lagebeprechungen* 616 (31. VIII. 44). Ferner ebd. 612.

122 Schmidt 587. Ferner BAK Schramm 127 (Hans Kehrl an Schramm 5. VI. 63); Jung 95 f.; Martin *Friedensinitiativen* 448–504.

123 PUL Dethleffsen 28.

124 DNA „Hitler's Last Session in the Reichs Chancellery, 24 Feb 45" 2.

125 Zu einer bemerkenswerten Ausnahme s. S. 148 ff.

126 Hillgruber *Rolle* 24 f., 105–07; Leach 87–158, 231–38.

127 Hildebrand *Außenpolitik* 75 f.

128 Leach 95 und Anm. 3; Milward 7 f.; Hillgruber *Strategie* 593.

129 s. S. 43 f. und Anm. 180.

130 Heiber *Lagebesprechungen* 71, 106 f. Zu den italienischen Nachteilen für Deutschland s. Leach 176–78.

131 Heiber *Lagebesprechungen* 369 und Anm. 3; Hillgruber *Staatsmänner* II 303 f., 315–19, 336 f.

132 Hillgruber *Strategie* 206, 414–19, 485–88; Sommer *Japan* 455.

133 Domarus 1466 (24. II. 40). Ferner Speer 179, 184 f.

134 Kotze und Krausnick 323 (15. II. 42). Vgl. Leach 191: „So führte Hitler Deutschland in eben die Neuauflage des großen Koalitionskampfes des Ersten Weltkrieges, die er immer zu vermeiden bestrebt gewesen war."

135 Treue 197; Carr 49, 58; Weinberg 353. IMG XXXVI 490 f. und Weinberg 355: Als Göring die Generalanweisung dem Kabinett vorlegte, erklärte er: „Sie geht von dem Grundgedanken aus, daß die Auseinandersetzung mit Rußland unvermeidbar ist" und: „Alle Maßnahmen haben so zu erfolgen, als ob wir im Stadium der drohenden Kriegsgefahr uns befänden" – hier die gleiche Wendung, die der Mobilmachung von 1914 vorausgegangen war (Hitler drückte sich ähnlich aus: Treue 204). Ferner Leach 150 f.

136 Milward 7 f., 12 f. und passim; Carr 61 f. und passim; Carroll 100 f. und passim; Weinberg 353; Treue 197 f., 202 f., 207 f.

137 Treue 207. Ferner ebd. 198.

138 Milward 64–66 und passim; Carroll 29 f.; Speer 198, 223, 225 und passim.

139 Befehl vom 16. XII. 41. Außer für Rußland erteilte er keine derartigen Befehle: s. z.B. Heiber *Lagebeprechungen* 313 und Anm. 2, 327 (zu Sizilien). Außerdem Jung 19.

140 Heiber *Lagebesprechungen* 106 f. (12. XII. 42). Ferner Hillgruber *Wehrmacht* 1293, 1297 (Hitlers Befehl vom 8. IX. 42): „Ich kehre mit dieser Auffassung bewußt zu der Art der Verteidigung zurück, wie sie in den schweren Abwehrschlachten des Weltkrieges besonders bis zum Ende des Jahres 1916 mit Erfolg angewendet wurde... Damit heißt die Parole für die Verteidigungsfront: Graben und immer wieder graben!"

141 Maser *Briefe* 65 (Hitler an Josef Popp 4. XII. 14), 97 (Hitler an Ernst Hepp 5. II. 15).

142 Fromelles liegt jedoch westsüdwestlich von Lille. Und Hitlers damalige Briefe (unten) kamen aus Messines nordwestlich von Lille.

143 Wiedemann 103 f. Ferner ebd. 104 über Hitler 1914–18 und den späteren Westwall.

144 Maser *Briefe* 71 f., 75 (Hitler an Josef Popp 26. I. 15).

145 Heiber *Lagebesprechungen* 84 (12. XII. 42).

146 Picker 493 (30. V. 42). Ähnlich Kotze und Krausnick 323 (15. II. 42); Heiber *Lagebesprechungen* 777 (29. XII. 44: „ich habe es früher erlebt, ich war Meldegänger").

147 Ebd. 742 Anm. 3; Jung 3, 101, 103, 200 f., 203.

148 Heiber *Lagebesprechungen* 751 (28. XII. 44).

149 Ebd.

150 Ebd. 766 (29. XII. 44).

151 Ebd. 777 (29. XII. 44), 859 (27. I. 45), 917 (2. III. 45); auch 31. Ferner HSW Hoffmann über Hitler, der seinen Schritten von 1914–18 kurz vor und nach der Westoffensive vom V.–VI. 40 nachgeht.

152 Lurker 10 f. (Gutachten vom 8. I. 24, signiert Brinsteiner).

153 StAfO Staatsanwaltschaft Nr. 3099:69 (Gutachten vom 19. XII. 23, signiert Brinsteiner).

154 Heiber *Lagebesprechungen* 609 und Anm. 1.

155 Die Schulterverletzung brachte schon diese Assoziation mit sich: „... ich hatte das Gefühl, es wäre ein Steckschuß im linken Arm und zwar deshalb, weil meine erste Verletzung im Kriege mir mehr das Gefühl eines Schlages als das eines Schnittes hinterlassen hatte": BAK NS26/1927-1/115.

156 Heiber *Lagebesprechungen* 609 (31. VII. 44); Schramm 66 (Karl Brandt); DNA „Picture" 6 f. (Karl Brandt). Erwin Giesing, der Hitler vom 22. VII. bis zum 6. X. 44 behandelte, beobachtete es zum erstenmal, als er Hitler Mitte II. 45 traf: JT Giesing 175.

157 Deuerlein *Hitler-Putsch* 77–80, 87–90; Carsten *Reichswehr* 177–80; Gordon 234–37 und passim.

158 BAK NS26/1927-1/114.

159 Gordon 362.

160 HStA AStA Sonderabgabe I 1494/332–34. Ferner Franz „Munich" 331 f.

161 Gordon 352; Smith *Himmler* 136.

162 Bennecke 216; Broszat *Staat* 257; Wheaton 480, 483; Schoenbaum 194. Ferner IfZ Gotthard Heinrici ZS66/II/180.

163 Memoiren des Generalfeldmarschalls Maximilian Freiherr von Weichs, Bundesarchiv - Abt. Militärarchiv - Freiburg/Br., Signatur N 19/5, S. 15.

164 Höhne 109, 112; Bloch *SA* 95, 102; IfZ Franz von Gaertner ZS44/18–24, Franz von Pfeffer ZS177/9.

165 Höhne 106, 112, 114; Gallo 208 f.; IfZ Sepp Dietrich ZS450/5 f. (der allerdings behauptet, seine über Landsberg dirigierten Kommandos seien nicht dieselben gewesen, die Hitlers schmutzige Arbeit verrichtet hatten), Erich Kempka ZS253/1.

166 Höhne 115; DNA „Picture" 7 (Wilhelm Brückner).

167 Ebd. 117; Bullock *Hitler* 84; Schubert 210 f.; Maser *NSDAP* 371 und Anm. 29; Bonnin 195–220.

168 Höhne 116; Bullock *Hitler* 305; Wheaton 488.

169 Frank 153. Ferner Gilbert *Dictatorship* 75 f.

170 Domarus 413–24 (13. VII. 34).

171 Höhne 25 f. Ferner IfZ Fritz Wiedemann ZS191/II/2: „Die SS hatte 1934 die Stellung der SA geerbt."

172 Domarus 411 f. (13. VII. 34).

173 Vondung 83. Ferner Grunberger 75.

174 Zit. von Deuerlein *Hitler* 73 (8. XI. 36).

175 Frankel-Memorandum (o. Datum) BAK NS26/115; Helene Niemeyer „Aufzeichnungen" in der Sammlung Egon Hanfstaengl.

176 Aronson 192.

177 Tyrell *Führer* 299. Vgl. S. 47 und Anm. 220.

178 s.S. 38 und Anm. 134. Ähnlich BAK Schramm 150: Hitler berichtete in privatem Kreis, er habe Röhm nie besucht, denn er „befürchtete Vergiftung".

179 Oder beinahe. Sein fehlgeschlagener Putsch schimmerte in seinem kurz danach programmierten Drang nach Weltmacht schwach durch. So erklärte er vor dem Reichsgericht in Leipzig, nach der legalen Machtübernahme „werden wir gegen die Verträge kämpfen mit sämtlichen, vom Angesicht der Welt aus gesehen, auch mit illegalen Mitteln": Deuerlein *Aufstieg* 331. Bei seinem Weltputsch ersetzte die britische Regierung die bayrische, und Moskau trat an die Stelle Berlins. Mitten in diesem bewaffneten Kampf nach außen bezeichnete er ihn als eine Wiederholung des nationalsozialistischen Machtkampfes daheim: Picker 187 (22. VII. 42) und Goebbels *Tagebücher* 326 f. (Eintrag vom 8. V. 43).

180 Irving 10 zit. Karl von Eicken. Desgleichen hier seine Schlaflosigkeit – die er an anderer Stelle auf seinen Kriegsdienst als Meldegänger zurückführte: BAK Schramm 147.

V. Führer und Geführte (S. 152 bis 169)

1 BAK NS26/55/111.

2 Kessler 727. Zu Hitler als Medium s. auch Hanfstaengl *Years* 265 f.

3 Franz „München“ 4; IfZ Franz von Pfeffer ZS177/5, 21 f.
4 Ferner Horn *NSDAP* 160; Tyrell ‚*Trommler*‘ 163–65.
5 Ferner Horn *NSDAP* 166 f., 216 f., 229.
6 Deuerlein *Aufstieg* 418.
7 Domarus 499 f., 683–85; Hoßbach 50 f.
8 Domarus 758 (Ludendorff an Hitler 9. XI. 37).
9 Ebd. 767 (20. XII. 37).
10 Ebd. 761 (23. XI. 37): s. S. 99 und Anm. 97.
11 Akten IV 295. Ferner Calic 104.
12 *Ursachen* I 171.
13 Ebd. IV 45.
14 Baumgart 371 f., 375 f.; Baumgarts Zitat von Herzfeld 243.
15 Kielmansegg 630.
16 Dehio 95; Hildebrand *Außenpolitik* 138 f. und Anm. 26.
17 Zechlin „1915“ 353 (Ludendorff an Hans Delbrück 29. XII. 15).
18 Ebd.
19 s. S. 86 f.
20 Domarus 1399.
21 s. Gamm 110 f.; Grunberger 466.
22 s. Steinert 243 f., 261–63; Grunberger 464.
23 Steinert 86 f., 91; Speer 162, 173, 178, 181 f., 184.
24 Grunberger 85, 89; Krause 71 f.; FH Paula 2.
25 Steinert 207; Boberach 151.
26 Sauer „Gewalt“ 749 Anm. 14.
27 Warlimont 175–78; Hillgruber „Endlösung“ 149 f. Vgl. S. 74 und Anm. 101.
28 Friedrich Wilhelm Foerster, Weltkrise und Seelenkrise, Berlin 1932, S. 25.
29 Reck-Malleczewen. Ähnlich Broch 77–236 zur „Massenwahntheorie“ (1939, 1941).
30 Gilbert *Dictatorship* 193.
31 So Ribbentrop angesichts der Beweise für die nazistischen Greueltaten: „Er bot an, sich in Stücke hacken oder eine Klippe hinabstürzen zu lassen, wenn er wirklich irgendwie dafür verantwortlich gewesen wäre“: ebd.
32 Aich 210 und passim. Ferner Weber 205 f.; Pribilla 77; Grau 82–85.
33 Kern 187.

34 Hellpach 138 f.

35 Sie hinterließ einige letzte Spuren in Baeyer-Katte passim; IfZ Friedrich Krohn ZS89/17.

36 Eine parallele Entwicklung läßt sich in deutschen Untersuchungen über Massenphänomene im allgemeinen beobachten. Wo Revers (1947) noch für ein spezifisches kollektives Bewußtsein eintrat, erkannten Hagemann und Pöll (beide 1951) lediglich Gruppensituationen oder -kontexte an, die suggestive Wirkungen auf den einzelnen intensivierten.

37 Freud XIII 136–43. Ferner ebd. 189–91, XV 74. Freud neigte dazu, den „Primärprozeß", der das unbewußte individuelle Denken beherrscht, mit der Wirkungsweise jenes ursprünglichen gemeinsamen Bewußtseins gleichzusetzen.

38 Woerden 115; Binion „Foam" 523 f.

39 Unterführer hatten Personalbefugnisse nach unten hin, gegenüber Hitler aber keine: s. Tyrell „Führergedanke" 545 f. und passim.

40 Zit. in Gilbert *Dictatorship* 148.

41 Dazu s. bes. Baeyer-Katte 146–48, 166 f.

42 Vondung 47 und passim.

43 Ferner Freud XV 59 f.

44 Schramm *Führer* 155.

45 Calic 47. Ähnlich Hitler *Kampf* 83.

46 Bracher *Diktatur* 371 zit. Gottfried Neesse *Führergewalt* (Tübingen 1940) 54. Ferner Halder *Feldherr* 62.

47 Deutschland sollte sogar „endgültig wieder zu *einer* Willensbildung zusammengerissen werden": Grieswelle 135 zit. 31. VII. 32. Freud schrieb den gemeinsamen Willen auch der primären Horde, vermutlich aber unabhängig von ihrem Anführer, zu (Freud XIII 137 Anm.: „es gab nur einen Gemeinwillen, keinen singulären").

48 DNA „Picture" 31 (Adolf Heusinger). Ferner s.S. 73 und Anm. 95.

49 Euripides Bd. V, 275 (Zeile 284 des Originals).

50 s.S. 83 f.

51 Schramm „Anatomie" Nr. 5 : 40.

52 Schwerin von Krosigk 196.

53 Papen 293. Ähnlich Hierl 159 f.; IfZ Werner Best ZS 207/II/6; DNA „Picture" 30 f. (Adolf Heusinger); AS 41 (zwei Backfische 1931: „Eindringlich sprach er zu der Masse und doch wieder zu jedem einzelnen und zog sie in seinen Bann.")

54 DNA „Picture“ 31 (Adolf Heusinger).

55 Hierl 159 f.: die kollektive Wirkung war mit der individuellen gleichlaufend. Weitere Beispiele in Stein 94–113; Friedländer 162–65; Lambertson 123–27; Lange-Eichbaum und Kurth 385 f.; Fest *Gesicht* 349 und Anm. 24; Dietrich 30 f.; IfZ Adolf Heusinger ZS69/77.

56 Lüdecke 13, 17, 13, 16 resp. Vgl. den Autobiographen von 1934 in Merkl 540: „Wie seine blauen Augen blitzten...“

57 *Basler Nachrichten* 5. V. 45; IfZ Josef Hell ZS640/8.

58 IMG XII 351.

59 Merkl 540. Ähnlich ebd. 539 (Beamter über seine erste Hitler-Rede: „Die Persönlichkeit des Führers hatte mich total in ihren Bann gezogen“); Abel 153, 182; AS 32 (Geschäftsmann: „Wer einmal diesem Manne die Hand geben und in seine Augen blicken durfte, war für alle Zeit mit Leib und Seele bereit, als fanatischer Kämpfer alles für die Freiheit des deutschen Volkes einzusetzen“), 80 (Handwerker: „Abends sprach Adolf Hitler... Ich lernte an diesem Abend Adolf Hitler persönlich kennen und stellte fest, daß von Adolf Hitler eine unsichtbare Macht ausging, die alles in ihren Bann zog“), 88 (Bankbeamter: „Hitler sieht tatsächlich jedem in die Augen ... Wer Hitler einmal ins Auge gesehen hat und wer ihn einmal gehört hat, kommt nicht wieder von ihm los“), 195 (Beamtin: „Wer unseren Führer sprechen hörte und ihm in die Augen sah und wirklich reinen Herzens war, der mußte sich einfach zu ihm bekennen“), 207 (Hausfrau: „Diesen *[sic]* einfachen *[sic]* Mann mit einem treuen aufrichtigen Blick strahlte Sonnenwärme von sich in die 22 000 begeisterten Menschen ... wer einmal Adolf Hitler gehört hat, war ihm ergeben“), 337 (Markthelfer: „Unvergessen wird mir die Stunde bleiben, in der es mir vergönnt war, dem Führer Adolf Hitler auf dem Reichsjugendtag in Potsdam 1932 ins Auge sehen zu können . . . Mein Leben habe ich diesem Mann aus dem Volke bis zum letzten Atemzug verschrieben“), 363 (Fabrikarbeiterin: „ein leuchtendes Feuer brannte in seinen Augen“), 395 (Verwaltungsbeamter: „Mein größtes und schönstes Erleben in all den Kampfjahren war der Tag, an dem ich in der Marbach dem Führer Auge in Auge sehen und meine angetretene Ortsgruppe melden durfte. Wer Adolf Hitler einmal ins Auge sehen durfte ist ihm und seiner Idee und damit seinem Volke und seinem Vaterlande restlos verfallen und ergeben und auch das Letzte und Höchste zu opfern bereit“); HStA AStA Sonderabgabe I 1838 (Polizeibericht über eine NS-Bezirksversammlung vom 28. IV. 25 in München: „Hitler machte hierauf seinen

üblichen Rundgang durch den Saal, indem er jedem einzelnen die Hand drückte und dabei scharf in die Augen sah"); *VB* 18. IV. 25, 22. IV. 25, etc. Noch kurz vor dem bitteren Ende entgegnete eine Erfurter Hausfrau auf eine skeptische Äußerung über Hitlers Wunderwaffen: „Frau Lorscheider, wie können Sie an diesem Mann zweifeln? Haben Sie ihn jemals gesehen? Diese Augen! Diese Augen!" Persönliche Mitteilung von Horst M. Lorscheider.

60 Gilbert *Diary* 83.

61 Gilbert *Dictatorship* 147.

62 Ebd. 152.

63 IMG XXII 422; Rees 126 f., 210 f.; Manvell und Fraenkel *Hess* 176 f.; Gilbert *Dictatorship* 124, 126, 130 f.; Fest *Gesicht* 231 und Anm. 45.

64 HSW Hoffmann 46/2.

65 Calic 116. Ähnlich ebd. 55; Hanser 299 zit. Truman Smith.

66 Heiber *Lagebesprechungen* 862 (Anführungszeichen des Herausgebers bei „hypnotisieren" weggelassen).

67 Speer 114. Ein anderes Beispiel war Gerhard von Schwerin, der bei seiner ersten Begegnung mit Hitler im V. 43 überwältigt war, als dieser auf ihn zukam. *Dann* „sah ich mit großer Verblüffung in seine stumpfen, müden Augen von einem unnatürlichen wässrigen Blau. Es waren zweifellos kranke Augen": DNA „Picture" 39.

68 Fest *Gesicht* 349 Anm. 24 (Fest nimmt Heydrich aus, s. aber S. 164 und Anm. 96.)

69 Heß 43 f. Ferner Krebs 170.

70 Goebbels *Tagebuch* 64.

71 Besgen 72.

72 IfZ Joachim von Ribbentrop ZS1357/34. Ferner Gilbert *Dictatorship* 199.

73 Hoettl 83 f.

74 Schwerin von Krosigk 222.

75 Hierl 159. Vgl. DNA „Picture" 30 (Adolf Heusinger): „besonders schwache Persönlichkeiten unterlagen sehr schnell" (Rückübersetzung).

76 Calic 54 (4. V. 31).

77 Moser von Filseck 108. Ähnlich Lurker 10 zit. Brinsteiner-Gutachten vom 8. I. 24.

78 BAK R431/2681/82 (Scharrer an Cuno 30. XII. 22, Anlage). Ähnlich Viereck 235: „er fasziniert seine Zuhörerschaften" und 238:

„Er reißt seine Zuhörer durch die bloße Kraft seiner Persönlichkeit mit, oft gegen ihren Willen."

79 IfZ Josef Hell ZS640/7 f.; Pechel 277–80; Brüning 195 f.; Deuerlein *Aufstieg* 305; IfZ Franz Seldte ZS1495/10; DNA „Picture" 10 (Erwin Giesing).

80 Einige Beispiele: Friedrich Krohn (IfZ Friedrich Krohn ZS89/2–5), Josef Hell (IfZ Josef Hell ZS640), Heinrich Class (Schlabrendorff 341–43, 353), Richard Breiting, Hermann Rauschning, Paul von Eltz-Rübenach.

81 Fest *Gesicht* 349 Anm. 24; Papen 67; Schwerin von Krosigk 201 („seine suggestive Wirkung, der auch ich mich nicht ganz entziehen konnte").

82 Schramm „Anatomie" Nr. 10: 59; Schwerin von Krosigk 221; PUL Dethleffsen 16.

83 Dietrich 30 f. Ähnlich IfZ Joachim von Ribbentrop ZS1357/34 und Stein *Hitler* 111 f. zit. Ribbentrop; Schwerin von Krosigk 201: Papen 293; DNA „Picture" 30 f. (Adolf Heusinger), 41 (Lutz Schwerin von Krosigk); Reimann 53 („Ja, selbst Gregor Strasser verlor in Hitlers Gegenwart seine Kraft").

84 Dönitz 477. Ähnlich Dönitz in IMG XIII 334–35.

85 Hoffmann *Widerstand* 450. Ferner S. 110 und Anm. 154.

86 Jetzinger 265.

87 Deuerlein *Hitler-Putsch* 57; Vondung 33–36; Schnauber 113–15; Grieswelle 124–29.

88 Schnauber 52, 83, 86–88, 112. Vgl. Rosenberg *Aufzeichnungen* 320. Hitler behauptete, seine Beziehung zur Volksseele sei musikalischer Art.

89 Schnauber 112.

90 Dietrich 30.

91 Ähnlich Dönitz in IMG XIII 335. Dönitz 477. Dönitz' Hitler-Charakterisierung vor dem IMG läßt jedoch an dieser Loslösung zweifeln: „Ich habe in Adolf Hitler die gewaltige Persönlichkeit gesehen, mit einer außerordentlichen Intelligenz und Tatkraft, mit einer geradezu universalen Bildung und einem kraftausströmenden Wesen und mit einer ungeheuer suggestiven Kraft": IMG XIII 334.

92 Knickerbocker 46. s. Stein 114–33; Olden 225 f. Vgl. Schwerin von Krosigk 201 f.; DNA „Picture" 30 (Adolf Heusinger), 37 f. (Paul Schmidt), 41 (Lutz Schwerin von Krosigk).

93 Keitel 393 (mit ausdrücklichem Bezug auf Barbarossa).

94 Grieswelle 126.

95 Speer 33.

96 Aronson 34.

97 Calic 54.

98 Heß 23, 25. Heß' spätere Frau folgte seinem Beispiel. Ebd. 26: „... wir gerieten in einen Bann ... ergriff dieser Bann nicht Millionen?" Die Geschichte, Heß habe Hitler beim Regiment List kennengelernt (ebd. 32 f.), entbehrt jeder Grundlage: s. Heß' Akte im HStA KA.

99 Frank 40, 42.

100 Lüdecke 16. Ähnlich Alfred Rosenberg in BAK NS8/177.

101 IMG XII 336 (erster Satz) und DNA Nürnberger Vorverhör vom 1. IX. 45 8 (aus dem Englischen zurückübersetzt): 1921 in 1922 korrigiert. Ferner Tyrell ‚*Trommler*' 40, 103; Horn *NSDAP* 86 f.

102 Deuerlein *Aufstieg* 157; *Hitler* 59.

103 IMG IX 270 f. Ähnlich Gilbert *Dictatorship* 92 zit. Göring.

104 Hanfstaengl *Haus* 42, 41, 39, 37 f. resp.

105 IMG XIV 407.

106 IfZ Otto Dietrich ZS 874/3, 107.

107 Reimann 50.

108 Goebbels *Tagebuch* 72; Reimann 68 und, allgemeiner, 54–72; oben III Anm. 61, V Anm. 70.

109 IMG X 257 f.

110 Smith *Himmler* 137, 146; Ackermann 28; Manvell und Fraenkel *Himmler* 14; HStA AStA Sonderabgabe I 1494/322–34.

111 Zit. von Ackermann 9.

112 Zit. ebd. 31 Anm. 71b.

113 IfZ Friedrich Krohn ZS89/16.

114 Lurker 10 zit. Brinsteiner-Gutachten vom 8. I. 24; Schwerin von Krosigk 193 und DNA „Picture" 41 (Lutz Schwerin von Krosigk).

115 IfZ Werner Best ZS207/II/5 („ansteckende Besessenheit"); Papen 293; Baeyer-Katte 134 f.

116 Schwerin von Krosigk 194.

117 Franz-Willing *Ursprung* 368. Ähnlich Viereck 236 zit. das satirische Münchner Wochenblatt *Simplicissimus:* „Er hört die leisesten Äußerungen der Volksstimme; sind nicht seine Ohren besonders entwickelt?" (Ausgabe vom 28. V. 1923).

118 IfZ Franz von Pfeffer ZS177/I/47.

119 Schwerin von Krosigk 194.
120 Merkl 89. Ähnlich ebd. 387, 396, 643.
121 Domarus 640 f. (11. IX. 36). Ferner Merkl 89.
122 Gilbert *Dictatorship* 196 zit. Ribbentrop. Ähnlich Lüdecke 14.

VI. Offene Fragen (S. 170 bis 177)

1 Ebenfalls seine Wahl unheilbar Geisteskranker als Euthanasieopfer: s. S. 55 f.

2 s. S. 23 und Anm. 51.

3 Hitler *Kampf* 223, zit. von Ermert 27.

4 Forster „Reaktion" 370 ist hier relevant: „Wenn ich die Suggestiv-Methode zu Hilfe nehme, so geschieht das nicht, indem ich diese Methoden als Heilmethoden gegen eine Krankheit gegenüber Patienten gebrauche, sondern indem ich ihnen sage, es sind nur Methoden, die ihnen beweisen, daß sie nicht krank sind, sonst würde eine solche Methode ja gar nicht helfen."

5 Schott 73–81. Zu dieser Haltung als bewußte Pose: DNA „Picture" 31 (Adolf Heusinger).

6 s. Anhang A.

7 s. S. 21.

8 IMG XVI 543; Speer 437 f. Ferner zu seiner Furcht vor dem Gaskrieg: Heiber *Lagebesprechungen* 566 f.

9 Ebd. 417 f.

10 DNA NG-287 (29. X. 41).

11 Westenkirchner in HSW. Vgl. BAK Schramm 87 (Karl Brandt): Hitler meinte, Deutschland sei 1939 von England und Frankreich „verraten" worden.

12 s. oben I Anm. 281 – aber auch Leach 201; Wright 137.

13 Alois ist komischerweise ein Anagramm von Laios, dem Vater des Ödipus.

14 Hitlers Angst vor Kastration wäre ausgeprägter gewesen, wenn er, wie in der russischen Autopsie behauptet wird, nur einen Hoden gehabt hätte, aber die gegenteiligen Indizien sind mindestens ebenso schlüssig: Besymenski *Tod* 69; DNA „Picture" 11, „Hitler as seen by his doctors" 10; JT Giesing 151; Irving I 4 (Morell).

15 Kurth „Jew" 30. Ferner Cohn 262–64.

16 Dieser Groll wurde durch seine ungern bezeigte Verehrung von Hindenburg etwas ausgeglichen, der das Image von Alois war: Dorpalen *Hindenburg* 199 und „Twelve“ 493 f., 498.

17 BAK NS26/54/178 (9. XI. 27).

18 Domarus 762 (23. XI. 37). Ferner Gilbert *Dictatorship* 75 f. Indem sie Alois „Onkel“ nannte, hatte Klara Hitler den Inzest gewissermaßen exkulpiert, während sie so Alois als ihren Mann und dann noch dazu als Vater ihrer Kinder leugnete – eine dreifache ödipale Ermutigung für den kleinen Adolf.

19 Phelps „Rede“ 404 (13. VIII. 20).

20 Hillgruber *Staatsmänner* II 233; oben IV Anm. 118.

21 Domarus 1058 (30. I. 39).

22 Kursell 153 („Aussprüche Adolf Hitlers“); DNA „Koeppen“ 38 (5. XI. 41).

23 Phelps „Rede“ 412 (13. VIII. 20.). Vgl. DNA „Picture“ 14 (Erwin Giesing): „Er kehrte Tag und Nacht völlig um.“

24 Genoud *Le Testament* 80 (13. II. 45): s. S. 52 und Anm. 258.

25 Koerber 64 (13. IV. 23).

26 Ebd. 47 (28. VII. 22), 64 (13. IV. 23); Kursell 72 (24. IV. 23). Ferner Thies 31, 33–35, 43–45.

27 Ferner BAK NS26/51/7 (31. V. 20), 15 (26. X. 20), 37 (Hitler in *VB* 30. I. 21), Hitler in *VB* 25. I. 22 etc.; s. auch S. 136 und Anm. 90.

28 Phelps „Rede“ 405 (13. VIII. 20); Phelps „Parteiredner“ 300 (27. IV. 20).

29 Hitler *Kampf* 191 f.; DNA „Koeppen“ 29 (21. X. 41).

30 *VB* 26. V. 26 (23. V. 26). s. ferner S. 46 und Anm. 200.

31 DNA „Koeppen“ 29 (21. X. 41). Ähnlich ebd. 38 (5. XI. 41); Deuerlein „Eintritt“ 203 (Hitler an Gemlich 16. IX. 19) etc.

32 s. S. 121.

33 BAK NS26/52/98 f. (8. XI. 30). Ferner Rauschning 139.

34 Zit. von Hilberg 12 aus einem deutschen Pressebericht vom 10.–11. XI. 40 über eine Rede Hitlers.

35 s. S. 9 f und z. B. Viereck 237: „Sie sind ein fremdes Volk in unserer Mitte.“

36 Grieswelle 126; HStA AStA Sonderabgabe I 1480/57 (21. XI. 22).

37 Phelps „Rede“ 413 (13. VIII. 20); Müller *Wandel* 147; Heiden *Geschichte* 51 f.

38 Ferner IfZ Werner Best ZS207/II/5–7; Schulz 224.

39 Picker 497 (30. V. 42).

40 Hitler *Conversations* 63, 586; BAK Schramm 157; DNA „Picture" 23 (Hanskarl von Hasselbach); HIS Rede-Konzept für den 21. IV. 21; BAK NS26/95 (NS-Informationsblatt 26. IV. 22); HStA AStA Sonderabgabe I 1480 (12. IV. 22, 2. XI. 22); *VB* 22. XII. 22 (17. XII. 22); Tyrell ‚*Trommler*' 397; Klöss 52 (27. II. 25); Deuerlein *Aufstieg* 266 (18. XII. 26); Horn *NSDAP* 221 und Anm. 41; Grieswelle Kap. IV passim und 56, 175; DNA „Koeppen" 29 (21. X. 41). Vgl. oben III Anm. 27.

41 Frank 300 f.; Gilbert *Dictatorship* 17.

42 Frank 330. Wie der Sohn von jenem Halbbruder Hitlers in DNA „Book" 926 f. (OSS Befragung William Patrick Hitler vom 10. IX. 43) berichtet, bat er seinen Vater im Herbst 1930 aus England schriftlich um Hintergrundinformation über die Familie für ein bevorstehendes lukratives Zeitungsinterview. Daraufhin ließ sich der Vater von Hitler zweitausend Dollar zahlen als Gegenleistung für das Versprechen seines Sohnes, jede Verwandtschaft mit dem Naziführer gleichen Namens zu leugnen. Das ist eine Verifizierung, selbst wenn es der Vater war, der sich wegen des Briefes von seinem Sohn mit Hitler in Verbindung setzte. Ferner NYPL Brigid 54–71 – eine sehr verdrehte Version.

43 Der von Frank genannte Name Frankenberger enthält seinen eigenen Namen und deutet damit auf einen bloßen Gedächtnisfehler hin: vgl. Harry Schulze-Wilde in *Der Spiegel* XXI (1967) Nr. 33 : 8.

44 Schleunes 122–25. Vgl. HStA AStA Sonderabgabe I 1480/12 (2. II. 22: Tod den Juden, die mit Blonden ertappt werden).

45 Heer 293, 573, 651, 704. Ferner Hitler *Buch* 125.

Anhang (S. 178 bis 192)

1 Wiegand 152.

2 *Frankfurter Zeitung* 27. I. 23; ferner *Münchener Post* 9. I. 23. Ich konnte jenen vertraulich versandten „Politischen Wochenbrief" nicht ausfindig machen. Mohler 294, 417 zit. nur eine *Politische Wochenschrift,* die erst ab 1924 oder 1925 vom Ringverlag herausgegeben wurde. Der Ringverlag war das Organ des „Rings" oder Juni-Klubs, eines rechtsstehenden politischen Zirkels um Moeller van den Bruck, vor dem Hitler

Ende 1922 einmal redete. Nach dieser mißglückten Rede „griff Moeller nun Hitler sozusagen in die Seele und versuchte durch hartnäckiges, überlegenes Fragen sein Wesen bloßzulegen“: Pechel 279 f.

3 BAK R431/2681/81 (Scharrer an Cuno 30. XII. 22, Anlage).

4 Hyde Park „Adolf Hitler“ (3. XII. 42) 40.

5 DNA „Book“ 901.

6 Denny 295.

7 Heiden *Hitler* I 65 und *Fuehrer* 138. Zu Koerber ferner BDC Koerber-Akte.

8 Koerber 6 f.

9 Olden 62.

10 BAK NS26/1927–1/37 (26. II. 24).

11 Calic 46 (4. V. 31).

12 Bloch 36.

13 DNA „Book“ 21.

14 BAK NS26/65/43.

15 BAK NS26/65/35.

16 Jetzinger 172.

17 Johann Schmidt, Maria Koppensteiner in BAK NS26/17a.

18 Kubizek 156; auch 158.

19 Bloch 36. Bloch glaubte sogar, dies sei vor Klaras Operation gewesen, hat sich also vielleicht nur an die Reise von 1906 erinnert. Auch verschob er Klaras tödliche Krankheit, vermutlich nach *Mein Kampf*, auf 1908: sein fotokopiertes Krankenblatt zeigte das Jahr nicht (s. S. 183).

20 CB Paula 3 f.

21 Kubizek glaubte, er habe die Korrespondenz mit Adolf aus diesem Zeitraum verloren (obgleich er sie sonst vollzählig aufgehoben hatte): Kubizek 150.

22 Zit. im Bleibtreu-Bericht BAK NS26/17a mitsamt einer zweiten Neujahrskarte. Adolf machte schon 1906 eine „Wiener Reise“, war vor 1907 aber noch nicht Blochs Patient, sonst hätte Bloch das Krankenblatt mit dem von 1907 zur Schau gestellt.

23 Amtlich festgesetzte Preise für 1907 von der österreichischen Apothekerkammer, Briefe vom 16. IV. und 16. IX. 71; ähnliche pharmazeutische Informationen von Vesters Archiv für Geschichte der Pharmazie, Brief vom 20. III. 71.

24 Der Preis für den Jodoformgehalt war jedoch leicht regressiv: ordnungshalber hätte 5,80 durch 5,85 ersetzt werden müssen.

25 s. Moll *Ethik* 177 ff. in dem 1907 mit Randbemerkungen versehenen Exemplar der Countway Library.

26 Von der Annahme ausgehend, daß die Behandlungskosten kaum von Belang waren, schätzt Jetzinger 180 f. das Vermögen auf „mindestens noch 3000 Kronen". Ferner Smith *Hitler* 111; Maser *Hitler* 80.

27 BAK NS26/65/85; Bloch 37.

28 s. z.B. Lewin 464 f.; König 125 f.; Bourdette 23; Deichmann und Gerarde 331; Osol et al. 617; Grossman 772; Gleason et al. 82; Todd 682; Oettingen 69; Dreisbach 273; Møller 759.

29 s. Fürst 5; Zimmermann *Psychosen* 10.

30 Bizzozero und Ferrari passim. Aber es wurden schon früher Warnungen ausgesprochen, so in Bum 240: „Der Jodoformverband ist, um eine kumulative Wirkung zu verhüten, möglichst selten zu wechseln" (ähnlich ebd. 239). Ferner Hauschild 59.

31 König Passim. In kleineren berichteten Fallgruppen lagen die Durchschnittswerte dagegen höher. Bum 202 schätzte den typischen Zeitraum auf rund vier Wochen. Ferner Bourdette 30 ff.; Zimmermann *Psychosen* 11–17.

32 Kubizek 162.

33 s.S. 35 und Anm. 119.

34 Heiber *Lagebesprechungen* 746 f.

35 BAK Schramm 10 (Hanskarl von Hasselbach). Ferner DNA „Picture" 15, 21 (Erwin Giesing).

36 Vgl. S. 52 und Anm. 258 mit Hitlers Prahlerei in Calic 111: „Wir kennen alle Rezepte der Giftmischer."

37 Zit. von Jetzinger 56. Ähnlich CB Paula 1.

38 Kubizek 48.

39 Knodel passim.

40 Groth und Hahn passim.

41 Das heißt, im Amtsbezirk Mühldorf, aus dem nur die Gemeinde Neumarkt sich meldete: ebd. 109.

42 Gemeint ist die Stadt (der Amtsbezirk gleichen Namens umfaßt auch Burghausen).

43 Von dem gleichnamigen Amtsbezirk, zu dem auch Simbach gehört, meldete nur Pfarrkirchen selbst Zahlen: ebd. 115.

44 Knodel 310 Tab. 7.

45 Oder 305 Tage länger, zwischen 338 für Knodels Mittelwert und 262 für Klaras korrigierten Mittelwert. Es bleibt allerdings dahin-

gestellt, ob sie der unbewußten Regelung ihrer Schwangerschaften Tage, Monate oder Menstruationszyklen zugrundelegte.

46 Moll *Säuglingssterblichkeit* 13. Zu dem Einfluß der regionalen Überlieferung im Stillen ebd. 14.

47 Ebd. 16, 60. Insbesondere ist sie in Gmünd und Zwettl (in der Nähe von Klaras Heimatort Weitra) etwas niedriger als in Braunau.

48 Rauscher 44.

49 Das geht aus den bei Cantrelle und Leridon 526 und Potter et al. 1130–32 tabellarisierten Daten hervor. Zu Klaras kürzeren Schwangerschaftsintervallen vor Adolfs Geburt s. Perez et al. passim und Leridon passim.

50 Knodel 305, 313 Tabelle 11; Moll *Säuglingssterblichkeit* 53, 60.

51 Adaptiert aus Koppensteiner 40 (und, für den frühen Tod von Kind 4, aus Maser *Hitler* 50 Anm.).

Quellen

Abkürzungen häufig zitierter Archive und – in **Fettdruck** – Materialien:

AA	Auswärtiges Amt, Bonn
AHU	Archiv der Humboldt-Universität, Berlin (Ost)
BAK	Bundesarchiv, Koblenz: Kl. Erw. Nr. 441–3 (Aufzeichnungen von Percy Ernst **Schramm** von Interviews 1945–1946)
BDC	Berlin Document Center
CB	Carlisle Barracks, Pennsylvania, U.S. Army Military History Research Collection: „Personality Report. Berchtesgaden, June 5, 1946. Mrs. **Paula** Wolf (Paula Hitler, sister of the late Adolf Hitler)“
DLC	Library of Congress, Washington, D.C.
DNA	National Archives, Washington, D.C.: „Hitler Source **Book**“; „Berichte Dr. Werner **Koeppen** (No 27–55) (6. Sept. bis 7. November 1941)“; „Adolf Hitler: A Composite **Picture**“
HIS	Sammlung Jäckel-Kuhn, Historisches Institut, Stuttgart
HStA AStA	Bayerisches Hauptstaatsarchiv, Allgemeines Staatsarchiv, München

HStA KA	Bayerisches Hauptstaatsarchiv, Kriegsarchiv, München
HSW	Sammlung Harry Schulze-Wilde, Ottobrunn bei München: Interviews mit Heinrich **Hoffmann**, Herbst 1952; Interviews von Julius Hagemann mit Ernst **Schmidt** und Ignaz **Westenkirchner** [in den fünfziger Jahren]
IfZ	Institut für Zeitgeschichte, München: **„Ärzte-Prozeß"** (Amtliche Niederschrift des Militärgerichtshofes in Sache Vereinigte Staaten von Amerika gegen K. Brandt und Genossen); **„Eichmann-Prozeß"** (Bezirksgericht Jerusalem, Strafakt 40/61)
JT	John Toland collection, Danbury, Connecticut: Erwin **Giesing**, „Bericht über meine Behandlung bei Hitler"
NYPL	New York Public Library, Manuscripts Division: **Brigid** Hitler, „My Brother - in - Law Adolf"
PUL	Princeton University Library, Manuscripts Division, Alan W. Dulles Papers: Erich **Dethleffsen**, „Notizen"
StAfO	Staatsarchiv für Oberbayern, München
UAG	Universitäts-Archiv Greifswald

Weitere Archive und Materialien sind in den Anmerkungen voll ausgeschrieben. Mir gegebene Interviews und an mich gerichtete Briefe sind ohne Archivangaben angeführt.

Abkürzungen einiger im Druck vorliegender Quellen:

Advance	Committee of Imperial Defense, Historical Section. History of the Great War, based on official documents. Military Operations France and Belgium 1918. Vol. V: 26th September - 11th November. The Advance to Victory. London 1947.
Akten	Akten zur deutschen auswärtigen Politik 1918–1945. Reihe D, Bde. IV, V. Baden-Baden 1951, 1953.
AS	Theodore-Abel-Sammlung, Hoover-Institution, Stanford, California.
Braunbuch	World Committee for the Victims of German Fascism. Braunbuch über Reichstagsbrand und Hitler-Terror. Basel 1933.
IMG	Der Prozeß gegen die Hauptkriegsverbrecher vor dem Internationalen Militärgerichtshof Nürnberg, 42 Bde. Nürnberg 1947–1949.

Meyers	Meyers großes Konversations-Lexikon. Bd. X. Leipzig 1908.
Ursachen	Die Ursachen des deutschen Zusammenbruchs im Jahre 1918. Vierte Reihe im Werk des Untersuchungsausschusses. 12 Bde. Berlin 1925–1929.
VB	Völkischer Beobachter. München.
VdR	Verhandlungen des Reichstags. Berlin.
VfZ	Vierteljahrshefte für Zeitgeschichte. München.

Weitere im Druck vorliegende Quellen sind durchweg mit dem Namen des Autors und, wenn nötig, auch mit einem kurzen Titel angeführt. Zur Erleichterung des Lesers werden sie hier alphabetisch nach dem Familiennamen des Autors aufgeführt, ohne thematische oder andere Unterteilungen und mit kurzem Titel in **Fettdruck**.

Abel, Theodore. *Why Hitler Came Into Power. An Answer Based on the Original Life Stories of Six Hundred of His Followers.* New York 1938.

Abshagen, Karl Heinz. *Schuld und Verhängnis. Ein Vierteljahrhundert deutscher Geschichte in Augenzeugenberichten.* Stuttgart 1961.

Ackermann, Josef. *Heinrich Himmler als Ideologe.* Göttingen 1970.

Adam, Uwe Dietrich. *Judenpolitik im Dritten Reich.* Düsseldorf 1972.

Aich, Thomas. *Massenmensch und Massenwahn. Zur Psychologie des Kollektivismus.* München 1947.

Aigner, Dietrich. *Das Ringen um England. Das deutsch-britische Verhältnis. Die öffentliche Meinung 1933–1939. Tragödie zweier Völker.* München 1969.

Aimez, P. „Psychophysiologie du cancer. Existe-t-il un terrain psychologique prédisposant? Influence des facteurs psychiques sur la relation hôte-tumeur." *Revue de médicine psychosomatique,* XIV (1972), 371–81.

Aleff, Eberhard. „Mobilmachung." *Das Dritte Reich.* Herausgegeben von Eberhard Aleff. Hannover 1963.

Allen, William Sheridan. *The Nazi Seizure of Power. The Experience of a Single German Town.* Chicago 1965.

Andernach, Andreas. *Hitler ohne Maske.* München 1932.

Angress, Werner T. „**Juden** im politischen Leben der Revolutionszeit." *Deutsches Judentum in Krieg und Revolution 1916–1923. Ein Sammelband.* Herausgegeben von Werner E. Mosse. Tübingen 1971. *Stillborn* **Revolution.** *The Communist Bid for Power in Germany, 1921–1923.* Princeton 1963.

Arends, Johannes. *Volkstümliche Namen der Arzneimittel, Drogen, Heilkräuter und Chemikalien. Eine Sammlung der im Volksmund gebräuchlichen Benennungen und Handelsbezeichnungen.* Berlin 1961.

Aronson, Shlomo. *Reinhard Heydrich und die Frühgeschichte von Gestapo und SD.* Stuttgart 1971.

Baeyer-Katte, Wanda von. *Das Zerstörende in der Politik. Eine Psychologie der politischen Grundeinstellung.* Heidelberg 1958.

Bahne, Siegfried. „Die Kommunistische Partei Deutschland.“ *Das Ende der Parteien 1933.* Herausgegeben von Erich Matthias und Rudolf Morsey. Düsseldorf 1960.

Baumgart, Winfried. *Deutsche Ostpolitik 1918. Von Brest-Litowsk bis zum Ende des Ersten Weltkrieges.* Wien 1966.

Baynes, Norman H., editor. *The Speeches of Adolf Hitler April 1922 – August 1939.* Vol. II. New York 1969.

Bein, Alexander. „Der moderne Antisemitismus und seine Bedeutung für die Judenfrage.“ *VfZ,* VI (1958), 340–60. „,Der jüdische Parasit‘. Bemerkungen zur Semantik der Judenfrage.“ *VfZ,* XIII (1965), 121–49.

Bennecke, Heinrich. *Hitler und die SA.* München 1962.

Besgen, Achim. *Der stille Befehl. Medizinalrat Kersten, Himmler und das Dritte Reich.* München 1960.

Besymenski, Lew. *Sonderakte* Barbarossa. *Dokumente, Darstellung, Deutung.* Stuttgart 1968. *Der* Tod *des Adolf Hitler. Unbekannte Dokumente aus Moskauer Archiven.* Hamburg 1968.

Binion, Rudolph. „Hitler's Concept of *Lebensraum:* The Psychological Basis.“ *History of Childhood Quarterly,* I (1973), 187–215, 249–58. „Hitler Looks East.“ *History of Childhood Quarterly,* III (1975), 85–102. „Foam on the Hitler Wave.“ *Journal of Modern History,* XLVI (1974), 521–28.

Biss, Andreas. *Der Stopp der Endlösung. Kampf gegen Himmler und Eichmann in Budapest.* Stuttgart 1966.

Bizzozero, Enzo, und A. V. Ferrari. „Sull'idiosincrasia all'iodoformio.“ *Giornale italiano di dermatologia e sifilologia,* IX (1931), 3–23.

Bloch, Charles. *Die SA und die Krise des NS-Regimes 1934.* Frankfurt/Main 1970.

Bloch, Eduard. „My Patient, Hitler. By Dr. Eduard Bloch as told to J. D. Ratcliff.“ *Collier's,* CVII (15 March 1941), 11, 35–37, (22 March 1941), 69–73.

Boberach, Heinz, Herausgeber. *Meldungen aus dem Reich. Auswahl aus den geheimen Lageberichten des Sicherheitsdienstes der SS 1939–1944.* München 1968.
Boepple, Ernst, Herausgeber. *Adolf Hitlers Reden.* München 1933.
Bollmus, Reinhard. *Das Amt Rosenberg und seine Gegner. Zum Machtkampf im nationalsozialistischen Herrschaftssystem.* Stuttgart 1970.
Bonhoeffer, Karl. „Edmund Forster." *Deutsche medizinische Wochenschrift* LIX (1933), 1516.
Bonnin, Georges. *Le Putsch de Hitler à Munich en 1923.* Les Sables-d'Olonne 1966.
Bouhler, Philipp. *Kampf um Deutschland. Ein Lesebuch für die deutsche Jugend.* Berlin 1938.
Bourdette, Albert. *De l'iodoforme et de l'iodoformisme.* Paris 1893.
Bracher, Karl Dietrich. *Die deutsche* Diktatur. *Entstehung, Struktur, Folgen des Nationalsozialismus.* Köln 1969. „Stufen der Machtergreifung." In Karl Dietrich Bracher, Wolfgang Sauer und Gerhard Schulz. *Die nationalsozialistische Machtergreifung. Studien zur Errichtung des totalitären Herrschaftssystems in Deutschland 1933/34.* Köln 1962.
Brandmayer, Balthasar. *Meldegänger Hitler, erlebt und erzählt von Balthasar Brandmayer, mitgeteilt von Hans Bayer.* Überlingen 1933.
Braun, Hans. *Pharmakologie des deutschen Arzneibuchs.* Sechste Auflage. Stuttgart 1949.
Breitling, Rupert. *Die nationalsozialistische Rassenlehre. Entstehung, Ausbreitung, Nutzen und Schaden einer politischen Ideologie.* Meisenheim am Glan 1971.
Broch, Hermann. *Massenpsychologie. Schriften aus dem Nachlaß.* Zürich 1959.
Broszat, Martin. „Konzentrationslager." In Martin Broszat, Hans-Adolf Jacobsen und Helmut Krausnick, *Konzentrationslager, Kommissarbefehl, Judenverfolgung.* Olten 1965. *Nationalsozialistische* Polenpolitik *1939–1945.* Stuttgart 1961. *Der* Staat *Hitlers. Grundlegung und Entwicklung seiner inneren Verfassung.* München 1969.
Brüning, Heinrich. *Memoiren 1918–1934.* Stuttgart 1970.
Buchheim, Hans. *Die SS – Das Herrschaftsinstrument. Befehl und Gehorsam.* Olten 1965.
Buchheit, Gert. *Hitler der Feldherr. Die Zerstörung einer Legende.* Rastatt 1958.
Büscher, Hermann. *Grün- und Gelbkreuz. Spezielle Pathologie und Therapie der Körperschädigungen durch die chemischen Kampfstoffe.* Leipzig 1932.
Bullock, Alan. Hitler. *A Study in Tyranny.* Revised Edition. New York

1962. „Hitler and the Origins of the Second World War." *Proceedings of the British Academy,* LIII (1967), 259–87.

Bum, Anton. „Zur Frage der Jodoform-Intoxikation." *Wiener Medizinische Presse,* XXIII (1882), 201–04, 238–40.

Burckhardt, Carl J. *Meine Danziger Mission 1937–1939.* München 1960.

Calic, Edouard. *Ohne Maske. Hitler-Breiting Geheimgespräche 1931.* Frankfurt/Main 1968.

Canetti, Elias. *Masse und Macht.* Hamburg 1960.

Cantrelle, P., and H. Leridon. „Breast Feeding, Mortality in Childhood and Fertility in a Rural Zone of Senegal." *Population Studies,* XVIII (1965), 505–33.

Carr, William. *Arms. Autarky and Aggression. A Study in German Foreign Policy, 1933–1939.* New York 1972.

Carroll, Berenice. *Design for Total war. Arms and Economics in the Third Reich.* The Hague 1968.

Carsten, F. L. *The Reichswehr and Politics 1918 to 1933.* Oxford 1966. *Revolution in Central Europe 1918–1919.* Berkeley 1972.

Cohn, Norman. *Warrant for Genocide. The Myth of the Jewish World Conspiracy and the Protocols of the Elders of Zion.* New York 1967.

Daim, Wilfried. *Der Mann, der Hitler die Ideen gab.* München 1958.

Dallin, Alexander. *German Rule in Russia 1941–1945. A Study of Occupation Policies.* London 1957.

Dawidowicz, Lucy S. *The War against the Jews 1933–1945.* New York 1975.

Dehio, Ludwig. *Deutschland und die Weltpolitik im 20. Jahrhundert.* München 1955.

Deichmann, William B., and Horace W. Gerarde. *Toxicology of Drugs and Chemicals.* New York 1969.

Delmer, Sefton. *Black Boomerang.* London 1962.

Denny, Ludwell. „France and the German Counterrevolution." *The Nation,* CXVI (1923), 295–97.

Deuerlein, Ernst, Herausgeber. *Der* Aufstieg *der NSDAP 1919–1933 in Augenzeugenberichten.* Düsseldorf 1968. „Hitlers Eintritt in die Politik und die Reichswehr." *VfZ,* VII (1959), 177–227. Hitler. *Eine Politische Biographie.* München 1969. *Deutsche* Kanzler *von Bismarck bis Hitler.* München 1968. *Der Hitler-*Putsch. *Bayerische Dokumente zum 8./9. November 1923.* Stuttgart 1962.

Dickmann, Fritz. „Machtwille und Ideologie in Hitlers außenpolitischen Zielsetzungen vor 1933." In *Spiegel der Geschichte. Festgabe für Max Braubach zum 10. April 1964.* Herausgegeben von Konrad Repgen und Stephan Skalweit. Münster 1964.

Diels, Rudolf. *Lucifer ante Portas.* Zürich 1949.

Dietrich, Otto. *12 Jahre mit Hitler.* München 1955.

Dönitz, Karl. *Zehn Jahre und zwanzig Tage.* Bonn 1958.

Domarus, Max, Herausgeber. *Hitler. Reden und Proklamationen 1932–1945. 4 Halbbände fortlaufend paginiert.* München 1965.

Dorpalen, Andreas. **Hindenburg** *and the Weimar Republic.* Princeton 1964. „Hitler – Twelve Years after." *Review of Politics,* XIX (1957), 486–506.

Dreisbach, Robert H. *Handbook of Poisoning: Diagnosis and Treatment.* Los Altos 1969.

Drexler, Anton. *Mein politisches Erwachen. Aus dem Tagebuch eines deutschen sozialistischen Arbeiters.* München 1923.

Dülffer, Jost. *Weimar, Hitler und die Marine. Reichspolitik und Flottenbau 1920 bis 1939.* Düsseldorf 1973.

Eastman, Nicholson J., and Louis M. Hellman. *Williams Obstetrics.* New York 1961.

Epstein, Klaus. „The End of the German Parties in 1933." *Journal of Central European Affairs,* XXIII (1963), 52–76.

Erb, Herbert, und Hans Henning Grote. *Konstantin Hierl. Der Mann und sein Werk.* München 1939.

Ermert, Ekkehard. „Hitlers Erlebnis in Pasewalk im Herbst 1918." Nicht veröffentlicht.

Ernst, Fritz. „Zum Ende des ersten Weltkrieges." *Die Welt als Geschichte,* XVII (1957), 55–67.

Euripides, *Sämtliche Tragödien und Fragmente* (hrsg. von Gustav Adolf Seeck), München 1972 ff.

Evans, Richard I. *Conversations with Carl Jung and Reactions from Ernest Jones.* New York 1964.

Ewald, Gottfried. „Die Jodoform und ihre Stellung innerhalb der exogenen Prädilektionstypen." *Monatsschrift für Psychiatrie und Neurologie,* XLVII (1920), 125–48.

Eyck, Erich. *A History of the Weimar Republic.* Translated by Harlan P. Hanson and Robert G. L. Waite. 2. vols. New York 1970.

Fabry, Philipp. **Mutmaßungen** *über Hitler. Urteile von Zeitgenossen.* Düsseldorf 1969. *Die* Sowjetunion *und das Dritte Reich. Eine dokumentierte Geschichte der deutsch-sowjetischen Beziehungen von 1933 bis 1941.* Stuttgart 1971.

Farrar, Lancelot L., jr. „Opening to the West. German Efforts to Conclude a Separate Peace with England, July 1917 - March 1918." *Canadian Journal of History,* X (1975), 73–90.

Felice, Renzo de. *Storia degli Ebrei italiani sotto il fascismo.* Turin 1962.

Fest, Joachim C. *Das* Gesicht *des Dritten Reiches. Profil einer totalitären Herrschaft.* Frankfurt/Main 1969. Hitler. *Eine Biographie.* Frankfurt/Main 1973.

Fischer, Fritz. Griff *nach der Weltmacht. Die Kriegszielpolitik des Kaiserlichen Deutschland 1914/18.* Düsseldorf 1967. „Weltpolitik, Weltmachtstreben und deutsche Kriegsziele." *Historische Zeitschrift,* CIC (1964), 265–346.

Fischman, Sterling. „The Rise of Hitler as a Beer Hall Orator." *Review of Politics,* XXVI (1964), 244–56.

Foerster, Friedrich Wilhelm. *Weltkrise und Seelenkrise,* Berlin 1932.

Forster, Edmund. „Das Nervensystem." In *Lehrbuch der pathologischen Physiologie.* Herausgegeben von H. Lüdke und C. R. Schlayer. Leipzig 1922. „Hysterische Reaktion und Simulation." *Monatsschrift für Psychiatrie und Neurologie,* XLII (1917), 298–324, 370–81. „Über normale und pathologische Reaktionsformen (Halluzinationen)." Ebenda LXVIII (1928), 201–16. „Selbstversuch mit Meskalin." *Zeitschrift für die gesamte Neurologie und Psychiatrie,* CXXVII (1930), 1–14. „Wann muß der praktische Arzt Suizidneigung vermuten und wie verhält er sich dann." *Münchener medizinische Wochenschrift,* XX (19. Mai 1933), 766–69.

Foulkes, C. H. *„Gas!" The Story of the Special Brigade.* London 1934.

Frank, Hans. *Im Angesicht des Galgens. Deutung Hitlers und seiner Zeit auf Grund eigener Erlebnisse und Erkenntnisse.* München-Gräfelfing 1953.

Franz, Georg. „München: 8. November 1923. Voraussetzungen und Hintergründe des Hitler-Putsches." *Die österreichische Furche,* IX (1953), Nr. 45 (7. November), 3–5. „Munich: Birthplace and Center of the National Socialist German Workers' Party." *Journal of Modern History,* XXIX (1957), 319–34.

Franz-Willing, Georg. Krisenjahr *der Hitler-Bewegung 1923.* Oldendorf 1975. Ursprung *der Hitler-Bewegung 1919–1922.* Oldendorf 1974.

Fraser, Lindley. *Germany between Two Wars. A Study of Propaganda and War-Guilt.* London 1944.

Freud, Sigmund, *Gesammelte Werke.* 18 Bde. London 1952–1968.
Friedländer, Saul. *L'antisémitisme nazi. Histoire d'une psychose collective.* Paris 1971.
Fries-Thiessenhusen, Karen. „Politische Kommentare deutscher Historiker 1918/19 zu Niederlage und Staatsumsturz." In *Vom Kaiserreich zur Weimarer Republik,* herausgegeben von Eberhard Kolb. Köln 1972.
Fürst, Ferdinand. *Klinische Untersuchungen über die Jodoformgazetamponade.* Marburg 1889.
Gallo, Max. *Der schwarze Freitag der SA. Die Vernichtung des revolutionären Flügels der NSDAP durch Hitlers SS im Juni 1934.* Wien 1970.
Gamm, Hans-Jochen. *Der Flüsterwitz im Dritten Reich.* München 1963.
Gehlen, Reinhard. *Der Dienst. Erinnerungen 1942–1971.* Mainz 1971.
Geiss, Imanuel. *Der polnische Grenzstreifen 1914–1916. Ein Beitrag zur deutschen Kriegszielpolitik im Ersten Weltkrieg.* Lübeck 1960.
Genoud, François, Editor. **Le Testament** *politique de Hitler. Notes recueillies par Martin Bormann.* Translated by François Genoud. Paris 1959. *The* **Testament** *of Adolf Hitler. The Hitler-Bormann Documents February – April 1945.* Translated by R. H. Stevens. London 1961. Ich habe beide Versionen zusammen benutzt. Die englische enthält einige offenkundige Mißdeutungen, wo sich die beiden unterscheiden. Genoud ist im Besitz des Originals und hält es zurück.
Gilbert, G. M. *Nuremberg* **Diary.** New York 1947. *The Psychology of* **Dictatorship.** New York 1950.
Gleason, Marion N., Robert E. Gosselin, Harold C. Hodge, and Roger P. Smith. *Clinical Toxicology of Commercial Products. Acute Poisoning.* Baltimore 1969.
Goebbels, Joseph. **Reden.** Herausgegeben von Helmut Heiber. 2 Bde. Düsseldorf 1971, 1972. *Das* **Tagebuch** *von Joseph Goebbels.* Herausgegeben von Helmut Heiber. Stuttgart 1960. **Tagebücher** *aus den Jahren 1942–43 mit anderen Dokumenten.* Herausgegeben von Louis P. Lochner, Zürich 1948.
Goldhagen, Erich. „Albert Speer, Himmler and the Secrecy of the Final Solution." *Midstream,* XVII (1971), 43–50.
Gordon, Harold J., jr. *Hitler and the Beer Hall Putsch.* Princeton 1972.
Gosset, Pierre and Renée. *Adolf Hitler.* 2 vols. Paris 1961, 1962.
Grau, Rudolf. *Gehört er ins Pantheon der Weltgeschichte? Versuch einer kritischen psychologischen Analyse Adolf Hitlers.* Wiesbaden 1947.
Greiner, Helmuth, und Percy Ernst Schramm. *Kriegstagebuch des Ober-*

kommandos der Wehrmacht. Herausgegeben von Percy Ernst Schramm in Zusammenarbeit mit Hans-Adolf Jacobsen, Andreas Hillgruber und Walter Hubatsch. 4 Bde. Frankfurt/Main 1961–1965.

Greiner, Josef. *Das Ende des Hitler-Mythos.* Zürich 1947.

Grieswelle, Detlef. *Propaganda der Friedlosigkeit. Eine Studie zu Hitlers Rhetorik 1920–1933.* Stuttgart 1972.

Groscurth, Helmuth. *Tagebücher eines Abwehroffiziers 1938–1940. Mit weiteren Dokumenten zur Militäropposition gegen Hitler.* Herausgegeben von Helmut Krausnick und Harold C. Deutsch. Stuttgart 1970.

Grossman, Morris. „Iodoform Poisoning." *Medical Record,* XCVIII (1920), 772–74.

Groth, Alfred, und Martin Hahn. „Säuglingsverhältnisse in Bayern." *Zeitschrift des bayerischen Landesamtes* 1910, 78–164.

Gruchmann, Lothar. *Der zweite Weltkrieg. Kriegführung und Politik.* München 1967.

Grunberger, Richard. *The 12-Year Reich. A Social History of Nazi Germany 1933–1945.* New York 1971.

Hagedorn, Hermann. *The Hyphenated Family.* New York 1960.

Hagemann, Walter. *Vom Mythos der Masse. Ein Beitrag zur Psychologie der Öffentlichkeit.* Heidelberg 1951.

Hahlweg, Werner. *Der* Diktatfrieden *von Brest-Litowsk 1918 und die bolschewistische Weltrevolution.* Münster 1960. Herausgeber, *Der* Friede *von Brest-Litowsk.* Düsseldorf 1971.

Halder, Franz. *Hitler als* Feldherr. München 1949. Kriegstagebuch. *Tägliche Aufzeichnungen des Chefs des Generalstabes des Heeres, 1939–1942.* Herausgegeben von Hans-Adolf Jacobsen. 3 Bde. Stuttgart 1962.

Hale, Oron James. „Gottfried Feder Calls Hitler to Order: An Unpublished Letter on Nazi Party Affairs." *Journal of Modern History,* XXX (1958), 358–62. „Adolf Hitler: Taxpayer." *American Historical Review,* LX (1955), 830–42.

Hanfstaengl, Ernst. *Zwischen Weißem und Braunem* Haus. München 1970. *Hitler. The Missing* Years. London 1957.

Hanisch, Reinhold. „I was Hitler's Buddy." *New Republic,* XCVIII (1939), 270–72, 297–300.

Hanser, Richard. *Putsch! How Hitler Made Revolution.* New York 1970.

Harrison, Richard J. *Reproduction and Man.* New York 1967.

Hauschild, Fritz. *Pharmakologie und Grundlagen der Toxikologie.* Leipzig 1961.

Heiber, Helmut. *Adolf* Hitler. *Eine Biographie.* Berlin 1960. Herausgeber, *Hitlers* Lagebesprechungen. *Die Protokollfragmente seiner militärischen Konferenzen 1942–1945.* Stuttgart 1962. *Die Republik von* Weimar. München 1966.

Heiden, Konrad. *Der* Fuehrer. *Hitler's Rise to Power.* Translated by Ralph Manheim. London 1945. Geschichte *des Nationalsozialismus. Die Karriere einer Idee.* Berlin 1932. *Adolf* Hitler. *Eine Biographie.* 2 Bde. Zürich 1936, 1937.

Hellpach, Willy. *Der Deutsche Charakter.* Bonn 1954.

Henke, Josef. „Hitler und England Mitte August 1939." *VfZ,* XXI (1973), 231–42. *England in Hitlers politischem Kalkül 1935–1939.* Boppard am Rhein 1973.

Henrikson, Göran. „Das Nürnberger Dokument 386-PS (das ‚Hossbach-Protokoll'). Eine Untersuchung seines Wertes als Quelle." *Probleme deutscher Zeitgeschichte,* Lund Studies in International History 2, 151–94. Stockholm 1971.

Herwig, Holger H. „Prelude to *Weltblitzkrieg:* Germany's Naval Policy toward the United States of America, 1939–41." *Journal of Modern History,* XLIII (1971), 649–68.

Herzfeld, Hans. „Die deutsche Kriegspolitik im Ersten Weltkrieg." *VfZ,* XI (1963), 224–45.

Hess, Ilse. *Ein Schicksal in Briefen. England–Nürnberg–Spandau. Gefangener des Friedens. Antwort aus Zelle Sieben.* Leoni 1971.

Hesse, Erich. *Der sowjetische Partisanenkrieg 1941–1944 im Spiegel deutscher Kampfanweisungen und Befehle.* Göttingen 1969.

Heusinger, Adolf. *Befehl im Widerstreit. Schicksalsstunden der deutschen Armee 1923–1945.* Tübingen 1950.

Hierl, Konstantin. *Im Dienst für Deutschland 1918–1945.* Heidelberg 1954.

Hilberg, Raul. *The Destruction of the European Jews* Chicago 1961.

Hildebrand, Klaus. *Deutsche* Außenpolitik *1933–1945. Kalkül oder Dogma?* Stuttgart 1971. *Vom* Reich *zum Weltreich. Hitler, NSDAP und koloniale Frage 1919–1945.* München 1969.

Hiller von Gaertringen, Friedrich Freiherr. „‚Dolchstoß'-Diskussion und ‚Dolchstoßlegende' im Wandel von vier Jahrzehnten." In *Geschichte und Gegenwartsbewußtsein. Historische Betrachtungen und Untersuchungen,* herausgegeben von Waldemar Besson und Friedrich Freiherr Hiller von Gaertringen. Göttingen 1963.

Hillgruber, Andreas. „Die ‚Endlösung' und das deutsche Ostimperium als Kernstück des rassenideologischen Programms des Nationalsozialismus." *VfZ,* XX (1972), 133–53. Großmachtpolitik *und Militarismus im 20. Jahrhundert. 3 Beiträge zum Kontinuitätsproblem.* Düsseldorf 1974. Kontinuität *und Diskontinuität in der deutschen Außenpolitik von Bismarck bis Hitler.* Düsseldorf 1969. „Die weltpolitische Lage 1936–1939: Deutschland." In *Weltpolitik 1933–1939. 13 Vorträge,* herausgegeben von Oswald Hauser. Göttingen 1973. „England's Place in Hitler's Plans for World Dominion." *Journal of Contemporary History,* IX (1974), 5–22. „Quellen und Quellenkritik zur Vorgeschichte des Zweiten Weltkrieges." *Wehr-Wissenschaftliche Rundschau,* XIV (1964), 109–26. *Deutschlands* Rolle *in der Vorgeschichte der beiden Weltkriege.* Göttingen 1967. Herausgeber, Staatsmänner *und Diplomaten bei Hitler. Vertrauliche Aufzeichnungen über Unterredungen mit Vertretern des Auslandes 1939–1941.* 2 Teile. Frankfurt/Main 1967, 1970. *Hitlers* Strategie, *Politik und Kriegführung 1940–1941.* Frankfurt/Main 1965. Herausgeber, *Kriegstagebuch des Oberkommandos der* Wehrmacht *(Wehrmachtführungsstab),* Bd. II. Frankfurt/Main 1963.

Himmler, Heinrich. *Geheimreden 1933 bis 1945 und andere Ansprachen.* Herausgegeben von Bradley F. Smith und Agnes F. Peterson. Frankfurt/Main 1974.

Hitler, Adolf. *Hitlers zweites* Buch. *Ein Dokument aus dem Jahr 1928.* Herausgegeben von Gerhard L. Weinberg. Stuttgart 1961. *Hitler's Secret* Conversations *1941–1944.* Translated by R. H. Stevens and Norman Cameron. New York 1953. *Mein* Kampf. München 1935.

Hoegner, Wilhelm. *Die verratene Republik.* München 1958.

Höhne, Heinz. *Der Orden unter dem Totenkopf. Die Geschichte der SS.* 2 Bde. Frankfurt/Main 1969.

Hoettl, Wilhelm. *Die geheime Front.* Linz 1950.

Hoffmann, Heinrich. *Hitler Was My* Friend. Translated by R. H. Stevens. London 1955.

Hoffmann, Peter. Widerstand, *Staatsstreich, Attentat. Der Kampf der Opposition gegen Hitler.* München 1969.

Holzer, Jerzy. *Kryzys Polityczny w Niemczech 1928–1930. Partie i Masy.* Warsaw 1970.

Horn, Wolfgang. Ein unbekannter Aufsatz Hitlers aus dem Frühjahr 1924." *VfZ,* XVI (1968), 280–94. *Führerideologie und Parteiorganisation in der* NSDAP *1919–1933.* Düsseldorf 1972.

Hossbach, Friedrich. *Zwischen Wehrmacht und Hitler 1934–1938.* Göttingen 1965.

Hubatsch, Walther, Herausgeber. *Hitlers Weisungen für die Kriegführung 1939–1945. Dokumente des Oberkommandos der Wehrmacht.* München 1965.

Irving, David. „Hitler and his Medicine Men." Unveröffentlicht.

Jacobsen, Hans-Adolf. *Nationalsozialistische* Außenpolitik *1933–1938.* Frankfurt/Main 1968. „Kommissarbefehl." In Martin Broszat, Hans-Adolf Jacobsen und Helmut Krausnick, *Konzentrationslager. Kommissarbefehl. Judenverfolgung.* Olten 1965. *Der zweite* Weltkrieg. *Grundzüge der Politik und Strategie in Dokumenten.* Frankfurt/Main 1965.

Jacobsen, Hans-Adolf, und Werner Jochmann, Herausgeber. *Ausgewählte Dokumente zur Geschichte des Nationalsozialismus 1933–1945.* Bielefeld 1966. [nicht paginiert.]

Jäckel, Eberhard. Frankreich *in Hitlers Europa. Die deutsche Frankreichpolitik im Zweiten Weltkrieg.* Stuttgart 1966. *Hitlers* Weltanschauung. *Entwurf einer Herrschaft.* Tübingen 1969.

Jenks, William A. *Vienna and the Young Hitler.* New York 1960.

Jetzinger, Franz. *Hitlers Jugend. Phantasien, Lügen – und die Wahrheit.* Wien 1956.

Jochmann, Werner. *Im Kampf um die Macht. Hitlers Rede vor dem Hamburger Nationalklub von 1919.* Frankfurt/Main 1960.

Jünger, Ernst. *Annäherungen. Drogen und Rausch.* Stuttgart 1970.

Jung, Hermann. *Die Ardennen-Offensive 1944/45. Ein Beispiel für die Kriegführung Hitlers.* Göttingen 1971.

Kaehler, Siegfried A. *Studien zur deutschen Geschichte des 19. und 20. Jahrhunderts. Aufsätze und Vorträge.* Herausgegeben von Walter Bussmann. Göttingen 1961.

Kater, Michael H. *Das „Ahnenerbe" der SS 1935–1945. Ein Beitrag zur Kulturpolitik des Dritten Reiches.* Stuttgart 1974.

Katz, Jack, Thomas Gallagher, Leon Hellman, Edward Sachar, and Herbert Weiner. „Psychoendocrine Considerations in Cancer of the Breast." *Annals of the New York Academy of Sciences,* CLXIV (1969), 509–16.

Kaul, Friedrich Karl. *Nazimordaktion T4. Ein Bericht über die erste industriemäßig durchgeführte Mordaktion des Naziregimes.* Berlin 1973.

Keitel, Wilhelm. *Generalfeldmarschall Keitel. Verbrecher oder Offizier?* Herausgegeben von Walter Görlitz. Göttingen 1961.

Kele, Max H. *Nazis and Workers. National Socialist Appeals to German Labor, 1919–1933.* Chapel Hill 1972.

Kempka, Erich. *Ich habe Adolf Hitler verbrannt.* München 1950.

Kempner, Robert. *Das Dritte Reich im Kreuzverhör. Aus den unveröffentlichten Vernehmungsprotokollen des Anklägers.* München 1969.

Kern, Erich. *Der große Rausch. Rußlandfeldzug 1941–1945.* Zürich 1948.

Kersten, Felix. *Totenkopf und Treue. Heinrich Himmler ohne Uniform. Aus den Tagebuchblättern des finnischen Medizinalrats Felix Kersten.* Hamburg [1952].

Kessler, Harry Graf. *Tagebücher 1918–1937.* Herausgegeben von Wolfgang Pfeiffer-Belli. Frankfurt/Main 1961.

Kesten, Hermann. „Vorwort." In Weiss (unten).

Kielmansegg, Peter Graf. *Deutschland und der Erste Weltkrieg.* Frankfurt/Main 1968.

Kimmich, Christoph M. *The Free City. Danzig and German Foreign Policy, 1919–1934.* New Haven 1968.

Klöss, Erhard, Herausgeber. *Reden des Führers. Politik und Propaganda Adolf Hitlers 1922–1945.* München 1967.

Knickerbocker, H.R. *Is Tomorrow Hitler's? 200 Questions on the Battle of Mankind.* New York 1941.

Knodel, John. *„Infant Mortality and Fertility in Three Bavarian Villages."* Population Studies, XXII (1968), 297–318.

König, F. „Die giftigen Wirkungen des Jodoform, als Folge der Anwendung desselben an Wunden." *Centralblatt für Chirurgie,* IX (1882), 101–11, 117–27, 273–78.

Koerber, Adolf-Viktor von, Herausgeber. *Adolf Hitler. Sein Leben und seine Reden.* München [1923].

Kohn, Hans. *The Mind of Germany. The Education of a Nation.* New York 1960.

Kolb, Eberhard. *Die* Arbeiterräte *in der deutschen Innenpolitik 1918–1919.* Düsseldorf 1962. „Rätewirklichkeit und Räte-Ideologie in der deutschen Revolution von 1918/19." In *Vom Kaiserreich zur Weimarer Republik,* herausgegeben von Eberhard Kolb. Köln 1972. „Vorwort." In Schmolze (unten).

Koppensteiner, Rudolf. *Die Ahnentafel des Führers.* Leipzig 1937.

Kotowski, Georg. „Die deutsche Novemberrevolution." *Aus Politik und Zeitgeschichte,* B 49/60 (1960), 763–70.

Kotze, Hildegard von, und Helmut Krausnick, Herausgeber. *„Es spricht der Führer": 7 exemplarische Hitler-Reden.* Gütersloh 1966.
Krause, Karl Wilhelm. *Zehn Jahre Kammerdiener bei Hitler.* Hamburg 1949.
Krausnick, Helmut. „Judenverfolgung." In Martin Broszat, Hans-Adolf Jacobsen und Helmut Krausnick. *Konzentrationslager, Kommissarbefehl, Judenverfolgung.* Olten 1965. „Unser Weg in die Katastrophe von 1945. Rechenschaft und Besinnung heute." *Aus Politik und Zeitgeschichte,* B 1962, 229–40.
Krebs, Albert. *Tendenzen und Gestalten der NSDAP. Erinnerung an die Frühzeit der Partei.* Stuttgart 1959.
Krüger, Peter. *Deutschland und die Reparationen 1918/19. Die Genesis des Reparationsproblems in Deutschland zwischen Waffenstillstand und Versailler Friedensschluß.* Stuttgart 1973.
Kubizek, August. *Adolf Hitler, mein Jugendfreund.* Graz 1953.
Kuhn, Axel. *Hitlers außenpolitisches Programm. Entstehung und Entwicklung 1919–1939.* Stuttgart 1970.
Kursell, Otto von, Herausgeber. *Adolf Hitlers Reden.* München 1925.
Kurth, Gertrud M. „Comment." *History of Childhood Quarterly,* I (1973), 236–38. „The Jew and Adolf Hitler." *Psychoanalytical Quarterly,* XVI (1947), 11–32.
Lambertson, F.W. „Hitler, the Orator. A Study in Mob Psychology." *Quarterly Journal of Speech,* XXVIII (1942), 123–31.
Lange, Karl. *Hitlers unbeachtete Maximen. ‚Mein Kampf' und die Öffentlichkeit.* Stuttgart 1968. „Der Terminus ‚Lebensraum' in Hitlers ‚Mein Kampf'." *VfZ* XIII (1965), 426–37.
Lange-Eichbaum, Wilhelm, und Wolfram Kurth. *Genie, Irrsinn und Ruhm. Genie-Mythus und Pathographie des Genies.* München 1967.
Laqueur, Walter. *Russia and Germany. A Century of Conflict.* London 1965.
Leach, Barry A. *German Strategy against Russia 1939–1941.* Oxford 1973.
Leridon, H. „Nouvelles données biométriques sur le post-partum." *Population,* XXVII (1972), 117–20.
Lewin, Louis. *Gifte und Giftwirkungen.* Berlin 1929.
Luckau, Alma. *The German Delegation at the Paris Peace Conference.* New York 1941.
Ludendorff, Erich. *Vom Feldherrn zum Weltrevolutionär und Wegbereiter deutscher Volksschöpfung. Meine Lebenserinnerungen von 1919–1925.* München 1940.

Lüdecke, Kurt G. W. *I knew Hitler.* London 1938.

Lurker, Otto. *Hitler hinter Festungsmauern. Ein Bild aus trüben Tagen.* Berlin 1933.

McKibbin, R. I. „The Myth of the Unemployed: Who did Vote for the Nazis?" *Australian Journal of Politics and History,* XV (August 1969), 25–40.

Mann, Golo. „Hitler – for the Last Time?" *Encounter,* XLII (1974), 56–66.

Manvell, Roger, and Heinrich Fraenkel. Hess. *A Biography.* London 1971. Himmler. New York 1965.

Marshall, Francis H. A. *The Physiology of Reproduction,* Vol. I, Part I. London 1956.

Martin, Bernd. Friedensinitiativen *und Machtpolitik im Zweiten Weltkrieg 1939–1942.* Düsseldorf 1974. *Deutschland und* Japan *im Zweiten Weltkrieg. Vom Angriff auf Pearl Harbor bis zur deutschen Kapitulation.* Göttingen 1969.

Maser, Werner, *Hitlers* Briefe *und Notizen. Sein Weltbild in handschriftlichen Dokumenten.* Düsseldorf 1973. *Adolf* Hitler. *Legende, Mythos, Wirklichkeit.* München 1971. *Hitlers Mein* Kampf. *Entstehung, Aufbau, Stil, Änderungen, Quellen, Quellenwert, kommentierte Auszüge.* München 1966. *Die Frühgeschichte der* NSDAP. *Hitlers Weg bis 1924.* Bonn 1965.

Matthias, Erich. „Die Sozialdemokratische Partei Deutschlands." In *Das Ende der Parteien 1933,* herausgegeben von Erich Matthias und Rudolf Morsey. Düsseldorf 1960.

Matthias, Erich, und Rudolf Morsey. „Die Bildung der Regierung des Prinzen Max von Baden." In *Vom Kaiserreich zur Weimarer Republik,* herausgegeben von Eberhard Kolb. Köln 1972.

Max von Baden. *Erinnerungen und Dokumente.* Stuttgart 1927.

Mehring, Walter. *Die verlorene Bibliothek.* Neubearbeitete Auflage. München 1964.

Meißner, Hans Otto, und Harry Wilde. *Die Machtergreifung. Ein Bericht über die Technik des nationalsozialistischen Staatsstreichs.* Stuttgart 1958.

Mend, Hans. *Adolf Hitler im Felde 1914–1918.* München 1931.

Merkl, Peter H. *Political Violence under the Swastika. 581 Early Nazis.* Princeton 1975.

Meyer, Hans H., und R. Gottlieb. *Die experimentelle Pharmakologie als Grundlage der Arzneibehandlung.* Zweite Auflage. Berlin 1911.

Milward, Alan. *The German Economy at War.* London 1965.

Mitchell, Allan. *Revolution in Bavaria 1918–1919. The Eisner Regime and the Soviet Republic.* Princeton 1965.

Møller, Knud O. *Pharmakologie als theoretische Grundlage einer rationellen Pharmakotherapie.* Stuttgart 1966.

Moeschlin, Sven. *Poisoning.* New York 1965.

Mohler, Armin. *Die Konservative Revolution in Deutschland 1918–1932. Ein Handbuch.* Darmstadt 1972.

Moll, Albert. *Ärztliche* Ethik. Stuttgart 1902.

Moll, Leopold. Säuglingssterblichkeit *in Österreich. Ursachen und Bekämpfung.* Wien 1914.

Moltmann, Günter. „Weltherrschaftsideen Hitlers." In *Europa und Übersee. Festschrift für Egmont Zechlin,* herausgegeben von Otto Brunner. Hamburg 1961.

Mommsen, Hans. „The Reichstag Fire and its political Consequences." In *Republic to Reich. The Making of the Nazi Revolution,* edited by Hajo Holborn, translated by Ralph Manheim. New York 1972.

Monaco, Paul. *Cinema and Society. France and Germany during the Twenties.* New York 1976.

Moser von Filseck, Carl. *Politik in Bayern 1919–1933. Berichte des württembergischen Gesandten Moser von Filseck,* herausgegeben von Wolfgang Benz. Stuttgart 1971.

Müller, Karl Alexander von. Mars *und Venus. Erinnerungen 1914–1919.* Stuttgart 1954. *Im* Wandel *einer Welt. Erinnerungen Band drei 1919–1932,* herausgegeben von Otto Alexander von Müller. München 1966.

Müllern-Schönhausen, Johannes von. *Die Lösung des Rätsels* [sic] *Adolf Hitler. Der Versuch einer Deutung der geheimnisvollsten Erscheinung der Weltgeschichte.* Wien ohne Datum.

Muslin, Hyman L., and William J. Pieper. „Separation Experience and Cancer of the Breast." *Psychosomatics,* III (1962), 230–36.

Muslin, Hyman L., Kalman Gyarfas, and William J. Pieper. „Separation Experience and Cancer of the Breast." *Annals of the New York Academy of Sciences,* CXXV (1965–1966), 802–06.

Nicholls, A.J. *Weimar and the Rise of Hitler.* London 1968.

Niekisch, Ernst. *Gewagtes* Leben. *Erinnerungen und Begebnisse.* Köln 1958. *Hitler – ein deutsches* Verhängnis. Berlin 1932.

Nolte, Ernst. *Three Faces of Fascism. Action Française, Italian Fascism, National Socialism.* Translated by Leila Vennewitz. New York 1966.

Oettingen, W.F. von. *The Halogenated Aliphatic, Olefinic, Cyclic, Aromatic, and Aliphatic-Aromatic Hydrocarbons.* Washington, D.C. 1955.

Olden, Rudolf. *Hitler.* Amsterdam 1936.

O'Lessker, Karl. „Who Voted for Hitler? A New Look at the Class Basis of Naziism." *American Journal of Sociology,* LXXIV (1968), 63–69.

O'Neill, Robert J. *The German Army and the Nazi Party 1933/39,* New York 1966.

Oplt, Miroslav. „Gespräch mit Hitlers Halbbruder." *Wiener Wochenausgabe, IV, Nr. 37 (11. September 1948), 4.*

Orlow, Dietrich. *The History of the Nazi Party.* 2 vols. Pittsburgh 1969, 1973.

Osol, Arthur, Robertson Pratt, and Mark D. Altschule. *The United States Dispensatory and Physicians' Pharmacology.* Twenty-sixth Edition. Philadelphia 1967.

Papen, Franz von. *Der Wahrheit eine Gasse.* München 1952.

Pechel, Rudolf. *Deutscher Widerstand.* Erlenbach 1947.

Perez, A., P. Vela, R. Potter, and G.S. Masnick. „Timing and Sequence of Resuming Ovulation and Menstruation after Childbirth." *Population Studies,* XXV (1971), 491–503.

Phelps, Reginald H. „Hitler als Parteiredner im Jahre 1920." *VfZ,* XI (1963), 274–330. „Hitlers ‚grundlegende' Rede über den Antisemitismus." *VfZ,* XVI (1968), 390–420. „‚Before Hitler Came': Thule Society and Germanen Orden." *Journal of Modern History,* XXXV (1963), 245–61.

Philippi, Alfred, und Ferdinand Heim. *Der Feldzug gegen Sowjetrußland 1941 bis 1945. Ein operativer Überblick.* Stuttgart 1962.

Picker, Henry, Herausgeber. *Hitlers Tischgespräche im Führerhauptquartier 1941/42.* Stuttgart 1965.

Pöll, Wilhelm. *Die Suggestion. Wesen und Grundformen.* München 1951.

Pogge- von Strandmann, Hartmut. „Staatsstreichpläne, Alldeutsche und Bethmann Hollweg." In Hartmut Pogge- von Strandmann und Imanuel Geiss. *Die Erforderlichkeit des Unmöglichen. Deutschland am Vorabend des ersten Weltkrieges.* Frankfurt/Main 1965.

Potter, Robert G., Mary L. New, John B. Wyon, and John E. Gordon. „Lactation and Its Effects upon Birth Intervals in Eleven Punjab Villages, India." *Journal of Chronic Diseases,* XVIII (1965), 1125–40.

Preiss, Heinz, Herausgeber. *Adolf Hitler in Franken. Reden aus der Kampfzeit.* Nürnberg 1939.

Pribilla, Max. *Deutsche Schicksalsfragen. Rückblick und Ausblick.* Frankfurt/Main 1950.

Rauscher, Heinrich. „Volkskunde des Waldviertels." In *Volkskunde*, Bd. III von *Das Waldviertel*, herausgegeben von Eduard Stepan. Wien 1926.

Rauschning, Hermann. *Gespräche mit Hitler*, Zürich 1940.

Reck-Malleczewen, Friedrich Percyval. *Bockelson. Geschichte eines Massenwahns.* Neudruck: Stuttgart 1968.

Rees, J. R., editor. *The Case of Rudolf Heß. A Problem in Diagnostic and Forensic Psychiatry.* London 1947.

Reimann, Victor. *Dr. Joseph Goebbels.* Wien 1971.

Reitlinger, Gerald. *Die Endlösung. Hitlers Versuch der Ausrottung der Juden Europas 1939–1945.* Berlin 1956.

Revers, W. J. *Persönlichkeit und Vermassung. Eine psychologische und kulturanthropologische Studie.* Würzburg 1947.

Ribbentrop, Joachim von. *Zwischen London und Moskau. Erinnerungen und letzte Aufzeichnungen.* Leoni 1953.

Rich, Norman. *Hitler's War Aims.* 2. vols. New York 1973, 1974.

Ringer, Fritz K. *The Decline of the German Mandarins. The German Academic Community, 1890–1933.* Cambridge, Massachusetts, 1969.

Ritter, Gerhard A. „Kontinuität und Umformung des deutschen Parteisystems 1918–1920." In *Vom Kaiserreich zur Weimarer Republik*, herausgegeben von Eberhard Kolb, Köln 1972.

Röhm, Ernst. *Die Geschichte eines Hochverräters.* München 1928.

Röhrs, Hans-Dietrich. *Hitlers Krankheit. Tatsachen und Legenden. Medizinische und psychische Grundlagen seines Zusammenbruchs.* Neckargemünd 1966.

Rosenberg, Alfred. *Letzte* Aufzeichnungen. *Ideale und Idole der nationalsozialistischen Revolution.* Göttingen 1955. *Das politische* Tagebuch *Alfred Rosenbergs 1934/35 und 1939/40*, herausgegeben von Hans-Günter Seraphim. München 1964.

Rudin, Harry R. *Armistice 1918.* New Haven 1944.

Ryder, A. J. *The German Revolution of 1918. A Study of German Socialism in War and Revolt.* Cambridge 1967.

Sauer, Wolfgang. „Die Mobilmachung der Gewalt." In Karl Dietrich Bracher, Wolfgang Sauer und Gerhard Schulz. *Die nationalsozialistische Machtergreifung. Studien zur Errichtung des totalitären Herrschaftssystems 1933/34*, Köln 1962. „Das Scheitern der parlamentarischen

Monarchie." In *Vom Kaiserreich zur Weimarer Republik,* herausgegeben von Eberhard Kolb. Köln 1972.

Schacht, Hjalmar. *Abrechnung mit Hitler.* Hamburg 1948.

Schaltenbrand, Georges. „War Hitler geisteskrank?" In *Ein Leben aus freier Mitte. Beiträge zur Geschichtsforschung. Festschrift für Prof. Dr. Ulrich Noack.* Göttingen 1961.

Schauwecker, Franz. *Deutsche allein. Schnitt durch die Zeit.* Berlin 1931.

Schellenberg, Walter. *Memoiren.* Köln 1956.

Schieder, Theodor. *Das Deutsche Kaiserreich von 1871 als Nationalstaat.* Köln 1961.

Schildt, Gerhard. *Die Arbeitsgemeinschaft Nord-West. Untersuchungen zur Geschichte der NSDAP 1925/26.* Dissertation: Freiburg im Breisgau 1964.

Schirach, Baldur von. Text von Hitler *wie ihn keiner kennt. 100 Bilddokumente aus dem Leben des Führers,* herausgegeben von Heinrich Hoffmann. Berlin [1939]. Ich *glaubte an Hitler.* Hamburg 1967.

Schlabrendorff, Fabian von. *The Secret War against Hitler.* Translated by John J. McCloy. New York 1965.

Schleunes, Karl A. *The Twisted Road to Auschwitz. Nazi Policy toward German Jews 1933–1939.* Urbana 1970.

Schmidt, Paul. *Statist auf diplomatischer Bühne 1923–1945. Erlebnisse des Chefdolmetschers im Auswärtigen Amt mit den Staatsmännern Europas.* Bonn 1954.

Schmolze, Gerhard, Herausgeber. *Revolution und Räterepublik in München 1918/19 in Augenzeugenberichten.* Düsseldorf 1969.

Schnaiberg, Allan. „A Critique of Karl O'Lessker's ‚Who Voted for Hitler?'" *American Journal of Sociology,* LXXIV (1969), 732–35.

Schnauber, Cornelius. *Wie Hitler sprach und schrieb. Zur Psychologie und Prosodik der faschistischen Rhetorik.* Frankfurt/Main 1972.

Schoenbaum, David. *Hitler's Social Revolution. Class and Status in Nazi Germany 1933–1939.* Garden City 1967.

Schott, Georg, *Das Volksbuch vom Hitler.* München 1934 (Erstausgabe 1924).

Schramm, Percy Ernst. „Adolf Hitler. Anatomie eines Diktators." *Der Spiegel* Nrn. 5–10 (29. Januar – 4. März 1964). *Hitler als militärischer* Führer. Frankfurt/Main 1965.

Schubert, Günter. *Die Anfänge der nationalsozialistischen Außenpolitik, 1919–1923.* Berlin 1961.

Schüddekopf, Otto-Ernst. *Nationalbolschewismus in Deutschland 1918–1933.* Frankfurt/Main 1972.

Schulz, Gerhard. *Aufstieg des Nationalsozialismus. Krise und Revolution in Deutschland.* Frankfurt/Main 1975.

Schulze, Hagen. *Freikorps und Republik 1918–1920.* Boppard am Rhein 1969.

Schwabe, Klaus. *Deutsche Revolution und Wilson-Frieden. Die amerikanische und deutsche Friedensstrategie zwischen Ideologie und Machtpolitik 1918/19.* Düsseldorf 1971.

Schwarzschild, Leopold. „Die Woche". *Das neue Tage-Buch,* I (1933), 271–75.

Schwerin von Krosigk, Lutz Graf. *Es geschah in Deutschland. Menschenbilder unseres Jahrhunderts.* Tübingen 1951.

Seaton, Albert. *The Russo-German War 1941–1945.* London 1971.

Shirer, William L. *Berlin Diary. The Journal of a Foreign Correspondent 1934–1941.* New York 1941.

Shively, W. Phillips. „Party Identification, Party Choice, and Voting Stability: The Weimar Case." *American Political Science Review,* LXVI (1972), 1203–25.

Smith, Bradley F. *Heinrich* Himmler. *A Nazi in the Making, 1900-1926.* Stanford 1971. *Adolf* Hitler. *His Family, Childhood and Youth.* Stanford 1967.

Sommer, Hartmut. „Gesucht: der Arzt von Pasewalk." *Abend Zeitung* (München), 30. April/1. Mai 1966.

Sommer, Theo. *Deutschland und* Japan *zwischen den Mächten 1935–1940. Vom Antikominternpakt zum Dreimächtepakt. Eine Studie zur diplomatischen Vorgeschichte des Zweiten Weltkriegs.* Tübingen 1962.

Sontheimer, Kurt. *Antidemokratisches Denken in der Weimarer Republik. Die politischen Ideen des deutschen Nationalismus zwischen 1918 und 1933.* München 1962.

Speer, Albert. *Erinnerungen,* Berlin 1969.

Stein, George H., Herausgeber. *Hitler.* Englewood Cliffs, 1968.

Steinert, Marlis. *Hitlers Krieg und die Deutschen. Stimmung und Haltung der deutschen Bevölkerung im Zweiten Weltkrieg.* Düsseldorf 1970.

Thies, Jochen. *Architekt der Weltherrschaft. Die „Endziele" Hitlers.* Düsseldorf 1976.

Thimme, Anneliese. *Flucht in den Mythos. Die Deutschnationale Volkspartei und die Niederlage von 1918.* Göttingen 1969.

Todd, R. G., editor. *Extra Pharmacopoeia Martindale.* Twenty-fifth edition. London 1967.

Toynbee, Arnold J. Acquaintances. London 1967. Experiences. New York 1969.
Treue, Wilhelm. „Hitlers Denkschrift zum Vierjahresplan 1936." *VfZ,* III (1955), 184–210.
Trevor-Roper, Hugh. *The Last Days of Hitler.* New York 1962.
Troeltsch, Ernst. *Spektator-Briefe. Aufsätze über die deutsche Revolution und die Weltpolitik 1918/22.* Herausgegeben von Hans Baron. Tübingen 1924.
Tyrell, Albrecht, Herausgeber. Führer *befiehl... Selbstzeugnisse aus der ,Kampfzeit' der NSDAP.* Düsseldorf 1969. „Führergedanke und Gauleiterwechsel. Die Teilung des Gaues Rheinland der NSDAP 1931." *VfZ,* XXIII (1975), 341–74. *Vom* ,Trommler' *zum ,Führer'. Der Wandel von Hitlers Selbstverständnis zwischen 1919 und 1924 und die Entwicklung der NSDAP.* München 1975.
Ulam, Adam B. *Stalin. The Man and His Era.* New York 1973.
Viereck, George Sylvester. „Hitler the German Explosive." *American Monthly,* XV (1923), 235–38.
Vogelsang, Thilo. „Hitlers Brief an Reichenau vom 4. Dezember 1932." *VfZ,* VII (1959), 429–37. „Neue Dokumente zur Geschichte der Reichswehr 1930." *VfZ,* II (1954), 397–436.
Volkmann, Hans-Erich. *Die deutsche Baltikumpolitik zwischen Brest-Litowsk und Compiègne. Ein Beitrag zur ,Kriegszieldiskussion'.* Köln 1970.
Vondung, Klaus. *Magie und Manipulation. Ideologischer Kult und politische Religion des Nationalsozialismus.* Göttingen 1971.
Wagner, Friedelind. *The Royal Family of Bayreuth.* London 1948.
Waite, Robert G. L. *Vanguard of Nazism. The Free Corps Movement in Postwar Germany 1918–1923.* New York 1952.
Walter, Hans Albert. *Deutsche Exilliteratur,* Bd. II. Darmstadt 1972.
Warlimont, Walter. *Im Hauptquartier der deutschen Wehrmacht 1939–1945. Grundlagen, Formen, Gestalten.* Frankfurt/Main 1964.
Weber, Alfred. *Abschied von der bisherigen Geschichte. Überwindung des Nihilismus?* Hamburg 1946.
Weinberg, Gerhard L. *The Foreign Policy of Hitler's Germany. Diplomatic Revolution in Europe 1933–36.* Chicago 1970.
Weiß, Ernst. *Der Augenzeuge.* München 1963.
Wheaton, Eliot Barculo. *The Nazi Revolution 1933–1935: Prelude to Calamity.* Garden City 1969.
Wiedemann, Fritz. *Der Mann, der Feldherr werden wollte. Erlebnisse und*

Erfahrungen des Vorgesetzten Hitlers im 1. Weltkrieg und seines späteren Persönlichen Adjutanten. Velbert 1964.

Wiegand, Karl H. von. „Hitler Foresees His End." *Cosmopolitan,* April 1939, 28–29, 152–55.

Woerden, A. V. N. van. „Een slordige improvisatie over een slecht boek. *Werner Maser, Hitlers Mein Kampf.*" *Tijdschrift voor Geschiedenis,* LXXX (1967), 113–16.

Wörtz, Ulrich. *Programmatik und Führerprinzip. Das Problem des Strasser-Kreises in der NSDAP. Eine historisch-politische Studie zum Verhältnis von sachlichem Programm und persönlicher Führung in einer totalitären Bewegung.* Dissertation: Erlangen-Nürnberg 1966.

Wollheim, Mona. *Begegnung mit Ernst Weiß. Paris 1936–1940.* München 1970.

Wollstein, Günter. *Vom Weimarer Revisionismus zu Hitler. Das deutsche Reich und die Großmächte in der Anfangsphase der nationalsozialistischen Herrschaft in Deutschland.* Bonn 1973.

Wright, Gordon. *The Ordeal of Total War 1939–1945.* New York 1968.

Zechlin, Egmont. „Bethmann Hollweg, Kriegsrisiko und SPD 1914."

In *Erster Weltkrieg. Ursachen, Entstehung und Kriegsziele,* herausgegeben von Wolfgang Schieder. Köln 1969. „Ludendorff im Jahre 1915. Unveröffentlichte Briefe." *Historische Zeitschrift,* CCXI (1970), 316–53.

Zimmermann, Aloys. *Über* Psychosen *in Folge von Jodoformgebrauch.* 1893.

Zimmermann, Werner Gabriel. Bayern *und das Reich 1918–1923. Der Bayerische Föderalismus zwischen Revolution und Reaktion.* München 1953.

Zipfel, Friedrich. „Krieg und Zusammenbruch." In *Das Dritte Reich,* herausgegeben von Eberhard Aleff. Hannover 1963.

Register

[inbegriffene Hinweise in eckigen Klammern]

John Lukacs

Die Entmachtung Europas
Der letzte europäische Krieg 1939–1941

Ca. 500 Seiten, zahlreiche Fotos, Linson mit Schutzumschlag,
ISBN 3-12-910920-x

Das Buch schildert die gigantischen Umwälzungen auf dem europäischen Kontinent bis zum Kriegseintritt der USA und Japans. Lukacs entwirft von dieser Geschichtsepoche ein außergewöhnliches Zeitgemälde. Er sieht in den Jahren von 1939–1941 nicht so sehr den Beginn als vielmehr die entscheidende Phase des Zweiten Weltkrieges. Die Ereignisse steuern auf einen klaren geschichtlichen Wendepunkt zu: Vor 1941 hätte Hitler den Krieg gewinnen können, nach 1941 war sein Sieg unmöglich geworden.

Das Buch enthält viele Fakten, die nur wenig bekannt sind, dazu seltene und unerwartete Einsichten. Im ersten Teil beschreibt der Autor die Kriegsereignisse, im zweiten Teil den Alltag des vom Krieg betroffenen Mannes aus dem Volk, den Vormarsch der Armeen und die politischen Entwicklungen in den von Deutschen beherrschten Ländern.

Enrico Berlinguer

Die internationale Politik der italienischen Kommunisten

Reden und Schriften

Mit einer Einleitung von Wolfgang Leonhard
315 Seiten, brosch., ISBN 3-12-910790-8

„Der Sozialismus wird eine höhere Phase von Demokratie und Freiheit sein, die vollständig realisierte Demokratie. Der Sozialismus in Freiheit ist die Trumpfkarte für Westeuropa, um sich vor der eigenen Dekadenz zu retten."
Enrico Berlinguer

Die „Reden und Schriften" Berlinguers ergänzen nicht nur die bisherigen Veröffentlichungen über den Eurokommunismus, sondern geben das autorisierte Bild von Standort und Ideologie der italienischen KPI. Berlinguers „Reden und Schriften" erklären auch die wachsende Bedeutung des Kommunismus in den romanischen Ländern.
Wolfgang Leonhard, einer der besten Kenner des Kommunismus, kommentiert in seiner Einleitung die Thesen Berlinguers und den eingeschlagenen Weg des Eurokommunismus.